D1729937

Angélique Werner
Communication2Win

Angélique Werner ist eine deutschlandweit anerkannte Expertin für Social Media Marketing und -Strategien sowie eine gefragte Referentin und Autorin. Sie betreibt ein eigenes Blog, ist in allen relevanten Netzwerken präsent und weiß aus ihrer beruflichen Erfahrung auch, wie Menschen und Netzwerke in anderen Ländern ticken.

Communication2Win

Praxishandbuch für
innovative Marketingkommunikation
im Zeitalter sozialer Netzwerke

von Angélique Werner

PUBLICIS

Bibliografische Information Der Deutschen Nationalbibliothek
Die Deutsche Nationalbibliothek verzeichnet diese Publikation in
der Deutschen Nationalbibliografie; detaillierte bibliografische Daten
sind im Internet über http://dnb.d-nb.de abrufbar.

www.publicis-books.de

Lektorat: Dorit Gunia, dorit.gunia@publicis.de

ISBN 978-3-89578-405-7

Verlag: Publicis Publishing, Erlangen
© 2012 by Publicis Erlangen, Zweigniederlassung der PWW GmbH

Printed in Germany

Inhalt

Geleitwort

Liebe Leser,

„Die kleinste Verwirklichung ist mehr wert als der erhabenste Traum."
Das ist seit Langem mein Credo. Angélique Werner hat mit diesem Buch nicht nur einen ihrer lang gehegten Träume realisiert, sondern gibt Marketing- und Kommunikationsverantwortlichen einen praktischen Ratgeber an die Hand, der dabei unterstützt, Marketingmaßnahmen im Social-Media-Umfeld erfolgreich zu verwirklichen. Genau deshalb mag ich dieses Buch. Es hat mir Spaß gemacht zu lesen, wie ein Unternehmen pragmatisch, schnell und unkompliziert seine Botschaft an Kunden, eigene Mitarbeiter und weitere Interessensvertreter vermitteln kann.

Die Autorin stellt in ihrem Erfahrungs- und Praxisbericht in beeindruckender Weise komplizierte Vorgänge und Prozesse so einfach und verständlich dar, dass man am liebsten sofort loslegen möchte. Man merkt ihr an, dass sie mit Leib und Seele Marketing-Praktikerin ist. Und als Leser werden Sie schnell ein Gefühl dafür bekommen, in welchen Bereichen in Ihrem eigenen Unternehmen noch Optimierungsmöglichkeiten bestehen.

Ohne das breite Feld der modernen Kommunikation und deren theoretische Grundlagen aus den Augen zu verlieren, beschreibt Angélique Werner in diesem Buch sehr anschaulich, wie innovative Marketingkommunikation im Social-Media-Zeitalter funktioniert und laufend verbessert werden kann. Die erfahrene Praktikerin plaudert aus dem Nähkästchen, welche Erfahrungen sie selbst gemacht hat, zeigt die neuesten Trends auf und vermittelt hilfreiche Techniken in der Kommunikation.

Dieses Buch ist keine wissenschaftliche Lektüre, sondern ein pragmatischer Leitfaden mit vielen Fallbeispielen, Checklisten, Tipps und Tricks. Mit einer ordentlichen Portion Selbstironie beschreibt die Autorin, welche Fehler sie selbst gemacht hat und wie sie daraus gelernt hat. So erspart sie dem aufmerksamen Leser vielleicht einige Fettnäpfchen.

Wer dieses Praxishandbuch liest, wird verstehen, wie groß der Nutzen guter und umfassender Kommunikation auch durch Social-Media-Kanäle sein kann, um seine eigenen Unternehmensziele zu erreichen. Und: wie viele einfache Möglichkeiten ohne großen Aufwand noch zusätzlich erschlossen werden können, um die eigene Botschaft wesentlich nachhaltiger zu vermarkten.

Dass Wissen Macht ist, ist nichts Neues. Aber Wissen gezielt und effektiv zu verteilen, ist Marktmacht. Und genau das geht aus diesem Buch hervor. Es ist ein Wegweiser für Kommunikationsverantwortliche, die ihre Unternehmenskommunikation auf dem allerneuesten Stand betreiben wollen.

Für Angélique Werner ist Marketingkommunikation Handwerk und Chefsache zugleich. Das kann ich nur unterstreichen. Dieses Buch ist ein guter Werkzeugkasten für Kommunikationsmanager, wenn es darum geht, Unternehmensziele mit Hilfe sozialer Medien zu verwirklichen – sei es Imagebildung, der Dialog mit einer bestimmten Zielgruppe oder Umsatzwachstum. Ich bin selbst ein starker Verfechter von moderner Marketingkommunikation, auch in sozialen Netzwerken, und werde sicher einige Anregungen aus diesem Buch auch in meinem Unternehmen umsetzen. Jeder lange Weg beginnt mit dem ersten Schritt, also wünsche ich Ihnen eine gute Zeit bei der Lektüre dieses Buches und der Ausgestaltung Ihres perfekten Marketing- und Kommunikationsplanes.

Andreas Degenhardt
Managing Director Global Application Management
Logica

Einleitung:
Wir sind ja alle so vernetzt

„Schon wieder ein Marketing-Ratgeber ..." oder *„Noch ein Social-Media-Buch!"* – haben Sie das vielleicht gedacht, als Ihnen diese Lektüre in die Hände fiel? Falls ja, sind Sie in guter Gesellschaft: Auch ich habe schon einige Sach- und Fachbücher gekauft und gelesen, um mich bei meinen Aufgaben, unter anderem als weltweite Kommunikationsverantwortliche eines internationalen Unternehmens, auf dem Laufenden zu halten.

Was ich viel zu selten in diesen Büchern gefunden habe, waren ganz praktische und einfache Hinweise, wie man pragmatisch und schnell unterschiedliche Marketing- und Kommunikationsmaßnahmen umsetzen kann. Oder wie man beispielsweise die vielen neuen Kanäle im Internet effektiv für die tägliche Kommunikationsarbeit nutzbar macht. Das war der Auslöser für meinen Entschluss, selbst einen Ratgeber zu verfassen, der anhand von Praxisbeispielen zeigt, wie Unternehmen oder Fachbereiche mit begrenzten Ressourcen schnell und unkompliziert ihre Marketingkommunikation auf den neuesten Stand bringen können.

Ich möchte Ihnen aus meiner täglichen Arbeit berichten, wie man die sozialen Medien für die fachbereichsspezifische Kommunikation einsetzen kann, um moderner, kosteneffizienter und zielgruppengerechter zu kommunizieren. Das Buch zeigt exemplarisch unsere Aktivitäten im Fachbereich für Applikationsmanagement auf. Dabei will ich Ihnen auch nicht vorenthalten, welche Fehler wir gemacht haben, damit Sie nicht das gleiche Lehrgeld zahlen müssen. Dies ist bewusst kein wissenschaftliches Buch, sondern als „authentischer Erfahrungsbericht" von einer Praktikerin für Praktiker geschrieben. Der Ratgeber richtet sich an alle, die Marketing und Kommunikation über die Grenzen des Theoretischen hinaus erleben möchten. Und erleben heißt für mich, offen zu sein, sich auf Neues einzulassen und es in der Praxis einfach auszuprobieren, nicht nach dem „Warum?" zu fragen, sondern nach dem „Warum nicht?".

In einem Umfeld mit Tausenden Mitarbeitern und stark erklärungsbedürftigen Lösungen für Unternehmen startete ich Anfang 2010 das umfangreiche Projekt, gemeinsam mit einem ebenso heterogenen wie jungen Team ein globales Marketingkommunikationskonzept mit besonderem Fokus auf Social Media für unser Business-to-Business-(B2B)-Geschäft im Applikationsmanagement zu entwickeln und umzusetzen.

Unter anderem aus dieser Erfahrung heraus weiß ich nur zu gut, dass kommunikative Vorhaben in der Realität nicht immer lehrbuchgemäß ablaufen. Gute Ideen neigen dazu, sich erst im „Feldversuch" zu erkennen zu geben. Daher finden Sie in diesem Buch bewusst viele einfache Tipps oder auch Checklisten, die Ihnen selbst die praktische Umsetzung in der Marketingkommunikation leichter machen sollen.

Gemeinsam mit meinem Team hatte ich unter anderem das Vergnügen, das Thema Social Media innerhalb kürzester Zeit von Null auf Hundert zu bringen und ein erweitertes Netzwerk aufzubauen. Dabei haben wir viel diskutiert, nachgedacht, gelacht – und vor allem gelernt. Wir haben sicher einiges falsch gemacht, aber vieles auch richtig. Selbst wenn in der Praxis nicht immer alles umsetzbar war oder der Weg zu sichtbaren Resultaten manchmal recht steinig erschien, haben wir nie unsere Begeisterung verloren oder aufgegeben. Wir haben schließlich Neuland betreten. Das gilt auch für Sie: Wenn Sie ein kommunikativer Pionier sein wollen, dann müssen Sie wahrscheinlich auch Widerstände überwinden. Doch Hartnäckigkeit lohnt sich, denn denken Sie einmal fünfzehn Jahre zurück: Es gab damals noch unzählige Firmen, die ernsthaft die Meinung vertraten, sie müssten nicht „in diesem Internet" vertreten sein. Daher meine klare Ansage: Lassen Sie sich nicht aufhalten und gehen Sie entschlossen den nächsten Schritt in Richtung kommunikative Zukunft.

Ich möchte Sie mit diesem Buch gerne in Ihr „Neuland" begleiten. Dieser Erfahrungsbericht richtet sich an Marketing- und Kommunikationsverantwortliche, Geschäftsführung und Fachbereichsleiter aus Business-to-Business-Unternehmen (B2B). Denn durch das gezielte Einsetzen neuer Medien und Technologien eröffnet sich unglaublich viel Potential auch für die B2B-Kommunikation, das es zu nutzen gilt. Da ich für diesen Bereich im Laufe der letzten Jahre viele Marketing- und Kommunikationsstrategien sowohl auf Basis konventioneller Medien als auch mit Hilfe „moderner" webbasierter Kanäle entwickelt habe, weiß ich, dass man mit dem richtigen Konzept und handwerklichen Geschick unglaublich viel erreichen kann. Auch, wenn alle Kommunikationsverantwortlichen – Sie wahrscheinlich genauso wie ich – stets vor der gleichen konstanten Herausforderung stehen: hohe Ziele zu erreichen mit viel zu wenig personellen und zeitlichen Ressourcen.

Seien Sie Teil der kommunikativen Zukunft!

„Es gibt keinen Grund, warum irgendjemand in der Zukunft einen Computer bei sich zu Hause haben sollte" [1], war Kevin Olson, Präsident und Gründer von Digital Equipment, noch im Jahr 1977 überzeugt. Nun, heute wissen wir: Es gibt viele gute Gründe dafür, und Irren ist menschlich. Aber den-

ken Sie einmal kurz zurück an die Zeit vor der Jahrtausendwende. Kaum jemand hatte damals elektronische Post, die Geschäftskorrespondenz lief noch überwiegend per Brief und später über Fax. Handys hatten die Ausmaße einer LKW-Batterie und bei sozialen Netzwerken hätten viele von uns vermutlich zuerst an eine Selbsthilfegruppe oder einen karitativen Dienst gedacht.

Und nun halten Sie sich vor Augen, wie rapide sich seitdem unser Kommunikationsverhalten verändert hat. Haben Sie heute schon Ihren Facebook-Account gecheckt, etwas getwittert, ein paar Mails an Kunden und Mitarbeiter versendet oder kurz mit dem Kollegen geplaudert? Bestimmt. Sie haben also kommuniziert. Kommunikation – ob in ihrer ursprünglichen Variante des persönlichen Gespräches oder in der virtuellen Version des Chattens, Bloggens oder Twitterns – ist ein wesentlicher Bestandteil unseres täglichen Lebens. Nur die Art und Weise, wie wir kommunizieren, hat sich in den letzten zehn Jahren drastisch verändert. Aber haben wir unsere Unternehmens- und Marketingkommunikation daraufhin entsprechend angepasst?

Mein Tag beginnt normalerweise etwas hektisch: Als „Working Mum" wecke ich meine Kinder, mache sie für die Schule fertig, füttere die Hasen, werfe schnell eine Waschmaschine an und versuche dann auch noch pünktlich ins Büro zu kommen. Dabei laufen diese Schritte vollkommen routiniert ab. Nebenbei schnappe ich mir mein Mobile Device und checke die Mails meiner indischen Kollegen, die schon seit vier Stunden operativ sind. Und die US-Kollegen haben erst heute Nacht ihren gestrigen Arbeitstag beendet. Obligatorisch auch der morgendliche Blick auf den digitalen Terminkalender: Was steht heute an, wann findet welches Geschäftstreffen statt, sind Termine dazugekommen oder verschoben worden? Wir sind mittlerweile nicht nur „always on", sondern auch noch „global" geworden.

Erkennen Sie sich wieder? Natürlich soll hier nicht zur Diskussion stehen, ob die ständige Medienpräsenz in unserem Leben von morgens bis abends immer als positiv zu erachten ist. Doch Fakt ist: Wir Menschen (Frauen UND Männer!) sind sehr kommunikative Wesen, und die neuen Formen der Kommunikation, die sich seit ein paar Jahren unaufhaltsam ausbreiten, haben unseren Alltag längst erobert. Wir leben in einer Welt permanenter Kommunikation, in der wir nahezu überall und zu jeder Zeit erreichbar sind und unsere Kontakte aktivieren können: am Flughafen, in der Bahn, im Hotelzimmer oder zu Hause. Die Maschen unseres Kommunikationsnetzes werden dabei stetig enger. Wir verstehen genau, wie man die Online-Kommunikation zur Netzwerkpflege einsetzt. Diese Tatsache müssen auch Unternehmen bei ihrer Marketingkommunikation verstehen und gezielt für sich nutzen.

„Connections" – und zwar die richtigen – sind das A und O, denn wenn Ihre Botschaften ankommen sollen, müssen Sie die etablierten Verbindungen als gewinnbringende Absatzwege für Informationen nutzen. Gute Connections sind beides: wichtige Empfänger und bedeutende Multiplikatoren Ihrer Nachricht. Daher wird in diesem Buch dem strukturierten Aufbau und der Pflege eines passenden Netzwerkes auch relativ viel Raum gewidmet. Networking ist in unserer digitalen Welt einfacher und schwieriger zugleich geworden. Einfacher, da oft ein Mausklick genügt, um eine Nachricht flächendeckend zu verbreiten. Schwieriger, weil man angesichts der Komplexität der Vernetzungen leicht den Überblick verlieren und die Qualität der Nachrichten schnell leiden kann. Vor allem, weil Kommunikation in einer vernetzten Welt nie aufhört.

Ich möchte mit diesem Buch klar und praktisch zusammenfassen, wie Sie Ihre Marketingkommunikation mit Einsatz neuer Medien und Tools so optimal, kosteneffizient und interessant wie möglich betreiben können. Auch wenn ich der Einfachheit halber im Text durchgehend die männliche Form verwende, richte ich mich natürlich immer an meine weiblichen und männlichen Leser gleichermaßen.

Wenn Ihnen die Lektüre dieses Praxisratgebers nun genauso viel Spaß macht wie mir das Entdecken und Schreiben, und wenn Sie abschließend etwas für Ihr Unternehmen mitgenommen haben, dann ist zumindest mein persönliches Ziel erfüllt. Denn ich möchte, dass Sie am Ende des Buches mindestens drei Dinge beschreiben können und wollen, die Sie nach der Lektüre des Buches anders, das heißt noch besser machen möchten.

Dann hat es sich gelohnt, für Sie – und auch für mich.

Kapitel I

Überall und jederzeit: Kommunikation bedingt die richtige Vernetzung

Kommunikation ist vor allem Vernetzung, aber was genau bedeutet das? Ganz einfach: Kommunikation ist nur dann erfolgreich, wenn eine Nachricht den richtigen Weg zum passenden Empfänger findet. Je mehr „Volltreffer" Sie hier in kürzester Zeit landen können, umso höher ist Ihr persönlicher Kommunikationserfolg. Und genau hier kommen die Netzwerke ins Spiel. Netzwerke sind in der realen sowie besonders in der neuen virtuellen Kommunikationswelt von entscheidender Bedeutung. Denn das sind auch die Absatzwege für Ihre Nachrichten.

Paul Watzlawicks Axiom *„Man kann nicht nicht kommunizieren"* ist heute so aktuell wie nie: In einer zunehmend vernetzten Welt ist jedes noch so kurze *„Like"* oder *„Ich mag"* in einem Beitrag, jedes neue Bild auf Facebook, jeder flüchtige Klick, um einen Kommentar in einem Blog zu lesen, und jeder kleine Link, den Sie auf Twitter austauschen, ein kommunikativer Akt.

Kommunikation ist eine Handlung, die von jedem für jeden, überall, jederzeit, über jedes Thema in jeglicher Art und Weise praktiziert werden kann und wird. Und sie soll an jeden beziehungsweise an möglichst viele passende Adressaten weitergegeben werden. Das impliziert wiederum, dass Kommunikation aus konsistenter und konsequenter Kontaktaufnahme besteht und final zur Vernetzung führt. Ohne Netzwerke, die Ihre Botschaften von Empfänger zu Empfänger weitergeben, würden Ihre Kommunikationsaktivitäten schnell im Sande verlaufen, unabhängig davon, welchen Kommunikationsweg Sie gewählt haben.

Nicht nur in unserem Privatleben, sondern auch im Geschäftsbereich müssen wir uns der Tatsache bewusst sein, dass unsere Beziehungen und deren Qualität notwendigerweise auf Kommunikation und Vernetzung beruhen. Wenn es im Privaten einer Beziehung hilft, beispielsweise einmal pro Woche mit einer guten Freundin zu telefonieren, dann gelten ähnliche Gesetzmäßigkeiten natürlich auch im Berufsleben. Wer hier erfolgreich sein möchte, muss überdurchschnittlich gut kommunizieren und seine Botschaft zielgruppenoptimiert verbreiten. Frei nach dem Motto „Man erntet, was man sät" wird die Qualität Ihrer Kommunikation Bestandteil Ihres Rufes und Ihres geschäftlichen Erfolges.

Wie Sie am besten effizient zu Ihrem eigenen Kommunikationserfolg beitragen können, erfahren Sie in den folgenden Kapiteln. Da nachhaltiger kommunikativer Erfolg auf einem ganzheitlichen Ansatz beruht, ist sowohl der Kommunikation und dem Networking außerhalb des Unternehmens als auch der Innen- beziehungsweise Mitarbeiterkommunikation jeweils ein gesondertes Kapitel gewidmet.

Wer über Networking spricht, kommt nicht an Social Media vorbei. Social Media bezeichnet eine Gruppe von Kommunikationskanälen und Anwendungen im Web. Diese machen es dem Nutzer möglich, Meinungen und Erfahrungen untereinander auszutauschen sowie mediale Inhalte online zu gestalten und zu teilen. Deswegen spricht man auch von „User generated Content". Social Media stehen für direkten Dialog und direktes Feedback in sozialen Netzwerken.

Soziale Netzwerke wiederum sind internetbasierte Plattformen zur Informationsweitergabe, zu Meinungsaustausch und Kontaktpflege. Nutzer können hier ein Profil anlegen, sich mit anderen Mitgliedern vernetzen, Fotos und Videos teilen, einen Status-Update abgeben und sich über aktuelle Themen oder Veranstaltungen informieren. Beispiele für soziale Netzwerke sind Facebook, XING oder LinkedIn.

Die Begriffe Social Media und soziale Netzwerke werden häufig synonym verwendet, auch in meinem Buch. Der kleine, aber feine Unterschied liegt letztendlich nur darin, dass Social Media das Phänomen eines interaktiven Web im Allgemeinen beschreibt, während soziale Netzwerke konkrete Plattformen sind, die den Oberbegriff Social Media mit Leben füllen und zusätzliche Perspektiven der Kommunikation und des Marketings eröffnen.

Wenn ich von Networking spreche, meine ich übrigens nicht das Einsammeln möglichst vieler Kontakte, sondern den gezielten Aufbau und die Pflege eines Netzwerkes, das genau zu dem Inhalt des jeweiligen Themas passt.

Wer also heutzutage erfolgreich kommunizieren will, sollte genauso selbstverständlich Social Media nutzen, wie ein Klempner die Rohrzange. Sicher wurde schon viel zu diesem Thema gesagt und geschrieben, aber oft mangelt es an leicht umsetzbaren Erfahrungen und Praxisempfehlungen mit dieser recht neuen Thematik, insbesondere für B2B-Unternehmen.

Bei der Marketingkommunikation und der dazugehörigen richtigen Vernetzung gibt es einiges zu berücksichtigen, wenn man längerfristig kommunikativen Erfolg haben will.

Dazu hilft Ihnen vielleicht die Anwendung meiner FORCE-Formel als Grundlage für effektive externe und interne Kommunikation – nach innen und nach außen.

FORCE FORMULA

Die FORCE-Formel – fünf einfache Regeln für Ihren Kommunikationserfolg

Die FORCE-Formel ist eine Grundregel, die sich im Laufe meiner Berufserfahrung aus der Praxis heraus entwickelt hat. Sie ist aus meiner täglichen Arbeit abgeleitet und hat sich in vielen Projekten als hilfreich erwiesen. Besonders, wenn es darum geht, kommunikative Aktivitäten oder Kampagnen zu strukturieren und im Vorfeld für sich festzulegen, was priorisiert werden sollte und was nicht. Die Formel ist ein schönes Beispiel für „Work in Progress" und im Prinzip für jeden Kommunikationsprozess geeignet.

FORCE als kommunikative Grundregel umfasst die folgenden Kernthemen:

F – **Fit (optimale Anpassung)**

O – **Organization (Organisation)**

R – **Resonance (Resonanz)**

C – **Connections (Beziehungen)**

E – **Emotion (Gefühle)**

Diese Formel stellt ein einfaches Mittel dar, um Ihren Marketingkommunikationserfolg zu beschleunigen und zu erhöhen. Kommunikative Kraft ist der Begriff, den ich mit FORCE assoziiere. Lesen Sie im Folgenden, wie Sie mit optimaler Anpassung, Organisation, Resonanz, Beziehungen und Emotionen den Weg zu einer erfolgreichen Kommunikation einschlagen, und lassen Sie sich dabei auch von Fallbeispielen aus der Praxis inspirieren.

Fit (Optimale Anpassung) – Nachrichten senden, die der Empfänger braucht

Ein geflügeltes Wort besagt: *„Was nicht passt, wird passend gemacht."* In Bezug auf Marketingkommunikation bedeutet dies: Eine Kommunikation, die im Hinblick auf das Ziel, die Zeitspanne, die Inhalte, den Ton sowie den gewählten Kommunikationsweg passt, wird erfolgreicher sein als Kommunikationsaktivitäten, die nicht passend gemacht wurden. Wenn Sie eine absolut passende Botschaft vermitteln möchten, entweder im Rahmen einer klassischen Kampagne, über soziale Medien oder anderweitig, dann sollten Sie die folgenden Aspekte berücksichtigen:

Wer ist meine Zielgruppe oder mein Kunde?

Ihre Zielgruppe, zum Beispiel ein spezielles Kundensegment in Deutschland, ist eine sehr individuelle Gruppe von Menschen, und diese sollten Sie möglichst gut kennen, um erfolgreich zu sein: Sind die Menschen eher alt oder jung? Männlich oder weiblich? Wie entscheiden sie, was sind die wichtigsten Kriterien? Wie sehen ihre Einkaufsgewohnheiten aus, ihre Vorlieben, ihre Abneigungen? Welche Kommunikationswege (z. B. Fernsehen, Zeitung, Internet) nutzen diese Menschen überwiegend?

Je mehr Sie über Ihr Zielpublikum wissen, desto besser können Sie Ihre Marketingkommunikation darauf abstimmen.

Wann möchte ich kommunizieren?

Es ist wichtig, den richtigen Zeitpunkt zu wählen, um die Kommunikationsarbeit zu beginnen. Es gibt Zeiten, in denen es besser ist, nichts zu senden, und es gibt Zeiten, in denen die Kommunikation verstärkt vorangetrieben werden sollte, da sie einen deutlich höheren Effekt hat. Dies hängt von bestimmten Umständen in Ihrer unmittelbaren Umgebung ab, die Sie stets genau im Auge behalten sollten. Taucht beispielsweise ein Aspekt auf, der in Verbindung zu Ihren Kommunikationsinhalten steht, können Sie auf diesen reagieren und ihn in Ihre Marketingkommunikation einfließen lassen. Der beste Zeitpunkt für eine Kommunikation ist immer derjenige, zu welchem Ihre Botschaft offen aufgenommen, im besten Fall sogar dringend erwartet wird. Gibt es aktuell neue Gesetze oder Vorschriften, welche Ihre Kunden zum Handeln zwingen, ein bevorstehendes Großereignis, bedeutende politische oder wirtschaftliche Veränderungen, auf die Sie eingehen sollten? So könnte es beispielsweise von Interesse sein, dass Steuerzahler ihr Arbeitszimmer in der eigenen Wohnung wieder von der Steuer absetzen können. Das dürfte gerade in Zeiten, in denen das Arbeiten von zu Hause immer stärker zum Alltag wird, ein Thema für Ihre Mitarbeiter sein.

Sie sollten Ihre Botschaft so verarbeiten, dass sie buchstäblich auf „offene Ohren" stößt, eben passend gemacht wird. Denn oft treten Situationen nicht kurzfristig ein und meistens auch nicht automatisch. Je präziser Sie die Zeitspanne für Ihre Kommunikationsaktivitäten wählen, desto besser werden diese in Ihrem Netzwerk aufgenommen.

Was ist mein Inhalt?

Diese Fragestellung mag offensichtlich erscheinen, aber manchmal geht der wirkliche Kommunikationsinhalt zwischen lustigen Slogans, Fluten an Bildern oder Gimmicks verloren. Egal wie Sie Ihre Botschaft vermitteln, Sie sollten die Inhalte klar definieren, so dass diese leicht verständlich sind. Wenn Sie Ihren Kommunikationsinhalt in zwei einfachen Sätzen zusammenfassen können – auch für Rezipienten, die in keiner Weise mit diesem Thema zu tun haben – dann sind Sie auf dem richtigen Weg. Machen Sie in Gedanken immer den „Oma-Test": Stellen Sie sich vor, Sie müssten Ihrer Großmutter in zwei Sätzen erklären, was Sie sagen wollen. Wenn also auch Ihre Oma Ihre Botschaft versteht: Bingo! Wenn nicht, müssen Sie nacharbeiten. Je transparenter Ihr Kommunikationsinhalt ist, desto besser wird er passen.

Wie ist der richtige Grundton?

Wenn Sie Ihren Kommunikationsinhalt kennen, sollten Sie den Grundton auf diesen abstimmen. Mit anderen Worten: Der Inhalt bestimmt, ob Ihre Botschaft einen direkten, offensiven, ironischen, humorvollen, ernsten oder verlockenden Grundton aufweist. Inhalt und Grundton müssen absolut zueinander passen und daher aufeinander abgestimmt werden, sonst würden Sie sich selbst widersprechen. Die Botschaft wäre dann auch nicht authentisch. Sie würden nie auf die Idee kommen, ein Bestattungsinstitut mit einem flotten oder lustigen Slogan zu bewerben – also bedenken Sie, welchen Ton Ihre Botschaft haben sollte, um glaubwürdig zu sein. Unsensibel war kürzlich beispielsweise die Werbung einer amerikanischen Fluglinie. Ein Plakat mit dem Werbeslogan *„Es wird Ihnen gefallen, wo wir landen"* hing auch in unmittelbarer Nähe des Ground Zero, und erzürnte damit die New Yorker Bürger.

Welchen Kommunikationsweg möchte ich einschlagen?

Abhängig vom Ziel, von der Zeitspanne für Ihre Kommunikationskampagne, dem Inhalt und dem Grundton sollten Sie auch den passenden Kommunikationsweg wählen. Egal, ob klassisches Medium wie Zeitung oder Broschüre oder ein aktuelleres Medium wie das Internet: Sie sollten sicherstellen, dass der Weg passt. Besteht Ihre Zielgruppe aus Menschen, die viel Zeit im Web verbringen, sprechen Sie diese über soziale Medien an. Die typischen „Offliner" erreichen Sie leichter über das Fernsehen oder Fachzeitschriften. Die besten Kommunikationswege können sich bei derselben Botschaft und gleichem Zielpublikum auch verändern. So ist es möglich, dass Sie in der Ferienzeit mehr Menschen in Ihrem eher privat ausgerichteten Netzwerk über Facebook erreichen als über eine Fachzeitung.

Ist meine Botschaft kulturell optimal angepasst?

In einer mehr und mehr globalisierten Welt ist es entscheidend, Ihr Kommunikationsverhalten an den kulturellen Hintergrund der Menschen anzupassen, die Sie adressieren. Ein Facebook-Nutzer in Indien mag ganz andere Sachen gut finden als ein deutscher Bürger, der auf Facebook unterwegs ist. Es gilt, kulturspezifische Veranlagungen und Kommunikationsmuster zu respektieren, um nie die Gefühle anderer Menschen zu verletzen. Die Kommunikation mit unterschiedlichsten Interessensvertretern aus aller Welt macht grundlegende Kenntnisse über andere Kulturen und Bräuche unerlässlich. Oder, um Anthony Robbins zu zitieren, der die Bedeutung kultureller Anpassung wie folgt definiert hat:

„Um effektiv zu kommunizieren müssen wir verstehen, dass wir alle die Welt unterschiedlich wahrnehmen. Und dieses Wissen sollten wir als Orientierungshilfe bei der Kommunikation mit anderen nutzen." [2]

Organization (Organisation) – Was, warum, wer, wo und wann?

Erfolgreiche Marketingkommunikation ist häufig eine Kombination aus Intuition, Kreativität und Inspiration. Für die professionelle Kommunikationsarbeit ist etwas anderes jedoch noch wichtiger: Organisation. Kommunikation ist letztlich ein Handwerk – es sind strukturierte Arbeit und handwerkliches Können in allen Details gefragt. Schritt für Schritt.

Organisation beginnt mit den zuvor genannten Fragen zur optimalen Anpassung: Was ist mein Ziel? Wann möchte ich meine Botschaft vermitteln? Was sind mein Inhalt und der richtige Grundton? Welchen Kommunikationsweg möchte ich nutzen? Welche Reaktion soll meine Botschaft erzeugen?

Vor Ihrer geplanten Kommunikation sollten Sie die gesamte Situation analysieren. Nach der Situationsanalyse müssen die Marketing- und Kommunikationsaktivitäten stufenweise geplant werden. Dabei sollten Sie sich Fragen stellen wie:

➲ Welche Maßnahme wird wann umgesetzt?

➲ Wer ist verantwortlich?

- Stimmt die Botschaft und passt sie
  a) zum Gesamtkontext
  b) zur Zielgruppe?
- Bis wann möchte ich welches Ziel erreichen?
- Wie sieht mein Budget aus, welche Beträge kann ich für welches Ziel ausgeben?
- Wie wird die Erfolgskontrolle durchgeführt?

Organisation beinhaltet natürlich auch das Überprüfen im Nachgang zu einer Marketing- und Kommunikationsaktivität: Um festzustellen, was Sie richtig oder falsch gemacht haben, müssen Sie das Ergebnis Ihrer Bemühungen bewerten. Wie gesagt: Kommunikation ist Handwerk. Wenn Sie zum ersten Mal Fliesen verlegen, ist das bestimmt noch verbesserungsfähig. Aber das zwanzigste gefliese Bad ist dann qualitativ sicher schon in einer anderen Liga.

Alles in allem bezieht sich Organisation auf die Fähigkeit, jeden einzelnen Schritt sorgfältig zu planen und alle grundsätzlich möglichen Konsequenzen vor Augen zu haben. Kommunizieren ohne genauen Zweck führt nicht weiter. Auf Neudeutsch nennen wir heute so etwas schlicht „Spamming". Wenn Sie genau wissen, mit welchem Ziel, zu welcher Zeit und in welchem Umfang Sie kommunizieren wollen, hat dies dagegen positive Auswirkungen auf das Ergebnis. Und mit einer guten Organisation als Grundlage werden Sie in der Lage sein, Ihre Kreativität und Inspiration als Mehrwert einzusetzen. Die Aufstellung eines organisatorischen Zeitplans heißt natürlich nicht, dass Sie nicht bei der einen oder anderen Sache auch spontan sein können. Es bedeutet aber, zu wissen, was Sie tun, warum Sie es tun, was es bewirkt und welche Unterstützung Sie benötigen.

Resonance (Resonanz) – Ihr Pluspunkt: direktes Kundenfeedback

Erfolgreiche Marketingkommunikation endet nicht mit der Veröffentlichung selbst, sie geht weit darüber hinaus. Kommunikation lässt etwas zurück, ein Gefühl oder einen Eindruck beziehungsweise besseres Wissen um einen Sachverhalt. Das impliziert, dass Sie den Erfolg Ihrer Bemühungen bewerten können und auch sollten. Dieser lässt sich einerseits an den reinen Zahlen einer strukturierten Input-Output-Analyse, andererseits an der Resonanz Ihrer Kunden messen. War Ihre Kommunikation erfolgreich, dann haben Sie Ihr (vorher) definiertes Ziel erreicht. Sie haben vielleicht fünfhundert weiteren IT-Entscheidern den Mehrwert Ihrer Leistung erfolgreich vermittelt oder viertausend Vertriebsmitarbeiter weltweit über die neue Konzernstrategie informiert.

Ich habe den Aspekt der Resonanz in die FORCE-Formel aufgenommen, da ich davon überzeugt bin, dass es in Zeiten von Webkommunikation und sozialen Medien keine bessere und schnellere Methode gibt, um einzuschätzen, wie erfolgreich Sie sind: Fragen Sie einfach Ihre Empfänger. Die Resonanz Ihrer Kunden war schon immer ein wichtiger Erfolgsindikator, aber dank Internet und sozialer Medien ist es heute leichter denn je, einen Überblick darüber zu erhalten, was Ihr Empfänger denkt und ob Ihre Nachricht auch entsprechend empfängerorientiert ankommt. Sehen Sie einfach im Internet nach, vielleicht im Forum Ihres sozialen Mediums oder in Ihrem Corporate Blog. Denken Sie immer daran, Ihren Adressaten im Web eine direkte und möglichst einfache Feedback-Möglichkeit zu geben.

Resonanz wird in den kommenden Jahren zunehmend online zu finden sein, denn im Web diskutieren Menschen schnell und interaktiv und tauschen ihre Meinungen aus. Viele kommentieren zudem lieber in Nutzergruppen, als persönlich ihre Rückmeldung zu geben. Online-Resonanz könnte das angemessene Wort für dieses neue Phänomen sein. Im Klartext: Wenn Sie Feedback suchen, werden Sie es wahrscheinlich online sehr direkt finden: schneller als irgendwo sonst und authentischer als bei jedem anderen Bewertungsmedium.

Über die direkte Kommunikation mit Ihren Empfängern werden Sie diese besser verstehen lernen und noch genauer erfahren, was sie von Ihnen wirklich benötigen. Persönlich sehe ich in den neuen Reaktionsmöglichkeiten und der Kundeninteraktion, die uns das Social Web bietet, eine großartige Chance, Ihre Marke zu entdecken und sie zu stärken, indem Sie Ihre Interessenten und Kunden in diesen Prozess mit einbinden. Je genauer Sie verstehen, was Ihre Empfänger empfinden, desto besser können Sie kommunizieren und Gefühle wecken oder verstärken. Und diese Emotionen verbreiten sich automatisch – auch außerhalb Ihres Netzwerkes.

Natürlich geht es im Web im ungünstigen Fall auch sehr schnell in die andere Richtung, und so besteht auch das Risiko einer ablehnenden Haltung, ein sogenannter „Complain Storm", der Ihrem Ruf schaden könnte, vor allem dann, wenn Sie nicht entsprechend darauf reagieren. Wenn Sie Ihre Zielgruppe jedoch zu Fürsprechern Ihrer Marke machen und sich offen und dankbar für konstruktive Kritik zeigen, wird dies in einer solchen Form nicht geschehen: Denn Kommunikation ist nie uni-direktional. Je mehr Sie Ihre Empfänger einbinden und Rückmeldung sowie Dialog ermöglichen, desto positiver wird die Resonanz sein.

Erfolgreiche Kommunikation muss die Resonanz auf jede Maßnahme, jede Strategie und jedes Produkt berücksichtigen und verarbeiten, da genau dies eine Reaktion, eine Verbesserung und Anpassung der Maßnahmen ermöglicht. Achten Sie einmal kritisch darauf, wie Ihre Zielgruppe über Ihre Kommunikationsaktivität denkt. Dann werden Sie schnell wissen, was Sie tun müssen, um sich auf das Richtige in Ihrer Marketingkommunikation einzustellen: das, was Ihre „Kunden" von Ihnen wollen. Und machen Sie sich auch stets bereits im Vorfeld einer Kommunikation Gedanken, welche Reaktionen es geben könnte oder wo die Angriffspunkte in Ihrer Botschaft liegen. Umso leichter werden Sie anschließend auch auf mögliches negatives Feedback reagieren können.

Erfolgreiche Kommunikation berücksichtigt die Resonanz der Zielgruppe – und zwar vor, während und nach der Kommunikationsmaßnahme.

Connections (Beziehungen) – Von Vitamin B und gezieltem Networking

Wenn Sie Informationen zur Resonanz Ihrer Zielgruppe wünschen, sollten Sie Kontakt zu dieser aufnehmen. Soziale Medien sind die ideale Möglichkeit, schneller und direkter als je zuvor die relevanten Interessensvertreter anzusprechen. Heute wird es immer wichtiger, für eine konsequente Vernetzung das Internet zu nutzen. Wenn 99 Prozent Ihrer Kunden Ihre Kommunikation zum Beispiel über Facebook mit „Gefällt mir" bewerten, können Sie relativ sicher sein, dass Sie deutlich mehr richtig als falsch gemacht haben.

Der Charakter der Vernetzung hat sich mit den wachsenden Möglichkeiten des Internets verändert. Sie sollten Ihre Netzwerke automatisiert und konsequent beobachten und betreiben, um mit den neuesten Trends und Entwicklungen Schritt zu halten. Es ist ein permanenter Prozess. Es gilt, Ihr Netzwerk genauso kontinuierlich zu pflegen wie zu Hause ihren Garten.

Moderne Kommunikation, die soziale Medien als Plattform nutzt, um in Echtzeit gezielt an Interessensvertreter heranzutreten, macht die aktive Kontaktaufnahme einfach, aber auch unerlässlich. Die wichtigste Regel dabei ist: Was Sie nicht selbst tun, passiert auch nicht. Wenn Sie die Chance verpassen, Beziehungen aufzubauen, die Sie dabei unterstützen, Ihre Vision voranzubringen, werden Ihre Kommunikationsinhalte nicht so schnell und gründlich verbreitet.

Ohne Netzwerk-Beziehungen wird Ihre Kommunikation weniger effektiv, da es keine Rückmeldung, keine Mundpropaganda und keine synergetischen Netzwerkeffekte geben wird. Deshalb erfordert eine erfolgreiche Marketingkommunikation, Kontakte zu knüpfen, wo und wann immer Sie können. Aber natürlich auch die richtigen. Dazu sollten Sie auch darauf achten, wer genau zu Ihrer Zielgruppe gehört und wer Ihnen helfen kann, Ihr Thema an den richtigen Stellen voranzutreiben. Das bedeutet nicht nur, ein Telefonat zu führen oder Ihren Kunden auf eine Tasse Kaffee einzuladen, sondern auch online das Gespräch beziehungsweise die Interaktion zu suchen. Ein simpler Klick auf eine Schaltfläche wie *„Zur Liste meiner Bekannten/Freunde hinzufügen"* verbindet Sie innerhalb weniger Sekunden mit neuen Kontakten. Diese sind dann aber nur die Adern, für Herzschlag und Durchblutung müssen Sie selbst sorgen.

Connect to Communications oder Connect2Com ist deshalb nicht nur der Name meiner eigenen Webseite, sondern in erster Linie der Schlüssel für erfolgreiche Geschäftskommunikation und effektives Marketing. Der Aufbau von Kontakten aus Ihrer Zielgruppe und die Vernetzung untereinander machen Ihre Botschaften erst hör- und sichtbar.

Emotion – Große Gefühle bei Ihrer Kommunikation

„Powered by Emotion" war der Slogan eines bekannten deutschen Privatsenders, der damit jahrelang für seine Vision warb. Die Idee dahinter sollte zeigen, dass Emotionen für eine höhere Verbundenheit der Menschen und eine größere Bekanntheit der Inhalte sorgen als nüchterne Zahlen und Fakten.

Und was bedeutet dies für Ihre Unternehmenskommunikation und das Marketing? Auch Kommunikation wird durch Emotionen gefördert oder verstärkt. Es gibt keine bessere Möglichkeit, auf sich und die eigene Tätigkeit aufmerksam zu machen, als über gefühlsorientierte Kommunikation. Eine Botschaft wird viel häufiger mit anderen Menschen ausgetauscht, wenn ihr Inhalt bei der Zielgruppe emotionalen Anklang findet oder starke Gefühle wie Freude, Begeisterung, Empörung oder Angst hervorruft. Wenn Ihre Kommunikationsaktivitäten und Botschaften also emotionale Elemente enthalten, werden Sie eine stärkere oder eventuell überhaupt erst eine Reaktion hervorrufen. Im Geschäftsumfeld stellen auch Sicherheitsgefühl, Vertrauen und Innovationskraft wichtige Emotionen dar, die sich gut für empfängerorientierte Botschaften nutzen lassen.

Fügen Sie deshalb immer Ihrem Inhalt auch einen emotionalen Wert hinzu. Denn dieser bleibt präsent, wird beachtet, diskutiert und zum Teil des Mundpropaganda-Prinzips. Fragen Sie sich vorher stets, welche Emotion die stärkste positive Reaktion bei Ihren Kunden auslösen wird.

Emotionen können darüber ausgedrückt werden, *was* Sie kommunizieren, aber auch darüber, *wie* Sie mit Ihren Empfängern und Kontakten sprechen. Deshalb ist Einfühlungsvermögen wichtig, wenn Sie sich in Ihrer Kommunikation den Emotionen des Kunden widmen *und diese* ernst nehmen. Und schauen Sie sich vorher Ihre Kommunikationspartner genau an: In den sozialen Netzwerken beispielsweise werden Sie viele Ihrer Interessenten und Kunden wiederfinden und sich ein erstes Bild darüber machen können, was diese bewegt. Recherchieren Sie doch einfach einmal, in welchen Nutzerforen und Gruppen Ihre Empfänger aktiv sind, wie sie sich darstellen, mit wem sie vernetzt sind oder welche Hobbys oder privates Umfeld diese haben.

fORCE fORMULA   *Praxistipp:* **Kommunikation** *mit der* **FORCE-Formel**

Um Ihnen eine anschauliche Referenz zu geben, wie ich selbst die FORCE-Formel in der Praxis angewandt habe, möchte ich Ihnen ein kurzes Beispiel schildern. Der Schwerpunkt liegt dabei auf dem Aspekt „Fit".

Was bedeutet „Fit" für die Praxis?

Wie (er)findet man die passende Kampagne? Wie erreicht die Kommunikation die entsprechende Zielgruppe? Diese Fragen kommen Ihnen wahrscheinlich bekannt vor, und auch ich habe sie mir mit meinem Team immer wieder gestellt. Am Anfang fühlt man sich wie der griechische Mythenheld Sisyphos, der sich redlich abmüht, um dann schließlich doch wieder von der Last des Steines niedergedrückt zu werden.

Gehen Sie die Sache Schritt für Schritt an. Jeder lange Weg beginnt mit dem ersten Schritt.

Zunächst einmal hat jede kommunikative Aktivität ein Ziel, das zu Beginn des Projektes ganz klar und kurz beschrieben sein muss. Unser Ziel hatten wir wie folgt beschrieben:

Wir möchten unseren Fachbereich als einen der global führenden Experten für das Serviceangebot Applikationsmanagement platzieren. Der Markt soll uns sehen, hören und verstehen. Deshalb wollen wir die Aufmerksamkeit für Applikationsmanagement und unsere Expertise in diesem Umfeld erhöhen. 85 Prozent der Top-Entscheider bei unseren fünfhundert wichtigsten Kunden sollen in den nächsten zwölf Monaten ein genaues Bild darüber haben, welchen Mehrwert wir ihnen bieten können.

Nun ist kommunikative Aufmerksamkeit für B2B-Themen a priori schwerer zu erzeugen als im Business-to-Consumer-(B2C-)Umfeld und – sind wir einmal ehrlich – das Thema an sich ist alles andere als „sexy". Applikationsmanagement ist vielmehr komplex und abstrakt und muss durch geeignete Kommunikation zunächst einmal greifbar gemacht werden.

Nach der Definition des Hauptziels „Fachbereich im IT-Umfeld als Experten für Applikationsmanagement positionieren" *stellte ich mir die „*Fit*"-Fragen, um zu prüfen, an welche Faktoren unsere Kommunikation angepasst werden sollte:*

Wer?

Diese Frage beantwortete sich durch die Spezifität des Themas schon fast von alleine. Unsere Zielgruppe ist kein breites Publikum, sondern ein ausgewählter Kreis von Adressaten, die im IT-Umfeld agieren: vorhandene und neue Kunden sowie IT-Manager und IT-Experten, (kaufmännische) Geschäftsführer, Einkäufer, Analysten, Presse, Unternehmensberater, Softwarehersteller, unsere eigenen Mitarbeiter und nicht zuletzt auch die Mitbewerber. Somit fokussierte sich unsere Kommunikation ganz klar auf sämtliche Interessensvertreter im Umfeld der Informationstechnologie, feiner differenziert durch die Themenschwerpunkte Applikationsmanagement, Systemintegration, Outsourcing und Outtasking.

Differenzieren Sie Ihre Zielgruppensegmente so weit wie möglich und seien Sie sehr spezifisch in Ihrer Ansprache, um bei den wesentlichen Ansprechpartnern den richtigen Ton zu treffen! Überlegen Sie auch, welche Foren, Gruppen, Personen, Multiplikatoren einen starken Einfluss auf Ihre Zielgruppe haben.

Wann?

Lapidar formuliert: von jetzt an und auf lange Sicht. Dass unsere Kommunikationsaktivitäten nicht punktuell gesetzt werden konnten, sondern sich über einen längeren Zeitraum hinweg erstrecken mussten, war unserem langfristigen Ziel geschuldet. Es reichte nicht, die Kernbotschaft „Wir stehen für Qualität und Expertise im Applikationsmanagement" einmal zu lancieren. Diese Botschaft musste – verbunden mit mehreren einzelnen, kommunikativen Maßnahmen – immer wieder kontinuierlich gestreut werden. Und diese Maßnahmen wiederum sollten genau aufeinander abgestimmt sein und sich inhaltlich perfekt ergänzen.

Fragen Sie sich bei jeder neuen Maßnahme, ob diese zu den bisherigen Aktivitäten passt und inhaltlich im Gesamtkontext stimmig ist. Sie werden im Web viele Hinweise darüber finden, was für Ihre Zielgruppe gerade Priorität hat. Gibt es neue Themen durch veränderte Gesetze? Ist durch aktuelle Vorfälle zum Beispiel die Thematik Sicherheit in den Fokus gerückt oder gibt es Technologietrends, an denen aktuell kein IT-Entscheider vorbeikommt?

Machen Sie den Zeitpunkt der Themensetzung und die Dauer der Kampagne/Aktivität klar, abhängig vom Ziel Ihrer Kommunikation: Kein Mensch würde Weihnachtsbäume in den Sommerferien verkaufen. Es ist entscheidend für Ihren Erfolg, dass Ihr Ziel zum richtigen Zeitpunkt umgesetzt wird.

Was?

Das „Was", der Inhalt unserer Kommunikation, ergab sich aus der Zielsetzung: Da wir uns als Experten im Applikationsmanagement positionieren wollten, mussten die Inhalte eben diese Expertise widerspiegeln. Die Botschaft wurde also angepasst an das Ziel. Mir war klar, dass blanke Eigenwerbung in diesem Fall nicht funktionieren konnte. Wer Experte sein möchte, muss sich über den Inhalt als solchen etablieren. Also benötigten wir sehr kompetente Inhalte – Fachbeiträge und Artikel, die unsere Expertise untermauern sollten. Wer sich heute für einen Anbieter im Applikationsmanagement entscheidet, trifft eine langfristige Wahl, die enorme Auswirkung auf die Entwicklung des gesamten Unternehmens haben kann. Hier geht es um Faktoren wie Sicherheit, Leistungsfähigkeit, Zuverlässigkeit und Kostenkontrolle. Sie können sich vorstellen, dass in diesem Zusammenhang der Ton ein ganz anderer sein musste, als wenn wir zum Beispiel ein Erfrischungsgetränk positionieren würden. Und klar, die Botschaft musste noch an die bereits ermittelten Kriterien angepasst werden. Für uns galt: seriös und kompetent, dabei freundlich und verbindlich. Marktschreierische Attribute, Pathos und Witz sind eher unpassend, wenn man über komplexe Geschäftsthemen kommuniziert.

Wie?

Das war mit Sicherheit die spannendste Frage: Wir wollten spezifische Inhalte über Applikationsmanagement in einer längeren Zeitspanne an Menschen im IT-Umfeld kommunizieren und dabei einen seriösen und kompetenten Ruf in der „Szene" aufbauen. Über welchen Kanal kommuni-

ziert man das? Natürlich wurden mehrere Optionen diskutiert, unter anderem die Platzierung von Fachartikeln und Werbeanzeigen in einschlägigen Fachjournalen, bevor wir uns dazu entschieden, zusätzlich einen neuen, unkonventionellen Weg zu gehen: Wir nutzten das Potential der aktuell boomenden Social-Media-Foren und Communitys. Wo sind IT- und technikaffine Menschen anzutreffen? Richtig: im Internet. Es gibt eigentlich keine besseren Kanäle, eine IT-Botschaft zu lancieren, als im Web.

Und damit wir tatsächlich IT-Entscheider ansprechen, fiel unsere Wahl unter anderem auf die virtuelle Businessplattform XING, auf welcher wir eine Fachgruppe zum Thema Applikationsmanagement aufgebaut haben. Wie dieses Projekt verlief und wodurch es erfolgreich wurde, werden Sie im weiteren Verlauf des Buches erfahren.

Setzen Sie auf den Erfolgsfaktor Social Media. Schauen Sie genau, „welche Pfeile" Sie im Köcher haben, bevor Sie Ihren Kommunikationsbogen zum Schuss spannen. Das heißt: Nutzen Sie bereits bestehende Ressourcen. Eine andere Abteilung Ihrer Firma ist bereits auf Facebook unterwegs? Um so besser! Hier können Sie sich einige Tipps und Erfahrungswerte abholen. Ihre Firma ist auf XING verlinkt? Dann entdecken Sie diese Plattform auch als Fachbereich für sich. Auch in der virtuellen Welt gilt es, immer die berühmten „W-Fragen" zu klären: Was habe ich, was möchte ich, wohin, wie und in welchem Zeitraum?

Cultural Fit:

Natürlich findet unser Geschäft international statt. Wir möchten global und gleichzeitig länderspezifisch kommunizieren, um unsere Adressaten zu erreichen. Wir haben uns auch in der Kommunikation global organisiert und die Kommunikationsinhalte in den jeweiligen Ländern vor Ort gesteuert, um den richten Cultural Fit zu erreichen. Dafür gilt es auch, weitere Plattformen zu eruieren und entsprechend auszubauen. Grundsätzlich bietet das Social Web sehr viele unterschiedliche Kanäle an, die man genau unter dem Aspekt der Erreichbarkeit der Adressaten beleuchten muss. Welche Kanäle wir hier ausgebaut haben, werde ich Ihnen ebenfalls vorstellen.

Die FORCE-Formel eignet sich als Basis-Modell sowohl für die Mitarbeiterkommunikation als auch für die externe Kommunikation. Beides soll in den beiden folgenden Abschnitten beschrieben werden.

Externe Kommunikation oder
die hohe Kunst der Selbstdarstellung

Bei der externen Kommunikation im B2B-Umfeld liegt der Schwerpunkt auf der Vermittlung kommunikativer Inhalte nach außen. „Außen" umschließt dabei das direkte oder indirekte Firmenumfeld Ihres Unternehmens – bestehend aus Kunden und anderen relevanten Interessensgruppen wie beispielsweise politische Organisationen, Aktionäre, Geldgeber, Geschäftspartner oder die breite Öffentlichkeit. Darunter fallen schlichtweg alle Menschen in Ihrem Firmenumfeld, die diverse Interessen verfolgen und sich dafür gezielt in Netzwerken organisieren möchten. So treten diese in verschiedenen sozialen Einflussbereichen wie Vereinen, Verbänden, Parteien, Anwendervereinigungen oder auch in Social-Media-Netzwerken auf, in denen sie ihre Interessen vertreten.

Bisher ist eine derartige Vernetzung und Kommunikation in der realen Welt noch nicht so leicht möglich. Die Partner, Kunden, Mitarbeiter und auch Aktionäre sind meist gar nicht oder nur vereinzelt miteinander verbunden. Hier bieten innovative Kommunikationsformen wie die über Social Media den großen Vorteil, dass sich unterschiedlichste Interessensvertreter mit wenig Aufwand – und oftmals sogar ohne sich vorher zu kennen, sondern nur aufgrund ihrer ähnlich gelagerten Interessen und Situationen, online vernetzen und regelmäßig austauschen können. Und damit können diese dann auch wiederum eine neue gemeinsame Kraft bilden. Denken Sie beispielsweise an ein Unternehmen, das im Rahmen von „Corporate Responsibility" auf eine ökologische, nachhaltige Firmenpolitik setzt und seine Umweltfreundlichkeit sowie damit verbundenen Maßnahmen in einem sozialen Netzwerkforum thematisiert. In einem solchen Forum tummeln sich die unterschiedlichsten Interessensgruppen: leitende Kräfte des Unternehmens, Entscheider aus dem lokalen Bereich wie Stadtrats- oder Gemeinderatsmitglieder, umweltbewusste Bürger und auch Vertreter von wirtschaftlichen Verbänden oder Umweltorganisationen wie zum Beispiel Greenpeace. Das heißt, es kommen Menschen an einem virtuellen runden Tisch zusammen, die im realen Leben gar nicht oder nur schwer zusammengefunden hätten. Dank Social Media entsteht ein heterogenes Netzwerk unterschiedlichster Gruppen, das den demokratischen Dialog und Interessensausgleich beflügelt. Diese Netzwerke werden durch Kommunikation und wechselnde Inhalte aufrechterhalten. Und Sie können dabei unterstützen und moderieren.

Die Spielarten der Kommunikation sollten Sie für Ihr Unternehmen zu nutzen wissen, indem Sie die relevanten Interessensvertreter Ihres Firmenumfelds zunächst genau definieren und identifizieren und dann kontinuierlich zu den Empfängern Ihrer Botschaft machen. Ziele der

Kommunikation nach außen sind der Aufbau der Bekanntheit und die Bildung einer Reputation, die Beeinflussung der öffentlichen Meinung, die Schaffung von kommunikativem Mehrwert, die Entwicklung einer Marke und damit die Steigerung Ihres eigenen Unternehmenswertes.

Daher geht es bei B2B-Kommunikation und Social Media Marketing auch darum, neue Kontakte zu knüpfen, bestehende zu pflegen, und so die Reichweite Ihres Unternehmens zu vergrößern. In der B2B-Branche ist effiziente und innovative Marketingkommunikation ein Muss. Gerade weil das Leistungsportfolio zunächst einmal nicht dieselbe Aufmerksamkeit erhält wie Produkte im B2C, ist es notwendig, mit interessanten Aussagen zu punkten. Und das geht. Mit den richtigen Marketingkonzepten und Kommunikationsstrategien kann man ein entsprechendes Bewusstsein für das eigene Angebot erzeugen. Hierfür ist die Bereitschaft, bei der professionellen Kommunikation dem B2C-Bereich in nichts nachzustehen, ebenso Voraussetzung wie die eigene Offenheit für Neues.

Mit dem Satz *„Wer immer tut, was er schon kann, bleibt immer das, was er schon ist"* brachte es schon Henry Ford auf den Punkt.

Hier kommt wieder das Thema Networking ins Spiel. Es reicht auch im „richtigen" Leben nicht, nur Freunde zu haben. Man muss die Freundschaften pflegen, sich beispielsweise ab und zu auf „einen Kaffee treffen" oder etwas gemeinsam unternehmen. Und dreihundert ruhende Einträge im Telefonbuch nutzen Ihnen privat auch nichts. Vielmehr geht es darum, die richtigen Einträge darin zu haben. Es lässt sich also festhalten: Vernetzung ist im B2B-Umfeld das A und O, um gesehen zu werden, um Kunden auf sich aufmerksam zu machen und um die eigene Marke zu etablieren oder auszubauen. Für diese Zwecke eignen sich soziale Netzwerke im Web hervorragend.

B2B und Social Media –
Liebe auf den zweiten Blick?

Die Werbebranche hat Social Media längst für sich entdeckt, und der Trend wird sich auch weiterhin fortsetzen. Die Ausgaben für Werbung in sozialen Netzwerken werden bis 2014 um vierhundert Prozent steigen. Und das hat natürlich einen guten Grund: Zielgruppenorientierte Kundenansprache in den einzelnen Marktsegmenten bei hoher Individualisierung und vergleichsweise geringen Kosten – das ist das Erfolgsrezept, das Social Media für Werbefachleute zu einer attraktiven Spielwiese jenseits der klassischen Werbekanäle gemacht hat. Im B2C-Bereich sind

Social Media längst eine fest etablierte Maßnahme im Marketing-Mix. Aber wie sieht es im B2B-Umfeld aus?

B2B-Entscheidungsträger und das Social Web

Laut jüngster Studien verbringen B2B-Entscheider zwei Stunden ihrer täglichen Arbeitszeit im Web.[3] Somit ist das Internet als Informationsquelle für das eigene Fachgebiet das wichtigste Medium. Insbesondere Suchmaschinen und Herstellerseiten sind grundlegende Informationsquellen für die Vorbereitung einer Investitionsentscheidung. Internetforen spielen bei B2B eine nicht zu unterschätzende Rolle: 40 Prozent der B2B-Entscheider nutzen regelmäßig Internet-Foren für berufliche Zwecke und 28 Prozent beteiligen sich aktiv an den Dialogen.[4]

Wie verhalten sich B2B-Entscheider, wenn sie eine Recherche im Netz durchführen? 72 Prozent der B2B-Entscheider starten ihre Recherche mit einer Suchmaschine, weitere 91 Prozent versuchen ihr Glück in sozialen Netzwerken. Und Social Media nutzen 69 Prozent als Recherchequelle für berufliche Zwecke.

43 Prozent der B2B-Entscheider greifen dabei auch selbst einmal zum virtuellen Füllfederhalter, schreiben Texte oder posten Videos.[5]

Da drängt sich die Frage auf: Warum nutzen Entscheidungsträger im B2B-Umfeld soziale Netzwerke auch für ihre beruflichen Zwecke?

Hierfür gibt es meines Erachtens mehrere Gründe:

- Das Web bietet ohne Zweifel einen unendlichen Informationspool, hier findet man schnell, was man sucht, und zwar in jedem Bereich.
- Soziale Netzwerke eröffnen uns Kontakte mit Menschen, die man vielleicht bereits kennt, aber auch mit bisher unbekannten, mit denen man sich einen fruchtbaren Austausch auch auf beruflicher Ebene erhofft.
- Dank Twitter, YouTube und Co bleibt man immer up to date – und das ist in der heutigen Zeit in jedem Beruf von unschätzbarem Vorteil.

Aus diesen Erkenntnissen lassen sich für das B2B-Umfeld folgende fünf Schlüsse ziehen:

1. Das Web ist weltweit und über alle Branchen das von B2B-Entscheidern am intensivsten genutzte Informationsmedium.
2. Die im Web recherchierten Inhalte haben großen Einfluss auf die Entscheidungsfindung.

3. Die adressierten B2B-Entscheider nutzen Social Media zu Recherche- und Networking-Zwecken.

4. Es ist für B2B-Unternehmen notwendig, im Web und auf sozialen Netzwerken Präsenz zu zeigen.

5. Die rasante Ausbreitung von Social Media hat auch das B2B-Umfeld erreicht und erfordert eine aktive Strategie, keine Vogel-Strauß-Taktik.

Warum taut die B2B-Branche nur so langsam auf?

All diese genannten Erkenntnisse für innovative Kommunikationsformen im Social Web klingen enorm vielversprechend für das B2B-Umfeld. Dennoch kann man bei B2B und Social Media nicht von einer Liebe auf den ersten Blick sprechen.

Die genannten Studien beweisen, was man längst vermutete: Soziale Netzwerke sind in der Marketingkommunikation ein Erfolgsfaktor, auf den B2B-Firmen setzen sollten, um am Puls der Zeit zu bleiben, und vor allem, um klassische Marketingmaßnahmen durch innovative Methoden zu bereichern. Allerdings ist das noch nicht vollständig bei deutschen Unternehmen angekommen – oder mit anderen Worten: Hierzulande taut die B2B-Branche nur langsam auf. Zum Vergleich:

B2B-Marketer in den USA verwenden im Schnitt 34 Prozent ihres Kommunikationsbudgets für Online-Marketing. In Deutschland gehen nur 5 bis 10 Prozent dieses Geldes in den Topf für Social Media und Co.[6] Diese Zurückhaltung ist auf mehrere Faktoren zurückzuführen:

- Fehlende Erfahrungswerte verzögern den Start in die sozialen Medien.

- Knappe Ressourcen und der nur langsam sichtbare Erfolg schaffen eine negative Haltung gegenüber dem „Experiment" Social Media.

- Neue Besen kehren nicht immer gut: Viele Marketiers sind an jahrelange Prozesse und Kommunikationsmaßnahmen gewöhnt und geben diese nur ungern auf.

- Social Media oder Online-Marketing erfordert eine firmenübergreifende Richtlinie und eine enge Kooperation, auch abteilungsintern, zu der nicht immer alle bereit sind.

Natürlich sind auch B2B-Firmen „on". Die genannten Gründe bewirken jedoch, dass Online-Maßnahmen nur im Rahmen einer „Zweitverwertungsstrategie" genutzt werden. Das heißt, die Webseite wird zum Beispiel nur dazu eingesetzt, die klassischen Marketingmaßnahmen zu unterstützen. Und auch soziale Netzwerkforen bilden nur ab, was längst anderweitig publiziert wurde. So stellt man die Produktbroschüre beispielsweise noch einmal so nebenbei online. Dabei erstreckt sich im Internet ein riesiges, noch nicht optimal genutztes Marketing-Potential.

Das Web bietet immer dann besonders viele Möglichkeiten zur Gewinnung von Neukunden, wenn das Unternehmen die Lösungen direkt vertreibt, neue Märkte und Zielgruppen erschließen will und das angebotene Portfolio erklärungs- und investitionsintensiv ist.

Das ist vor allem der Fall bei Investitionsgüter- oder Dienstleistungsmarketing. Denn hier wird kein greifbares Produkt wie zum Beispiel Schokolade vermarktet, die man leicht aus dem Regal greift und deren Markenattribute, zum Beispiel lila und Kuh, jedem Kind vertraut sind, sondern ein komplexer, abstrakter Service. Dieser kann gerade im Internet greifbar und sehr viel sichtbarer gemacht werden.

Aber um gesehen zu werden, muss man erst mal gefunden werden. Und zwar von potentiellen Kunden, die gerade Ihr Thema oder thematisch ähnliche Suchbegriffe googeln.

72 Prozent aller B2B-Recherchen starten mit einer Suchmaschine.[7] Wenn Ihre Firma hier jedoch nicht in der Trefferliste erscheint, verschwinden Sie also genau für diese 72 Prozent Ihrer möglichen Kunden im Nirwana der Unbekanntheit. Wie wichtig Social Media Marketing in Zukunft im B2B-Segment sein wird, veranschaulicht Bild 1.

Jedes B2B-Unternehmen wird seinen eigenen Weg finden müssen, mit dieser Veränderung umzugehen. Am besten gelingt Ihnen dieser Weg mit

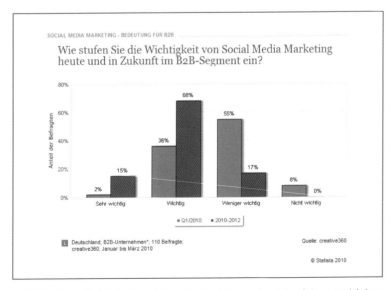

Bild 1 Social Media Marketing wird im B2B-Umfeld in naher Zukunft immer wichtiger

einer gewissen Offenheit, das Experiment Social Media trotz aller Einwände zu wagen, und natürlich mit der Entwicklung einer passenden Strategie.

Wie Sie die unterschiedlichen Social-Media-Kanäle erfolgreich für Ihre externe Kommunikation und Ihr Networking einsetzen können, erfahren Sie ausführlich im Kapitel II.

Mitarbeiterkommunikation – Doping für Ihr Team und die gesamte Firma

Was ist ein Schiff ohne seine Besatzung, oder was macht eine Fußballmannschaft ohne gute Spieler? Und was stellt eine Firma dar ohne engagierte und motivierte Mitarbeiter? Relativ wenig, würde ich behaupten. Die Mitarbeiter sind das Herz jeder Organisation. Denn nur eine motivierte und aufeinander abgestimmte Mannschaft folgt ihrem Kapitän auf hoher See. Und motivierte Mitarbeiter sind nicht nur effizienter und innovativer, sondern präsentieren sich und ihr Unternehmen gegenüber ihren Kunden und der Öffentlichkeit positiver und kompetenter. Das ist der entscheidende Mehrwert der Mitarbeiterkommunikation. Und das ist auch der Grund, weshalb ich diesem Thema im Buch ein eigenes Kapitel widme. Die Mitarbeiter eines Unternehmens tragen aufgrund ihrer eigenen Motivation und ihrer Identifikation mit der Firma zur Umsatzsteigerung Ihres Unternehmens bei. Wenn Ihr Unternehmen also beispielsweise tausend Mitarbeiter hat, dann verfügen Sie auch über tausend potentielle Multiplikatoren in der Öffentlichkeit – im positiven wie im negativen Sinne.

Insbesondere im B2B-Umfeld, in dem langfristige Partnerschaften und gegenseitiges Vertrauen eine sehr große Rolle spielen, fungieren Ihre Mitarbeiter als Aushängeschild. Unzählige Firmen werben mittlerweile mit ihrem Ruf als guter Arbeitgeber. Das sollten allerdings auch die Mitarbeiter ausstrahlen. Im Hinblick auf virales Marketing kommt noch ein weiterer, entscheidender Punkt hinzu: Auch Ihre Mitarbeiter bewegen sich in virtuellen Netzwerken. Wenn beispielsweise jeder Ihrer Mitarbeiter fünfzig bis hundertfünfzig Kontakte in seinem Netzwerk pflegt, dann haben Sie sicher eine Vorstellung, wie wichtig und weitreichend auch eine exzellente Mitarbeiterkommunikation für Sie ist, sowohl intern als auch extern.

Identifikation im Team und mit dem Unternehmen, Leistungswille und Engagement – all das zeichnet motivierte Mitarbeiter aus. Aufgabe der Mitarbeiterkommunikation ist es daher, Motivation und Zusammenarbeit im Team aufzubauen, kontinuierlich zu pflegen, immer wieder zu beleben und zu bestärken. Vertrauen entsteht durch Transparenz. Sie haben einen wesentlichen Beitrag zur Kommunikation geleistet, wenn Ihre Mitarbeiter die Ziele und die Strategie, also den Weg zur Zielerreichung Ihres Unternehmens, verstehen und daraus wiederum ihre individuelle Zielsetzung ableiten.

Es ist vor allem die soziale Komponente des Arbeitslebens, in der Kommunikationsexperten ihren Kollegen und somit dem Unternehmen insgesamt den Rücken stärken können: durch gezielte, klare und zielgruppengerechte Information.

Wichtige Regeln für gelungene Mitarbeiterkommunikation

Die gute Nachricht zuerst: Egal von wo und zu welchem Zeitpunkt Sie starten – Sie fangen nicht bei Null an. Kommunikationsstrukturen sind in Ihrem Unternehmen, wie überall sonst auch, allgegenwärtig. Und auch bei Ihnen sind sicher bereits gewisse Formate der Innenkommunikation vorhanden, selbst wenn es sich nur um Rundbriefe am Anschlagbrett und Flurgespräche unter den Mitarbeitern handelt. Auch das ist Innenkommunikation.

Wir haben uns kürzlich im Team zusammengesetzt und gefragt, welche Erlebnisse aus unserer Kommunikationsarbeit uns in Erinnerung geblieben sind. Wie so oft bleibt natürlich meist das Außergewöhnliche hängen, in unserem Fall waren das vor allem Maßnahmen der Mitarbeiterkommunikation. Da ist beispielsweise das indisch-deutsche Sommerfest zur interkulturellen Annäherung zu nennen, bei dem man die deutschen Mitarbeiter mit Begeisterung in indischen Saris in Rikschas am Firmengelände spazieren fahren sah, während die Kollegen in Indien mit bayerischer Tracht ausgestattet Polka tanzten – und sich alle noch Wochen später darüber unterhielten. In Erinnerung blieben außerdem Videodrehs, eine Besonderheit in unserer Mitarbeiterkommunikation – nicht nur bei der tatsächlichen Ausstrahlung, sondern auch während der Produktion. Darüber hinaus gab es noch diverse Mitarbeiterwettbewerbe, bereichseigenes Fernsehen, Town Hall Meetings oder das Entwickeln eines weltweiten Newsletters. Diese Beispiele zeigen: Erfolgreiche Mitarbeiterkommunikation bringt auch Ihnen etwas, nämlich einen spannenden und sehr abwechslungsreichen Job. Wo sonst ist man Event Manager, Journalist, PR-Beauftragter, Social Media Manager, Fotograf, Regisseur, Animateur und Projektmanager in einem?

Sie können jederzeit mit der Professionalisierung Ihrer Kommunikationsaktivitäten im Unternehmen starten, und zwar am besten mit einer

Bestandsaufnahme: Verschaffen Sie sich zunächst einen Überblick über alle Maßnahmen, die bisher in der Mitarbeiterkommunikation ergriffen wurden, und bewerten Sie diese nach dem jeweiligen Nutzen für Ihr Kommunikationsvorhaben. Der Projektmanager verfasst bereits einen monatlichen Newsletter? Perfekt – ein gutes Potential für kommunikative Zusammenarbeit. Es existiert eine Intranetseite, auf der Sie arbeiten können? Dann haben Sie eine ideale Plattform für Ihre Inhalte. Welche Mitarbeiterforen gibt es, welche regelmäßigen Veranstaltungen, wer kommuniziert sonst noch an die Mitarbeiter? Welche Kommunikationskanäle fehlen unter Umständen komplett und müssen erst noch aufgebaut werden? Wie hoch ist die Akzeptanz der bestehenden Kanäle und Tools? Sollte dazu gegebenenfalls eine Mitarbeiterbefragung durchgeführt werden? Wie könnte man, auch innerhalb des Unternehmens, soziale Netzwerke einsetzen? Gerade den letzten Punkt gilt es ganz besonders zu beachten. Denn auch in der internen Kommunikation können Sie mit den Mitteln des Social Web viel erreichen und den Informationsaustausch im Unternehmen immens fördern.

Mit einem klaren Bild über bereits bestehende Kommunikationsformen innerhalb Ihres Unternehmens können Sie Ihre Ziele und die weitere Vorgehensweise zuverlässig planen.

Auch in der Mitarbeiterkommunikation ist ein Konzept erforderlich. Und auch hier gilt: Keep it simple! Halten Sie es so einfach wie möglich. Eine Aufstellung der vorhandenen und relevanten Medien zusammen mit den geplanten Inhalten und einem Zeitplan ist als Rahmenstrategie ausreichend, erleichtert die Arbeit ungemein, sorgt für Effizienz und Stringenz und dient auch als Orientierung für Kollegen und Vorgesetzte.

Bei der Planung einer gelungenen Mitarbeiterkommunikation sollten Sie eine Balance zwischen reinen Informationen, motivierenden Aktivitäten und dialogorientierten Medien und Themen finden.

Abgeleitet aus meinen eigenen beruflichen Erfahrungen erhalten Sie hier die zehn *wichtigsten* *Regeln* für einen erfolgreichen Start der professionellen Mitarbeiterkommunikation.

1. **Definieren Sie Ihre Rolle oder: „Wer bin ich und wenn ja, wie viele?"** [8]

Mitarbeiterkommunikation hat mindestens zwei Seiten, das Management auf der einen, die Mitarbeiter auf der anderen. Und als Informationsvermittler für beide Seiten befinden Sie sich im Regelfall dazwischen.

Damit Sie nicht irgendwann zwischen allen Stühlen sitzen, ist es wichtig, von Beginn an die eigene Rolle als neutraler Kommunikator festzulegen. Wie ein Journalist sollten Sie einigermaßen unabhängig sein. Sie verteilen Nachrichten so objektiv wie möglich. Selbstverständlich folgen Sie mit Ihrer Information den allgemeinen Unternehmenszielen, aber Sie sind eben nicht nur der PR-Berater Ihres Chefs, sondern umgekehrt auch das Sprachrohr für die Mitarbeiter in Richtung Firmenleitung.

2. Gute Informanten sind gefragt

Sie benötigen Inhalte. Und dazu gehören nicht nur aktuelle Unternehmensthemen, sondern auch Informationen über das Arbeitsklima, die Stimmung auf allen Fluren oder auch Gerüchte. Was Sie dafür benötigen, ist ein funktionierendes Netzwerk mit möglichst unterschiedlichen „Informanten" aus verschiedenen Funktionen und aus diversen Unternehmensebenen. Das sind quasi Ihre Sensoren, mit deren Hilfe Sie erfahren, welche Themen Ihre Kolleginnen und Kollegen gerade bewegen und was Sie gerade jetzt kommunizieren sollten. Gehen Sie bei der Bearbeitung Ihres Netzwerkes strategisch vor. Identifizieren Sie die themenspezifischen Meinungsführer in Ihrem Unternehmen und erklären Sie diesen Ihre Funktion und deren Bedeutung für die Innenkommunikation – auch hier kann Ihr bereits erstelltes Kommunikationskonzept entscheidend unterstützen. Sicher werden die meisten Kollegen sehr positiv reagieren und Sie zukünftig nach Kräften mit relevanten Informationen versorgen.

3. Wie bekommen Sie am besten Ihren Input?

Sie haben ein Kommunikationskonzept und stehen in den Startlöchern. Was jetzt noch fehlt, sind die konkreten Inhalte, die Sie an Ihre Mitarbeiter weitergeben wollen. Der Rechercheaufwand hängt dabei von Ihrem bestehenden Netzwerk im Unternehmen, den Ihnen zur Verfügung gestellten Informationen und Ihrer persönlichen Überzeugungskraft ab. Für manche Mitarbeiter bedeutet es zusätzlichen Aufwand, die notwendigen Informationen weiterzugeben. Am besten bereiten Sie daher Entwurfsvorlagen und Standardmaterial vor, welches dazu dient, die Informationen einheitlich nach einer festen Vorgabe aufzubereiten (eine Auswahl finden Sie im Anhang dieses Buches). Das macht es für Ihr Gegenüber nicht nur leichter, Ihnen genau die Informationen zu liefern, die Sie benötigen, sondern erleichtert und beschleunigt auch Ihre eigene Arbeit.

4. Ehrlich währt am längsten

Natürlich folgt nicht jeder Mitarbeiter der Ideologie von WikiLeaks-Gründer Julian Assange, alle Informationen an jedermann weiterzugeben. Und das ist auch gut so – denn genau hier liegt Ihr entscheidender

Mehrwert als Kommunikationsverantwortlicher. Informationen müssen erklärt, bewertet oder mit Hintergründen versehen werden, d. h. journalistisch aufbereitet.

Dabei gilt immer: Eine offene, ehrliche und vor allem konsistente Mitarbeiterkommunikation ist am effektivsten, vermeidet Widersprüchlichkeiten und führt langfristig am ehesten zu zufriedenen und motivierten Mitarbeitern. Transparenz erzeugt Vertrauen. Wenn Sie aus irgendwelchen Gründen (noch) nicht alles zu einem Thema kommunizieren können, erklären Sie die Situation. Oder sagen Sie gar nichts zu diesem Punkt. Auf diese Weise verhindern Sie nicht nur die Verbreitung von Fehlinformation, sondern bewahren auch die Integrität und Glaubwürdigkeit Ihrer eigenen Funktion. Was Sie kommunizieren, muss stimmen. Falsche Aussagen bleiben jahrelang in Erinnerung.

5. Qualität statt Quantität: Die Fünf-Minuten-Regel

In der Realität ist es nicht immer leicht, die Balance zwischen Informationsmenge und Relevanz zu halten. Sie sind mitverantwortlich dafür, zu entscheiden, worüber Ihre Kolleginnen und Kollegen informiert werden sollen – und worüber nicht. Die Zeit und die Aufnahmefähigkeit der Mitarbeiter sind im Regelfall eingeschränkt, daher ist es Ihre Aufgabe, das Maß und den Inhalt der Kommunikation sinnvoll zu bestimmen. Als Daumenregel können Sie Ihre Kommunikation so strukturieren, dass Ihre Kollegen innerhalb von fünf Minuten alle relevanten Informationen des Tages aufnehmen können. Ist manches nur für bestimme Mitarbeitergruppen von Bedeutung, sprechen Sie diese am besten gezielt an, etwa über einen vordefinierten E-Mail-Verteiler, anstatt die jeweiligen Nachrichten an einen große Adressatenkreis zu streuen.

6. Brandaktuell soll es sein oder: Wen interessiert der Schnee von gestern?

Gute Kommunikation braucht Zeit, aber manchmal müssen Sie sehr zeitnah informieren. Neben kontinuierlicher Information und stetigen Aktualisierungen zu bestimmten Projekten oder Veranstaltungen sollten Sie auf Unvorhergesehenes schnell reagieren und Brandaktuelles sofort verbreiten. Wer gezielt, klar und schnell informiert, vermeidet jede Gerüchteküche und verhindert, dass wertvolle Energie und Motivation mit sinnlosen Spekulationen vergeudet werden.

Sie sind wie die unternehmensinterne Tagesschau: Informieren Sie über ein Thema nicht schnell genug, erfahren es manche Mitarbeiter gar nicht, viel zu spät oder – noch schlimmer – von einer anderen Quelle, womöglich sogar verfälscht. Dadurch leidet jedoch der Wert Ihrer Kommunikation, also das Vertrauen der Mitarbeiter, deutlich. Ein neuer Kundenvertrag wurde abgeschlossen? Glückwunsch – diese Information gleich versenden, sobald die Freigabe des Kunden vorliegt. Negative Nachrichten über das Unternehmen? Sagen Sie es Ihren Kollegen, aber nur zusammen mit ergänzenden Erklärungen, damit die Mitarbeiter den Sachverhalt verstehen und auf Bemerkungen und Fragen von Kunden und Außenstehenden vorbereitet reagieren können. Denn jeder einzelne Mitarbeiter ist ein wichtiger Multiplikator für das Unternehmen und sollte sich auch so fühlen.

Zeitnah informierte Mitarbeiter sind nicht nur zufriedener und motivierter, sondern auch kompetenter im Umgang mit den Interessensgruppen innerhalb und außerhalb des Unternehmens. Jede Frage, die man Ihnen stellt, könnte Ihr Mitarbeiter auch zu Hause, von einem Kunden oder gar von einem befreundeten Journalisten gestellt bekommen.

7. Sprache und Tonfall: zwischen Abenteuerroman und Fachchinesisch

Sie wissen, was Sie sagen wollen und wann – bleibt noch offen, wie Sie es sagen. Für Sprache und Tonfall Ihrer Kommunikation ist es entscheidend, die passende Dosierung zwischen Fachjargon und einem lockeren Schreibstil zu finden. Jeder Mitarbeiter, egal in welcher Funktion, sollte Ihre Botschaft verstehen können. Wir sparen uns an dieser Stelle den Tipp *„Kommunizieren Sie so einfach wie möglich, aber so spezifisch wie nötig".* Wenn Sie sich nicht sicher sind, lesen Sie Ihre Texte Ihren Kindern oder jemandem völlig Unbekannten vor (denken Sie an den Oma-Test): Hat Ihr Proband verstanden, was Sie ihm sagen wollten und vor allem, warum diese Information relevant für ihn ist? Dann haben Sie schon fast alles richtig gemacht.

8. Kommunikationskanäle: Die Mischung macht's

Zu der Frage des „Wie" gehört natürlich auch die Wahl der richtigen Kommunikationsmedien und -kanäle, die Sie im Grunde bereits bei der Erstellung Ihres Kommunikationskonzeptes ausgewählt haben. Die Devise lautet hierbei: nicht zu viele verschiedene Medien, aber auch nicht zu wenige. Sie nutzen zu Hause Fernsehen, Zeitung, Internet und Telefon. Einen ähnlichen Mix sollten Sie auch im Beruf verwenden, je nachdem, welche Gewohnheiten und Bedürfnisse Ihre Mitarbeiter und Kollegen haben. Wenn Ihre Kollegen viel am PC arbeiten, sind Social Media Tools vielleicht die Mittel der Wahl. Gerade Blogs, Wikis oder Foren können den internen fachlichen Austausch beflügeln.

Wie viele Kommunikationskanäle Sie einsetzen, ist abhängig von der Größe und Art Ihres Unternehmens. Sorgen Sie für eine abwechslungsreiche Mischung zwischen klassischen Printmedien, Internet, Social Media, Veranstaltungen und weiteren Kanälen. Achten Sie darauf, jedem Medium einen bestimmten Inhalt zu widmen. So gehörten zum Beispiel Tagesaktuelles immer auf die firmeneigene Intranet- oder Internetseite, Hintergrundberichte in die Firmenzeitung, Produktangebote auf die Hochglanzbroschüre. Permanent wechselnde Medien würden Ihre Empfänger verwirren. Eine Form der Standardisierung erleichtert jedoch auch Ihnen die Arbeit.

9. Die Innovation: Folge dem Zeitgeist oder entdecke das Kind in Dir

Seien Sie kreativ. Nichts werden Ihre Mitarbeiter Ihnen mehr danken als eine abwechslungsreiche und interessante Kommunikation außerhalb der Routine. Das gilt auch für Veranstaltungen, die ebenfalls ein wichtiger Bestandteil der Mitarbeiterkommunikation sind. Ob ein Wettbewerb, eine Firmenfeier, ein abteilungsinterner Marathonlauf oder eine Spendenaktion – lassen Sie Ihren Ideen freien Lauf – der Erfolg wird sich in einem verbesserten Arbeitsklima widerspiegeln.

10. Das Feedback: Jede Meinung zählt

Sie machen Innenkommunikation nicht nur für Ihre Mitarbeiter, sondern auch mit und von ihnen. Wenn Sie wissen wollen, ob Sie Ihre Arbeit gut machen, ist es nur konsequent, auch die Mitarbeiter, in dem Fall Ihre Kunden, zu befragen. Egal, ob eine Mitarbeiterumfrage, persönliche Gespräche oder Feedback-Mails – die Form der Rückmeldungen ist nebensächlich.

Natürlich bieten Social Media auch im weiten Umfeld der Innenkommunikation eine gute Möglichkeit, sich mit den eigenen Mitarbeitern zu vernetzen und das Feedback direkt auf den sozialen Netzwerken abzuholen. Sie können zum Beispiel eine Diskussion zu einem beliebigen Thema starten und erfahren hierdurch die unterschiedlichsten Meinungen Ihrer Mitarbeiter. Themenverläufe in solchen Foren zu verfolgen, ist ideal, um das Betriebsklima und aktuelle Stimmungen besser einzuschätzen. Denn oft sprechen die Mitarbeiter in virtuellen Foren viel offener, aber auch viel reflektierter als im direkten Gespräch oder während einer Veranstaltung. Gezieltes Monitoring bietet hierbei wiederum die Möglichkeit, das Gesagte wahr- und ernst zu nehmen.

Bitten Sie aktiv in regelmäßigen Abständen um die Meinung der Mitarbeiter, nehmen Sie diese ernst und leiten Sie daraus sichtbare Verbesserungsmaßnahmen ab. Nehmen Sie negative Kritik nie persönlich, denn jeder, der Feedback gibt, zeigt Emotionen, und das ist gut. Prüfen Sie, was man daraus machen kann. Wichtig: Wo immer es möglich ist, reagieren Sie zeitnah und inhaltlich auf die Kritik – auf die negative wie die positive.

An dieser Stelle möchten wir noch einmal auf den Vergleich mit der Tagesschau eingehen: Der deutsche Durchschnittsbürger sieht die Nachrichten in der ARD aus zwei Gründen:

Der erste Grund: Habitus, reine Gewohnheit und der Wunsch, dauerhaft relevante Inhalte zu sehen. Diese Form der kontinuierlichen Information haben Sie bereits mit Ihrem strukturierten Kommunikationsplan abgedeckt.

Der zweite Grund: Das Publikum der Tagesschau möchte die aktuellen News des Tages sehen, auf dem neuesten Stand sein, mitreden können. Hier sind wir bei Ihrem I-Tüpfelchen: Reagieren Sie auf Nachfragen Ihrer Mitarbeiter, bedienen Sie diese mit aktuellen Themen, welche für sie wirklich relevant sind. Dazu gehören auch die tatsächlichen Tagesschauinhalte. Situationen wie die Wirtschaftskrise oder Diskussionen über Managementgehälter sind sicherlich auch Themen, die für Ihre Mitarbeiter und Ihr Unternehmen relevant sind und mit welchen Sie auf offene Ohren stoßen.

Erfolgsmessung am Beispiel „One global Village"

Als neu gegründete Organisationseinheit innerhalb eines großen Konzerns sollten wir schnellstmöglich ein Team werden. Global, als eine internationale Erfolgsmannschaft, die nach dem „Follow the Sun"-Prinzip bestmöglichen Kundenservice garantiert. Ein echtes internationales High-Performance-Team.

So der Wunsch. Die Realität sah allerdings „geringfügig" anders aus: ein bunt zusammengewürfelter Haufen unterschiedlicher Länder mit eigenen Regeln, Rahmenbedingungen, Sprachen sowie Arbeitsabläufen.

Klarer Fall – hier musste Kommunikation flächendeckend eingesetzt werden, gezielt und hoch dosiert. Der Auftrag an die Mitarbeiterkommunikation lautete dementsprechend: die Förderung des länderübergreifenden Kennenlernens, der Zusammenarbeit und der Identifikation als zusammengehörige, globale und schlagkräftige Unternehmenseinheit durch gezielte Kommunikationsmaßnahmen.

Zunächst wurde eine Bestandsaufnahme durchgeführt, dann ein Kommunikationsplan erstellt und einmal, zweimal, vielleicht auch fünfmal überarbeitet. Diverse Medien und Plattformen wie XING, LinkedIn u.a. zur regelmäßigen Kommunikation wurden etabliert, ein zur Botschaft passendes Netzwerk durch den Aufbau themenspezifischer Communitys geschaffen, relevante Themen rund um Applikationsmanagement identifiziert, Mitarbeiter befragt, Veranstaltungen organisiert, Feedback eingefordert, ausgewertet und dankbar umgesetzt.

Das Resultat nach drei Jahren kontinuierlicher Arbeit: ein fester Stock an Kommunikationsmedien in unterschiedlichen Formaten, neue und sehr erfolgreiche Aktivitäten im Social-Media-Bereich, ein funktionierendes Netzwerk: eine professionell aufgebaute Innenkommunikation. Außerdem, und viel wichtiger: Das global Village lebte! Indische, russische, deutsche, amerikanische und argentinische Kollegen hatten sich als eine Einheit verstanden und traten als ein abgestimmtes Team auf, das auf internationaler Ebene flexible Services für die Kunden erbringt.

Eine qualitative Erfolgsmessung ist die Herausforderung jeder kommunikativen Maßnahme: Wie genau misst man den Informationsgrad und die Zufriedenheit der Mitarbeiter? Was ist die richtige Maßeinheit für das Arbeitsklima?

Zum einen ist es möglich, entsprechende Fragen konkret bei den nächsten Mitarbeiterbefragungen oder -treffen zu stellen. Zum Beispiel: *„Wie zufrieden sind Sie mit der Informationspolitik der Firma?"* oder *„Fühlen Sie sich gut über die Entwicklung des Unternehmens informiert?"*. Da solche Maßnahmen in der Regel nur ein- bis zweimal jährlich stattfinden, sind interne Kommunikationsbeteiligte zudem auf kurzfristige Feedbackmöglichkeiten angewiesen.

Meine Empfehlung hier ist, so viele Feedback-Schleifen und Dialogmöglichkeiten wie möglich in Ihre Kommunikationskanäle einzubauen, zum Beispiel über E-Mail-Adressen für Rückmeldungen oder Foren zur Meinungsäußerung. Fragen Sie ganz direkt: *„War der Artikel nützlich für Sie?"* oder *„Wie bewerten Sie den Informationsgehalt dieses Newsletters?"*. Binden Sie Ihre Leser immer mit ein, indem Sie direkt nach deren Kommentaren, Kritik oder Verbesserungsvorschlägen fragen. Mit Hilfe von firmeninternen Social-Media-Kanälen kann sich wirklich jeder permanent aktiv an den Kommunikationsprozessen beteiligen.

Das Interessante an der Erfolgsmessung ist allerdings nicht die Messung der Kommunikation per se. Es ist vielmehr das, was Sie daraus machen. Nutzen Sie jede Form der konstruktiv geäußerten Meinung, um Ihre Aktivitäten gezielt zu verbessern. Das erhöht nicht nur den Erfolg zukünftiger Aktivitäten, sondern auch die Chance auf Feedback, da die Mitarbeiter die Folgen und Reaktionen auf ihre Kommentare und Anregungen direkt sehen können und sich ernst genommen fühlen.

Mitarbeiterkommunikation bietet ungemein viele Facetten und Möglichkeiten – sie muss nicht langweilig, trocken oder informationsarm sein.

Exkurs: Immer gut informiert –
der digitale Mitarbeiter-Newsletter

Ein Mitarbeiter-Newsletter erreicht jeden und bringt alle wichtigen Themen auf die Agenda – es ist meines Erachtens eines der besten Kommunikationsmedien, das man sich in der Innenkommunikation wünschen kann.

In der Regel handelt es sich um einen firmeninternen Rundbrief, der in einem wöchentlichen oder monatlichen Turnus an alle Mitarbeiter versandt wird und diese über die wichtigsten Vorgänge auf dem Laufenden hält. Der Trend geht dabei auch hier zu digitalen Medien wie beispielsweise dem E-Mail-Newsletter.

Zwischen dieser Erkenntnis und dem professionell gedruckten Wort steht nun die Herausforderung, einen Prozess in der Kommunikation zu etablieren. Dazu gehören beispielsweise Aktivitäten wie ein virtuelles Redaktionsteam aufzubauen, aktuelle Themen zu recherchieren, Artikel zu verfassen, diese abzustimmen, kurzum: Der Arbeitsaufwand entspricht ungefähr dem des Chefredakteurs eines Regionalblattes – mit anderen Themen, versteht sich.

Straffe Organisation ist das Geheimnis, das aus unserer Mitarbeiterzeitschrift einen vollen Erfolg gemacht hat: Wir suchten gezielt nach einem zuverlässigen Redaktionsteam innerhalb des Unternehmens, planten klare Abläufe und vereinbarten feste Abgabetermine. Genaue Vorgaben in Bezug auf Artikelform, -länge und -inhalte erleichterten unseren unternehmensinternen Hobbyjournalisten die Arbeit und beschleunigten den Prozess. Wir holten uns auch intern Hilfe von Kolleginnen und Kollegen hinzu, die interessante Inhalte lieferten oder das Konzept mit uns besprachen. Deshalb mein Tipp: Begeistern Sie Ihre Kollegen für die aktive Mitarbeit an der Mitarbeiterzeitschrift. Sie werden staunen, wie viele etwas mitzuteilen haben und froh sind, wenn Sie ihnen die Plattform dafür zur Verfügung stellen.

Auch unsere Leser kamen innerhalb des Online-Leserforums einer firmeninternen Social-Media-Plattform zu Wort. Das Resultat konnte sich am Ende mehr als sehen lassen: eine internationale Mitarbeiterzeitschrift mit einer großen Leserschaft!

In der Innenkommunikation spielt der interne Newsletter eine wichtige Rolle: Wer möchte, dass sich Mitarbeiter mit ihrem Unternehmen identifizieren, dass sie den Entscheidungen des Managements vertrauen und sich in ihren Interessen und Ansprüchen berücksichtigt fühlen, muss dafür sorgen, dass zeitnah und empfängerorientiert kommuniziert wird. Transparenz und Kontinuität sind die Schlüssel dazu. Im Social-Media-Zeitalter sollte der E-Mail-Newsletter mit weiteren internen Kommunikationsaktivitäten korrespondieren: So könnte dieser zum Beispiel Weblinks und Verweise auf das Firmenintranet enthalten, etwa auf ein internes Wiki oder ein unternehmenseigenes Blog.

Es gibt drei übliche Formen von E-Mail-Newslettern:[9]

1. Einzel-Promotion (Fokus auf ein Thema)
2. Regelmäßiger Newsletter (Fokus auf mehrere Themen)
3. Auto-Responder (Serie von E-Mails, die automatisch versendet wird)

In der Regel entspricht ein firmeninterner Newsletter der zweiten Form, da er auf regelmäßiger Basis mehrere Themen aus einem Unternehmen kommuniziert.

Die Themenkategorien eines Firmen-Newsletters enthalten zum Beispiel:

• Erfolgsmeldungen (neu gewonnene Kunden und abgeschlossene Verträge)
• Fachliche Themen (Beiträge aus den einzelnen Ressorts und Ländern)
• Personelles (Vorstellung neuer Kollegen, persönliche Beschreibung eines Managers in Form eines Interviews)

Natürlich können hier noch viele weitere Themen Eingang finden. Wie diese gesetzt sind, hängt immer von der einzelnen Firma und deren Mitarbeitern ab. Sie würden Ihren Newsletter gerne etwas peppiger und kreativer gestalten, sind sich aber nicht sicher, ob das ankommt? Dann führen Sie doch eine Mitarbeiterumfrage durch und finden Sie heraus, was Ihre Kollegen von einem gelungenen Newsletter erwarten.

Auf jeden Fall sollten Sie Ihren Mitarbeiter-Newsletter aktuell, informativ individuell und ansprechend halten und die spezifischen Interessen Ihrer Kollegen berücksichtigen. Das Motto „kurz und knackig" sollte für die Form gelten. Selten wird eine Botschaft, die per Mail empfangen wird, komplett gelesen. Beschränken Sie sich also immer auf das Wesentliche. Bei besonders wichtigen Informationen sollten Sie additiv ein gut strukturiertes Rundschreiben oder eine einzelne Meldung verfassen. Hilfreich ist es dabei, die Möglichkeiten des Intranets, existierender interner Communitys sowie firmeneigener Social Media Tools zu nutzen und ein Thema nur kurz anzureißen sowie mit Links auf weiterführende Informationen zu verweisen.

Um Ihren Online-Newsletter einheitlich und für das E-Mail-Format passend zu gestalten, können Sie sich an folgender Struktur orientieren:

• Kopfzeile mit Logo
• Anschreiben

- Überblick über Inhalt des Newsletters
  (ersatzweise Inhaltsverzeichnis)
- Hauptteil mit Ausführung des Inhalts
- Schlusswort
- Impressum
- Ein Link zum An-/Abmelden des Newsletter-Abonnements

Der letzte Aspekt, der bei keinem Newsletter fehlen darf, ist die Visualisierung des Inhaltes. Ein Bild sagt mehr als tausend Worte. So können zum Beispiel Fotos der letzten Veranstaltung eingefügt werden, Clip Arts oder Grafiken. Beim Design sollten Sie beachten, Überschriften und wichtige Schlagwörter sowie Zitate farblich oder durch die Variation der Schriftart und -größe hervorzuheben. Dadurch strukturieren Sie Ihr Schreiben optisch und vereinfachen Ihren Lesern das Finden von bestimmten Inhalten.

Entwicklungspotential und Trends der Mitarbeiterkommunikation

Unternehmen werden zunehmend vernetzter und internationaler. Persönliche Meetings weichen Telefon- oder Videokonferenzen. Immer häufiger arbeiten Mitarbeiter parallel in Projektteams über den Globus verteilt. Heimarbeitsplatz oder das flexible Büro sind längst der Normalfall.

Es ist selbsterklärend, dass die schnelle und einfache Informationsverteilung an Mitarbeiter von steigender Bedeutung ist. Zwar ist es aufgrund der diversen Möglichkeiten von Social Media wahrscheinlich, dass Informationen von den Mitarbeitern selbst produziert und verteilt werden, aber es muss auch jemanden geben, der den genauen Überblick über alle Informationen hat und den gesamten Kommunikationsprozess moderierend steuert. Und das sind Sie.

Deshalb ist es für Sie wichtig, dass Sie die wesentlichen Trends der Kommunikation kennen, um die Auswirkungen auf Ihre Arbeit beurteilen zu können:

➲ More Social, more Media

Social Media boomt. Auch die Mitarbeiter Ihres Unternehmens sind aktiv in diversen sozialen Netzwerken unterwegs. Das bedeutet für Sie deutlich erweiterte Möglichkeiten, Ihre Kollegen direkt anzusprechen und gewünschte Informationen zu erhalten. Ihre Aufgabe ist dabei vor allem die Steuerung und Moderation entsprechender Gruppen, Foren und Netzwerke und selbstverständlich die zeitnahe Reaktion auf neue Themen, Trends und Entwicklungen.

⊃ Mobile Mitarbeiterkommunikation maßgeschneidert

Zum Social Media Boom hinzu kommt die Ausbreitung der Smartphones. iPhone, Android, Blackberry und Co. machen es möglich, den einzelnen Mitarbeitern maßgeschneiderte Informationspakete direkt aufs Handy zu schicken, angepasst an deren jeweilige Funktion und Aufgabe. Sie sollten wiederum dafür Sorge tragen, relevante Informationen zu selektieren und zielgruppenspezifisch weiterzugeben.

⊃ You need a Professional

Je mehr Informationen im Umlauf sind und je höher deren Verbreitungsgeschwindigkeit, desto wichtiger ist es, dass ein echter „Kommunikationsprofi" alle Prozesse auf professionelle Art und Weise steuert und die Qualität des Inhalts sichert. Kommunikation ist Chefsache und kein „Nebenbei-Thema". Deshalb sollte es stets mindestens eine dedizierte Stelle dafür geben.

⊃ Teamwork

Doch Innenkommunikation ist nicht ausschließlich Aufgabe der Kommunikationsexperten. Im Gegenteil: Alle Mitarbeiter können und sollten sich beteiligen! In Zukunft werden „Crowdsourcing" [10] und andere Formen des Wissensmanagements und der geteilten Zusammenarbeit immer wichtiger. Wikipedia hat das im großen Stil bereits vorgemacht.

Do's and Don'ts der Mitarbeiterkommunikation

- ⊃ Kommunikation ist absolutes Chef-Thema, beziehen Sie daher auch immer den oberen Führungskreis mit ein.
- ⊃ Stimmen Sie sämtliche Formen der Innenkommunikation, zu denen auch die Managementkommunikation gehört, exakt aufeinander ab.
- ⊃ Koordinieren Sie Ihre Kommunikationsaktivitäten zentral.
- ⊃ Etablieren Sie ein gut funktionierendes übergreifendes Kommunikationsnetzwerk. ·
- ⊃ Setzen Sie nicht nur „in Kenntnis". Die Mitarbeiter sollen Entscheidungen nachvollziehen und Pläne mittragen können.
- ⊃ Spammen Sie nicht. Nicht alles, was die Mitarbeiter und das Management gerne erzählen würden, ist berichtenswert.

- Bleiben Sie bei Ihren Aussagen. Meinungs- und Argumentationsänderungen ohne triftigen Grund wirken unglaubwürdig und willkürlich auf die Mitarbeiter.

- Setzen Sie auf unterschiedliche, aber selektierte Kommunikationskanäle: Weniger ist mehr.

- Stellen Sie Vorlagen zur Verfügung, um die Informationen bereits im gewünschten Format zu erhalten.

- Sensibilität statt Ignoranz: Kommunizieren Sie angepasst und aufrichtig in Krisenzeiten, moderat bei Erfolgsmeldungen.

- Behandeln Sie aktuelle Brennpunktthemen. Zeitnahe und konsistente Kommunikation wirkt stets motivierend auf die Mitarbeiter.

- Nehmen Sie Meinungsäußerungen ernst und reagieren Sie darauf.

Virales Marketing – warum wir Menschen so gerne Spannendes erzählen

Kaum ein Trend in der Marketingkommunikation konnte sich innerhalb der letzten zwei bis drei Jahre so erfolgreich etablieren wie der des sogenannten viralen Marketings: Wie der Name impliziert, hat er sich sozusagen virusartig verbreitet. Aber was bedeutet virales Marketing eigentlich? Die Virus-Analogie hilft, diese Systematik zu veranschaulichen: Eine Person steckt sich an und infiziert viele andere, die ihrerseits dann auch höchst ansteckend sind. So breitet sich der Virus weiter aus.

Virales Marketing ist Ansteckung im positiven Sinn: Hier ist die rasend schnelle Ausbreitung einer gezielt gestreuten Information gewünscht. Der Empfänger der Botschaft soll diese sofort weitergeben und somit selbst zum Kommunikator werden. Die Kommunikation, beziehungsweise die Weitergabe selbst, kann dann über verschiedene Kanäle erfolgen – sei es beim persönlichen Gespräch mit den Kollegen im Büro gegenüber, in einer kurzen Mail an die Freundin, einem Post auf Facebook oder einem Tweet auf Twitter.

Dabei zählt vor allem die Geschwindigkeit der Ausbreitung. Natürlich ist der Hebel viel größer, wenn eine Information beispielsweise auf Facebook mit einem Klick sämtliche 144 Kontakte eines „Kommunikators" erreicht, als wenn sie im persönlichen Gespräch an einen Kollegen weitergegeben wird. Genau diesen Verbreitungseffekt sollten Sie berücksichtigen, wenn Sie erfolgreich virales Marketing betreiben möchten.

Virales Marketing – wie bringt man die Nachricht zum Fliegen?

Es stellt sich doch grundsätzlich die Frage: Wann und in welchen Situationen wird eine Information überhaupt weiter kommuniziert? Kann man die Wahrscheinlichkeit der Weitergabe wirklich beeinflussen oder verbessern? Ich denke: ja, das geht. Wichtig dafür ist das sogenannte Involvement des Botschaftsempfängers, also das Engagement, mit dem sich Konsumenten einem Angebot zuwenden. Mit anderen Worten: Je eher die Botschaft den Empfänger eindeutig betrifft und von Bedeutung für ihn ist, desto wahrscheinlicher wird er diese weitergeben.

Die Experten für virale Kommunikation Koppelmann und Groeger differenzieren zwischen drei verschiedenen Formen von Involvement:[11]

1. Situativ-produktbezogenes Involvement
2. Selbstbezogenes Involvement
3. Botschaftsbezogenes Involvement

Lassen Sie mich im Folgenden auf diese unterschiedlichen Formen von Involvement in der viralen Kommunikation näher eingehen.

Situativ-produktbezogenes Involvement: Von Äpfeln und Emotionen

Beim situativ-produktbezogenen Involvement geht es in erster Linie um die Identifikation mit dem Produkt. Sie kennen das sicher selbst: Je mehr Sie von einer Sache begeistert sind, desto eher werden Sie darüber in Ihrem sozialen Umfeld berichten. Der Schlüssel zum Erfolg liegt hier also in der Produktgestaltung, der Markenbildung, dem Produktimage sowie einem einzigartigen Mehrwert des Produktes.

Ein treffendes Beispiel dafür, wie man aus einem sehr guten Produkt einen globalen Trend erzeugen kann, ist das Apple iPhone. Egal wie technikbegeistert oder wie Handy-affin Sie sind, egal wie viel oder wenig Wert Sie auf Markenbewusstsein legen: Jedem von uns ist der Name iPhone als innovatives, trendiges Handy ein Begriff, wenngleich es auch sehr gute Smartphones von anderen Herstellern gibt.

Warum ist das so? Weil es Apple erfolgreich gelungen ist, die Kommunikation über das Produkt so anzuheizen, dass es kaum ein Entrinnen vom iPhone-Hype gab. Die Information verbreitete sich buchstäblich virusartig und erwischte sogar diejenigen, die mit neumodischen Technikaccessoires nicht viel im Sinn haben. Dieser Boom ist auf ein gelungenes produktbezogenes Involvement zurückzuführen: Die Produkte von Apple, seien es nun iPhone oder iMac, sind anders als vergleichbare Produkte. Sie vermitteln ihren Nutzern das angenehme Gefühl, am Puls der Zeit und ähnlich stylish wie die Marke zu sein. Die Markenkommunikation und das Produktdesign sind hier sicherlich entscheidende Erfolgsfaktoren. Es ist dem Konzern hier nicht nur gelungen, eine Premium-Marke zu etablieren, sondern auch bei den Konsumenten eine Begeisterung zu wecken, welche dazu animiert, die Produkterfahrung positiv weiterzugeben. Der Apfel steht für Markenbewusstsein, Coolness und Innovation. Waren nicht die von Apple immer die ersten, die was Neues hatten, die Markt- und Markenpioniere sozusagen? Zumindest ist das die Botschaft, die wirksam den Massen eingepflanzt und millionenfach weitergegeben wurde.

Apple nutzt geschickt die Methode des viralen Marketings. Sogar sehr geschickt, denn eigentlich braucht Apple keine firmeneigenen Social-Media-Kanäle mehr, das virale Marketing übernehmen die „Fans" von alleine. Wenn es im Internet einmal einen negativen Eintrag gibt, muss Apple an sich gar nicht mehr reagieren, denn das machen dann schon die sogenannten „Apple Evangelisten", die die Marke glühend gegen Kritik verteidigen. Hier hat sich – und das ist wohl der Idealfall – das virale Marketing oder die positive Online-Mundpropaganda so verselbstständigt, dass Apple gar nicht mehr auf einen eigenen Firmenblog angewiesen ist. Und um die Fans der eigenen Marke bei der Stange zu halten, hat der Software-Riese ein paar geschickte Tricks auf Lager: Wie oft haben Sie zum Beispiel schon eine E-Mail erhalten, die mit *„Sent from my iPhone"* endet? Können Sie sich vorstellen, wie viele Millionen Male dieser Satz Menschen in der ganzen Welt erreicht hat? Das kostet Apple keinen Cent, der Effekt ist aber groß. iPhone-Besitzer zeigen sich und stehen öffentlich zu ihrem Produkt. Und nebenbei erfahren alle, die es noch nicht wussten: Mit dem iPhone kann man nicht nur telefonieren, sondern (mindestens) auch E-Mails verschicken. Apple hat eigentlich das erreicht, was wohl die Krone im viralen Marketing ist: Es sprechen so viele Menschen für die Firma selbst, dass diese gar nichts mehr sagen muss. Apple ist in aller Munde – so oder so. Und das ist eigentlich der Best Case für Marketingkommunikation.

Selbstbezogenes Involvement:
Die Botschaft als Statussymbol

Statussymbole sind in unserem Alltag omnipräsent: Ob es nun der neueste BMW ist, den der Chef auf dem Firmenparkplatz parkt, oder die „Zeit", die der bildungsbeflissene Kollege scheinbar zufällig gut sichtbar auf dem Schreibtisch platziert – fast alles kann ein Statussymbol sein. Fast alles?

Ja, denn Statussymbole müssen nicht zwangsläufig einen materiellen Wert haben oder dinglich sein. Auch Ich-Botschaften haben Aussagekraft darüber, wie ein Mensch von anderen wahrgenommen werden möchte. Ein Beispiel: Ein erfolgreicher Geschäftsmann, der Zeit immer einen Schritt voraus, hat ein neues Mobile Device. Vielleicht ist er von diesem Technikspielzeug derart überzeugt, dass er die Information *Das neue Device MUSS man haben* an möglichst viele andere Personen weitergibt. Vielleicht gibt er die Produktempfehlung aber ab, da er seine eigene Person damit unterstreichen will: *Schaut her, ich habe wieder das neueste Produkt, ich bin trendy und zukunftsorientiert!*

Der Besitz des Gerätes und die Exklusivität der Produktinformation aus erster Hand sind für ihn gewissermaßen ein Statussymbol, das sein gewolltes Image perfekt unterstreicht. Auch Sie kennen das sicher aus Ihrem eigenen Umfeld, oder Sie gehören selbst zur Gruppe der Early Adopters, die stets als Erste das Neueste am besten verstehen und einsetzen (wollen).

Auf diese Weise kommt es einem Produkt zugute, wenn trendbewusste Menschen ihren Pionier- und Kennerstatus durch „Ego-Botschaften" mit dem Verweis darauf stützen. Fungieren diese Personen zudem noch als Meinungsführer, was oft mit dem „Trendsetter-Status" einhergeht, hat dies positive Effekte auf andere Menschen im sozialen Umfeld. Besonders profitiert man dann von solch einer Pionierarbeit, wenn diese Trendsetter auch als Blogger und Key-Influencer eine hohe Präsenz in sozialen Netzwerken mit möglichst vielen Followern haben und die gewünschte Botschaft weitertragen. Durch geschickte Beeinflussung von Meinungsführern können Unternehmen wiederum einen Multiplikator-Effekt sowie die positive Beeinflussung potentieller Konsumenten erreichen.

Beispiel: Mitmach-Movement bei Ford

Ein Beispiel für selbstbezogenes Involvement ist „Fiesta Movement – 100 Agents 6 Months 600 Missions", eine Kampagne des amerikanischen Autoherstellers Ford, um 2009 seinen neu erschienen Ford Fiesta in den USA zu promoten.[12] Die Idee dahinter war, hundert jungen Leuten für einen Zeitraum von sechs Monaten das neue Modell des Wagens zu überlassen und für Benzin und Versicherungen aufzukommen. Die Auserwählten übernahmen im Gegenzug die Aufgabe, monatlich eine Mission zum Thema Reise, Technik, Design, soziales Engagement, Abenteuer und Unterhaltung zu erfüllen und ihre Erfahrungen im Web zu veröffentlichen. Außenstehende hatten die Möglichkeit, die doch sehr amüsanten Beiträge online auf der Webseite des Herstellers und via Verlinkungen auf Facebook oder anderen sozialen Netzwerken zu verfolgen. Um zu gewährleisten, dass eben dies geschieht und auch die entsprechende junge Zielgruppe erreicht wird, hat Ford im Vorfeld einen Online-Wettbewerb für kreative Videos ins Leben gerufen. Allein die Bewerbungsvideos dieser Kampagne erreichten weit über 700.000 Interessierte. Aufgrund des großen Erfolges startete 2011 die zweite Runde „Fiesta Movement".[13]

Botschaftsbezogenes Involvement: Nur der Inhalt zählt

Die eigentliche Botschaft, also das, was ein Produkt kommunikativ transportiert, darf in ihrer Bedeutung ebenfalls nicht unterschätzt werden. Je „gehaltvoller" eine Nachricht ist, desto schneller und breiter macht diese die Runde im sozialen Netzwerk. Was macht aber einen Inhalt nun „gehaltvoll", was unterscheidet eine Botschaft, die untergeht, von einer, die große Aufmerksamkeit findet?

Eine aufmerksamkeitserregende Botschaft ist entweder informativer oder unterhaltsamer, das heißt, sie hat einen größeren Mehrwert für den Empfänger, sei es auf rationaler oder emotionaler Ebene. Besonders erfolgreich weitergetragen wird eine Information jedoch, wenn sie sowohl für den Übermittler als auch für den Empfänger Gratifikationen mit sich bringt. Die Belohnung ist in der Regel der Vorteil, der sich aus dem Besitz dieser Information ergibt. Ein ganz einfaches Beispiel: Wenn Sie wissen, dass es heute in einem bestimmten Sportgeschäft aufgrund einer Sonderaktion alle Artikel für fünfzig Prozent des Normalpreises gibt, hat der Besitz dieser Information einen sehr greifbaren Wert für Sie. Und natürlich geben Sie solch eine Information mit sehr hoher Wahrscheinlichkeit mehrfach weiter.

Letztendlich soll die Botschaft also in jedem Fall Anstoß für eine Anschlusskommunikation geben. Und das geschieht eben nur, wenn besonders interessante Informationen vermittelt oder aber auch Emotionen stark angesprochen werden.

Beispiel: Hauptsache Aufmerksamkeit

Denken Sie beispielsweise an die provokanten Werbemaßnahmen des italienischen Modefabrikanten Benetton. Bestimmt fallen Ihnen hier einige Bilder ein oder Sie sehen die Plakate zu sehr umstrittenen Kampagnen vor Ihrem inneren Auge. Und warum? Weil es Benetton gelang, Themen aufzugreifen, die gesellschaftliche Tabus brechen und demzufolge kontrovers diskutiert wurden. Natürlich hat Benetton diese Kampagne imagetechnisch nicht ausschließlich genutzt, sondern auch geschadet, da erhebliche Kritik an dem unethischen Werbeverhalten laut wurde. Dennoch: Benetton war in aller Munde, frei nach dem in der Marketing-Branche immer wieder zitierten Motto: „*Negative Aufmerksamkeit ist besser, als wenn gar niemand über Dich spricht.*"

Es handelt sich hier im Beispiel um eine Marketing-Kampagne aus dem B2C-Bereich, und man findet ähnlich provokante Beispiele bei B2B eher selten. Warum? Weil hier, ähnlich wie in unserem Fachbereich, Dienstleistungen und Services beworben werden, bei denen Seriosität und Leistungsanspruch vor Schockeffekt und Extravaganz gehen. Auch wenn Sachlichkeit bei Werbeaussagen im B2B-Umfeld zählt, kann man als B2B-Marketingexperte auch schon mal versuchen, eine Kampagne so zu gestalten, dass sie etwas witziger ist oder auch mal das eine oder andere Tabu bricht.

Das heißt natürlich nicht, dass jede kommunikative Maßnahme auf Provokation setzen muss. Wichtig ist es, sich von der Masse aller Informationen abzuheben und bei den Leuten die Gesprächsbereitschaft zu diesem Thema anzuregen.

Nehmen Sie beispielsweise das nicht-offizielle Hochzeitsvideo von Prinz William und Kate Middleton:[14] Hierbei handelte es sich um ein Fake-Video, in dem die Trauung durch sehr ähnlich aussehende Schauspieler nachgestellt wurde.

T-Online hat das Video noch vor der Hochzeit online gestellt. Um augenzwinkernd darauf aufmerksam zu machen, dass das Telekom-Unternehmen für schnelle Verbreitung steht und über erste Bilder des Ereignisses noch vor der eigentlichen Hochzeit verfügt. Und tatsächlich: Der Spot wurde weltweit sozusagen in Überschallgeschwindigkeit per YouTube verbreitet und verzeichnete gigantische Zuschauerraten. T-Online hatte ein wochenlang gehyptes Medienereignis, noch vor dem eigentlichen Termin auf einem Social-Media-Kanal erlebbar gemacht, dazu noch mit der nötigen Prise Humor angesichts der wild tanzenden Royal Family – und fertig war die Erfolgskampagne.

Je einzigartiger eine Kampagne ist, desto höher wird auch die Wahrscheinlichkeit, dass sich die Nachricht in einer Art Kettenreaktion immer schneller verbreitet. Wenn Sie also eine Botschaft formulieren, stellen Sie sich zuvor ein paar kritische Fragen: Würde ich das weitererzählen? Ist diese Information für soziale Netzwerke geeignet? Was ist das Besondere an dieser Nachricht? Welchen Wert hat sie für jeden Empfänger? Löst die Botschaft Emotionen aus und wenn ja, welche?

Wissen ist Macht:
Nutzen Sie Google News und RSS-Feed

„Das Entscheidende am Wissen ist, dass man es beherzigt und anwendet", sagte Konfuzius bereits vor 2.500 Jahren. In unserer komplex vernetzten globalen Internet-Welt, in welcher sich Informationen innerhalb von Sekundenschnelle über den ganzen Erdball verbreiten, ist heute der Spruch „Wissen ist Macht" umso bedeutender.

Inhalt, häufiger als Anglizismus „Content" benannt, ist das A und O im Social Media Business. Ihre Online-Aktivitäten werden im Sande verlaufen, wenn Sie keinen relevanten Content für Ihre Gruppen, Foren oder Blogs bereitstellen können. Dabei müssen Sie jedoch nicht immer auf selbst produzierte Inhalte zurückgreifen. Nutzen Sie doch einfach die Informationen, die Ihnen das Internet bietet. Täglich werden Milliarden davon im Web produziert und verbreitet. [15]

Informationen zu erhalten ist nicht die eigentliche Herausforderung – aber die richtigen und wirklich relevanten in der Masse von Inhalten ausfindig zu machen, das ist die hohe Kunst. Wissensportale im Internet, auch Knowledge-Management-Portale genannt, sind eine ideale Möglichkeit, um Wissen zu organisieren, zu teilen, schnell verfügbar und abrufbar zu machen. Wenn Sie diese optimal einsetzen, können Sie davon erheblich profitieren.

Schon zu Beginn unserer Aktivitäten in der Marketingkommunikation wusste ich, dass wir spannende und aktuelle Inhalte erzeugen müssen, um attraktiv am Markt zu sein. Aber wie sollten wir greifbare Inhalte zu einem abstrakten, scheinbar weniger zugänglichen Thema wie Applikationsmanagement generieren? Eine Problematik, die vielen B2B-Kommunikatoren bekannt vorkommen dürfte.

Um die für Sie relevanten Informationen herauszufiltern, gibt es einige sehr gute Analyse-Tools. Wie können Sie am effektivsten Ihren persönlichen Wissensschatz aus dem schier unendlichen Informationsozean Internet heben?

Ich bin bei meiner Kommunikationsarbeit irgendwann auf die Google Tools gestoßen. Google bietet auch im Bereich der Wissensermittlung eine sehr gute Hilfe. Es stellt kostenlose Werkzeuge wie den Google Reader und Google Alerts zur Verfügung, die Sie für Ihre Informationsbeschaffung nutzen können.

Mit Hilfe der Google Tools haben wir im Team Tausende von Feeds durchgeschaut, Hunderte von Artikeln gelesen und versucht, jeden Tag Tweets zu genieren sowie interessante Inhalte für unsere Beiträge auf den Social-

Media-Plattformen XING und LinkedIn zu finden. Eines der wichtigsten Themen in dieser Zeit war zum Beispiel Cloud Computing, wozu es jeden Tag unzählige Mengen an Feeds gab. Wir haben unsere Suchkriterien und Schlüsselwörter laufend konkretisiert und angepasst, so dass wir immer exakter auf unsere Suchwünsche passende Artikel fanden. Diese Recherche verhalf uns wiederum, eigene Artikel zu verfassen.

Zudem unterstützten uns die Google Tools auch bei neuen Analysen zum Outsourcing- und Applikationsmanagement-Markt. Vor allem in schnelllebigen Branchen ist die ständige Anpassung der Suchkriterien ein entscheidendes Erfolgskriterium. Im IT-Geschäft zum Beispiel stehen immer neue Trends in den Startlöchern. Gehen Sie mit den Trends – oder besser: Seien Sie einen Schritt voraus. Bleiben Sie somit interessant für Ihre Leser, Follower und Kunden.

Mit dem Google Reader lassen sich die neuesten Informationen aus den jeweiligen, favorisierten Webseiten per Newsfeed abrufen. Diese fungieren als Nachrichtenticker, welcher den Adressaten mit Kurzinformationen zu Artikeln plus Internetlink versorgt. Interessiert Sie die Information, brauchen Sie nur auf den Link zu klicken und lesen dann den entsprechenden Artikel. Sie können sich auf diese Weise Ihren ganz persönlichen Nachrichtenticker konfigurieren und entscheiden, was Ihre „hot News" sind und was Sie lieber gar nicht erst wissen wollen. Google Reader bietet auch die Möglichkeit, sich Trends anzeigen zu lassen. Dadurch kann man sehen, wie viele Artikel hochgeladen wurden und welche davon gelesen oder markiert wurden.

Die Funktion Google Alerts sendet Ihnen Online-Nachrichtenbeiträge, sobald diese zu einem von Ihnen vorgegebenen Thema passen. Dabei können Sie das Tool auch mit dem Google Reader verbinden, auf dem Sie alle Informationen lesen können. Somit bleiben Sie mit den aktuellsten sowie relevanten Artikeln, Posts und Tweets immer auf dem neuesten Stand.

Ein weiterer Vorteil von Google Alerts ist, dass Sie auch Beiträge aus Blogs, Tweets und Foren erfassen können, eine manuelle Suche nach Schlagwörtern ist damit hinfällig. So sind Sie in der Lage, schnell auf eventuell negative Aussagen zu reagieren, bevor sich zum Beispiel eine negative Bewertung im Web verbreitet. Leider ist diese Suche beschränkt, da Google Alerts nur öffentliche Seiten sucht, jedoch Einträge beispielsweise innerhalb der Plattformen XING oder Facebook nicht findet.

Die Google Tools Reader und Alerts sind über ein Google-Konto nutzbar, das man sich anlegen kann. Möglich ist das mit jeder aktiven E-Mail-adresse.

Do's and Don'ts
zur Nutzung von Google Tools

⮱ Machen Sie sich genau bewusst, was Sie mit den Tools erreichen wollen. Suchen Sie die relevantesten Newsfeeds und Stichwörter, über die Sie Informationen beziehen wollen. Es ist effizienter, eine grundlegende Basis und die passenden Stichwörter für die Suche anzulegen.

⮱ Nutzen Sie die erweiterte Suche, um Begriffe einzugrenzen. Mit Zeichen wie „ ", + oder - können Sie Ihre Stichwörter verbessern. Anführungszeichen suchen beispielsweise nach dem genauen Wortlaut eines Satzes. Das Pluszeichen sagt aus, dass das nachfolgende Wort unbedingt in dem Ergebnis vorhanden sein muss, das Minuszeichen bedeutet das Gegenteil.

⮱ Definieren Sie Verantwortliche zur Toolnutzung, um schnell Optimierungs- und Anpassungsbedarf zu erkennen. Bilden Sie ein Team aus professionellen Content-Researchern, die gerne immer auf dem aktuellen Stand sind.

⮱ Verschaffen Sie sich einen Überblick über Werkzeuge und Funktionen, um alle Möglichkeiten auszuschöpfen. Hier ist die Hilfe-Funktion von Google empfehlenswert.

⮱ Benutzen Sie die Einstellungen von Google Reader, um ihre „Abonnements" zu verwalten. Je übersichtlicher und besser gruppiert Sie Ihre Feeds und Alerts aufführen, desto leichter und schneller finden Sie die benötigten Informationen.

⮱ Markieren Sie interessante Feeds mit dem Stern. Der Reader bietet die Funktion, einen besonders interessanten Feedeintrag zu markieren.

⮱ Schaffen Sie sich eine Plattform, um Artikel abzuspeichern. Nutzen Sie hierfür zum Beispiel SharePoint von Microsoft oder das Cloud-Tool „Dropbox".

zu Kapitel I

Wie bestimme ich meine Zielgruppe?
Ralf R. Strupat: www.onpulson.de → Themen → Marketing & Vertrieb →
Artikel; Veröffentlicht am 07.08.2009; www.onpulson.de/themen/169/
zielgruppendefinition-wie-bestimme-ich-meine-zielgruppe/

Blog zu Social Networks, Networks, Crowdsourcing, CommunityAufbau und Social Media Marketing
Matias Roskos: www.socialnetworkstrategien.de; Stand: 24.10.2011

Digitale Mundpropaganda: Die Trends im Empfehlungsmarketing
Anne M. Schüller: www.onpulson.de → Themen → Marketing & Vertrieb →
Artikel; Veröffentlicht am 10. Februar 2011; www.onpulson.de/themen/
3386/digitale-mundpropaganda-die-trends-im-empfehlungsmarketing

Networking – Pflege und Aufbau
www.absolventa.de → Karrierehelfer → Karriereguide → Soft Skills →
Kommunikation → Networking; Stand: 24.10.2011; www.absolventa.de/
karriereguide/soft-skills/networking

Das A und O der interkulturellen Kompetenz
www.absolventa.de → Karrierehelfer → Karriereguide → Soft Skills →
Kommunikation → Interkulturelle Kompetenz; Stand: 24.10.2011;
www.absolventa.de/karriereguide/soft-skills/interkulturelle-kompetenz

Artikel „Wie die Welt das Netz nutzt"
Dirk Steffen: www.tns-infratest.com → Presse → Autoren - > Artikel;
Veröffentlicht im Februar 2011; www.tns-infratest.com/presse/pdf/autoren
beitraege/2011_TNS_Infratest_Steffen_Wie_die_Welt_das_Netz_nutzt_
media-spectrum.pdf

Globale Karte des Social Networking 2011
Trendstream Ltd.; http://globalwebindex.net; Stand: 24.10.2011;
http://globalwebindex.net/wp-content/uploads/downloads/2011/06/
Global-Map-of-Social-Networking-GlobalWebIndex-June-20112.pdf

Studie zum digitalen Konsumentenverhalten
TNS Infratest: http://discoverdigitallife.com; Stand: 24.10.2011

Artikel zum Reputationsmanagement
Steffen Hermann, Peter Pirner: www.tns-infratest.com → Presse →
Autoren → Juli 2011; Veröffentlicht in der Financial Times Deutschland am
18.07.2011; www.ftd.de/karriere-management/management/:reputationsma
nagement-das-unternehmens-image-digital-steuern/60079303.html

Schutz der eigenen Online-Identität
Thomas Jüngling: www.welt.de → Suche: „Ich im Internet"; veröffentlicht
am 18.06.2011; www.welt.de/wirtschaft/article13435895/Google-schlaegt-
Alarm-wenn-dein-Name-im-Netz-steht.html

Gezieltes Online Marketing mit Hilfe eines Newsletters
Peter Trampert: www.sedubi.de → Artikel → E-Mail Newsletter; Stand: 24.10.2011; www.sedubi.de/artikel-marketing/e-mail-newsletter.html

Tipps zur professionellen Newsletter-Erstellung
http://desktoppub.about.com/od/newsletters/tp/Free_Newsletter_Templates.htm
www.campaignmonitor.com/templates/
www.templatesbox.com/free-newsletter-templates/index.htm
http://office.microsoft.com/en-us/templates/CT010104328.aspx
www.inxmail.de/de/produkte-leistungen/design-templates.php

Artikel zu „4 Wege, Online-Kundenfeedback zu erhalten"
Leyl Master Black: www.openforum.com → Marketing → Articles → Artikel; veröffentlicht am 23 Juni 2011; www.openforum.com/articles/4-simple-ways-to-get-customer-feedback-online

Erstellen von kostenlosen Online-Fragebögen
https://www.soscisurvey.de; Stand: 24.10.2011

Umfragevorlagen
http://easy-feedback.de → Wissenswertes und Service → Umfrage-Vorlagen; Stand: 24.10.2011

Leitfaden zur Mitarbeiterbefragung
amundis communications GmbH: www.2ask.de → Themenbereiche → Mitarbeiterbefragung → Mitarbeiterumfrage; Stand: 24.10.2011; www.2ask.de/media/1/10/2/3/5/049809ac62c5a529/Leitfaden_Mitarbeiterbefragung.pdf

Ratgeber zum Thema „Kritik annehmen"
Sabrina Ulbrich: www.miteinander-reden.de → Themen → Konflikte lösen → Kritik annehmen; Stand: 24.10.2011; www.miteinander-reden.de/index.php?kritik_annehmen

Zehn Wege zum Erfolg mit viralem Marketing
Peer Hartog: www.manager-magazin.de → Unternehmen → IT → Artikel; veröffentlicht am 08.05.2009; www.manager-magazin.de/unternehmen/it/0,2828,623252,00.html

Artikel „Kennste den schon?" zum Thema virales Marketing
M. Brzoska, A. Slavik: www.sueddeutsche.de/wirtschaft/virales-marketing-kennste-den-schon-1.18854; Veröffentlicht am 27.02.2010

Blog zu viralem Marketing und Word of Mouth Marketing
Dr. Martin Oetting: http://connectedmarketing.typepad.com/; Stand: 24.10.2011

Artikel und Hintergründe zum viralen Marketing
Spiegel Online GmbH: www.spiegel.de/thema/virales_marketing/; Stand: 24.10.2011

Welche Kanäle sollten Sie nutzen? Ein Überblick über die sozialen Netzwerke

Eine alte Konfuzius-Weisheit besagt:

„Der Mensch hat dreierlei Wege, klug zu handeln: Erstens durch Nachdenken, das ist der edelste, zweitens durch Nachahmen, das ist der einfachste, und drittens durch Erfahrung, das ist der bitterste." [16]

Diese Weisheit gilt auch für die Marketingkommunikation, denn die aktuellen B2B-Trends erfordern nicht nur ein konsequentes Umdenken von Unternehmen, sondern auch kluges Handeln. Der Schwerpunkt wird dabei künftig mehr auf den für die Zielgruppe relevanten Inhalten liegen als auf den Produkten selbst. Unternehmen im B2B-Umfeld müssen sich heute verstärkt als Herausgeber von nutzerorientierten Themen und als Wissenslieferanten verstehen. Wer im Online-Dialog mit seinen Kunden vorne mit dabei sein will, beschäftigt sich jetzt mit den entsprechenden Medien im Web. Bevor jedoch ein Social-Media-Auftritt ins Rollen gebracht werden kann, sollten Sie sich diverse Besonderheiten des Mediums Internet bewusst machen. So unterscheiden sich die Ziele, Herausforderungen, Handlungsstrategien und die Messbarkeit des Erfolgs von Social-Media-Aktivitäten von den üblicherweise verwendeten Medien.

Am Anfang steht die Strategie

„Erst muss man säen, um dann erste Erfolge ernten zu können." [17]

Wie können Unternehmen im B2B-Geschäft ihre Botschaften möglichst schnell und nachhaltig an den Mann beziehungsweise die Frau bringen? Diese Frage stellten wir uns vor einem Jahr. Ambitioniertes Ziel war es, unseren Fachbereich als einen der drei global führenden Experten für das Thema Applikationsmanagement zu platzieren. Innerhalb von zwölf Monaten sollten 85 Prozent der Top-Entscheider bei unseren fünfhundert wichtigsten Kunden ein genaues Bild von unserem Angebot und der

Organisation dahinter haben. Da sich unsere adressierte Zielgruppe vor allem im Internet informiert und austauscht, stand der Plan schnell fest: Wir verbreiten die Botschaften im Social Web.

Die IT-Industrie ist global vertreten und gut vernetzt. Zeitnah auf die ständigen Veränderungen in der schnelllebigen Branche reagieren zu können, war ein Grund mehr, Social Media als Networking-Kanal einzusetzen.

Dazu ist ein klar definiertes Konzept mit allen wesentlichen Schritten, Maßnahmen und dem Zeitpunkt ihrer Umsetzung unabdingbar. Bevor Sie im Unternehmen Social Networks wie Facebook oder XING als Marketing Tool einsetzen, sollten Sie die Zielsetzung und einsetzbaren Ressourcen genau festlegen. Ohne entsprechende Strategie kann keine gezielte Kommunikation stattfinden. Es bietet sich zum Beispiel an, im Vorfeld eine Wettbewerbsanalyse durchzuführen, um so zentrale Fragen zu beantworten wie: *„Wer ist meine Zielgruppe, wer der Mitbewerb? Welche Botschaften senden die Wettbewerber, wie kommen diese bei den Adressaten an?"* Dies gilt speziell für Themen, die weniger bekannt und präsent sind.

Wenn Sie im Social Media Marketing Potential für Ihr Vorhaben sehen, so ist es sinnvoll, entsprechende Gruppen in Internet-Portalen zu gründen, in welchen Sie sich den Mitgliedern vorstellen und sowohl Ihr Angebot als auch Ihre Marke präsentieren. Denn gerade in derartigen Fachgruppen können Sie Mitglieder gewinnen, die sich genau für Ihr Thema interessieren. Informationen über Ihr Angebot dürfen dabei genauso wenig fehlen wie aktuelle Trends, Prognosen, Marktinformationen und Innovationen. In der IT-Branche beispielsweise, die sich ständig weiterentwickelt, muss man als Unternehmen auf dem aktuellsten Stand bleiben. Ist heute Cloud Computing die Zukunft, könnte der Trend morgen schon aufgrund von Sicherheitsbedenken gebremst werden. Artikel oder eigene Stellungnahmen zu solchen Themen dürfen auf keinen Fall fehlen. Sie müssen für die Leser nützlich sein oder über „Insights" informieren, die im Web sonst nicht auffindbar sind. Wichtig ist jedoch immer, den Leser nicht mit eigener Firmenwerbung zu überfluten, sondern möglichst neutral und umfangreich zu informieren.

Am Beispiel meiner Arbeit möchte ich Ihnen im Folgenden aufzeigen, wie solch eine Strategie aussehen kann.

1. Ausgangssituation analysieren

Zu Beginn der Social-Media-Aktivitäten unseres Fachbereiches existierte für ein eher trockenes Thema wie Applikationsmanagement nur wenig

Außenkommunikation. So war es potentiellen Kunden oftmals gar nicht bekannt, dass unsere Firma dieses Service-Angebot im Portfolio hat.

Unsere bisherigen Kommunikationsstrategien waren eher passiv. Als Fachbereich schlossen wir uns dem ganzheitlichen Marketingkonzept unseres Unternehmens an. Begleitende Kommunikationsaktivitäten gab es bis dato schlichtweg nicht.

Unser Ziel bestand unter anderem darin, uns als erstklassigen Anbieter von Applikationsmanagement in den sozialen Medien zu positionieren, Aufmerksamkeit bei unserem Zielpublikum zu erzeugen und unsere Bekanntheit zu erhöhen.

Letztendlich sollte auch die Besucherzahl unserer Webseite gesteigert werden. Wir wollten den Traffic steigern, also konkret die Zugriffszahlen von Nutzern auf unser Angebot im Internet. Aufgrund der steigenden Klickrate wollten wir auch vermehrt unsere eigene Zielgruppe mit einzigartigem Content erreichen. Auch Brand Awareness war für uns von Bedeutung. Die Marketingagentur Immediate Future fand in einer Studie heraus, dass die Reputation einer Marke in direkter Korrelation zu dem Social-Media-Aufkommen und Einsatz der Marke steht.[17] Dementsprechend steigert die Präsenz in mehreren sozialen Netzwerken auch die Bekanntheit der Marke. Es war unser Ziel, Meinungsführer auf die Seite unseres Unternehmens zu ziehen, die wiederum auf verschiedensten Plattformen unsere Informationen weitergeben und uns somit bekannter machen.

Ein weiteres Thema war das Suchmaschinen-Ranking. Wir wollten mit unserem Angebot eine höhere Position in der Trefferliste bei einer Google-Suche erreichen und damit ein gewisses Reputationsmanagement erzeugen.

Durch die Etablierung unserer sozialen Netzwerke, Dialog und Transparenz sollte auch eine weitere Kundenbindung erreicht und aufrechterhalten werden. Zuletzt war unser Ziel natürlich die Etablierung als Meinungsführer in den Social Networks. Wir wollten uns einen Namen als Spezialist machen, um eine besondere Vertrauenswirkung beim Kunden sowie einen Expertenstatus bei anderen Meinungsführern zu erreichen.

Soziale Netzwerke und Online-Communitys waren also prädestiniert für unser Vorhaben. Denn auf diesem Weg können wir eine Gemeinschaft von Nutzern mit ähnlichem Interessenhorizont, die über diverse Plattformen miteinander kommunizieren, direkt ansprechen.

2. Zielgruppe und Medien eruieren

Unsere Zielgruppe ist bei einem klassischen B2B-Thema wie IT-Outsourcing das komplette Buying Center. Darunter versteht man in Unternehmen alle an der Kaufentscheidung beteiligten Personen aus unterschiedlichen Abteilungen und mit verschiedenen Funktionen. Diese gliedern sich meist grob in die fünf Rollen: Entscheider (Decider), Beeinflusser (Influencer), Anwender (User), Einkäufer (Buyer) und Gatekeeper. Diese Rollen nehmen alle eine wichtige Position im Entscheidungsfindungsprozess ein. Durch Studien fanden wir heraus, dass die Mitglieder des Buying Centers in der Regel auch in sozialen Medien aktiv sind, und zwar vorwiegend in den geschäftlich orientierten Netzwerken. Allerdings ist die Zielgruppe für eine Social-Media-Kampagne wesentlich größer als im klassischen B2B-Geschäft, da man hier nicht nur die direkten Entscheider anspricht, sondern eine Vielzahl von Meinungsführern, Spezialisten und Interessenten in diesem Umfeld.

Wir wollten deshalb auf direktes Werben verzichten und vielmehr unser Image als Experten für Applikationsmanagement langfristig aufbauen. Der Schwerpunkt lag dabei auf Meinungsaustausch mit Kunden, Kollegen, Interessenten, auch Konkurrenzunternehmen. Um unsere Zielgruppe auch wirklich zu erreichen, identifizierten wir im ersten Schritt die relevanten Social-Media-Kanäle, über die wir kommunizieren sollten.

Nicht jede bestehende Anwendung ist auch für die Marketingkommunikation dienlich – vor allem nicht im B2B.

Deshalb orientierten wir uns an einer Studie der Fullservice-Onlineagentur SF eBusiness, [18] die anhand von dreißig Bewertungskriterien die wichtigsten Social-Media-Dienste auf B2B-Tauglichkeit geprüft und bewertet hat. Die Kriterien umfassten folgende Dimensionen: [19]

- ⤷ Allgemeine Marktrelevanz
- ⤷ Relevanz für Marketing und Vertrieb
- ⤷ Relevanz für Employee Recruiting
- ⤷ Relevanz für Kommunikation und Public Relations
- ⤷ Relevanz aus Netzwerkeffekten
- ⤷ Content-Qualität
- ⤷ Zukunftsausblick

Anhand der aufgeführten Kriterien kann eine Rangfolge für Social Media Tools erstellt werden. Wichtig sind folgende Aspekte: Wie wichtig ist das jeweilige Netzwerk für den Markt, für Marketing und Vertrieb? Ein soziales Netzwerk, dessen Potential im Marketingumfeld hoch ist, verspricht auch in Ihrem individuellen Marketingmix Erfolg. Ein weiteres Kriterium ist die Relevanz für Kommunikation und Public Relations. Nur ein Social Media Tool, das sowohl im Marketing als auch in der PR effizient ist, passt in das Konzept einer ganzheitlichen Social-Media-Strategie, welche alle Kanäle und Maßnahmen gleichberechtigt zu einem großen Ganzen bündelt. Im Ranking ganz oben sind des Weiteren soziale Netzwerke, welche optimale Netzwerkeffekte garantieren und deren Inhalt für Qualität steht. Dies ist nicht zu unterschätzen, da Glaubwürdigkeit und Seriosität einer Social-Media-Kampagne mit dem qualitativen Anspruch der Beiträge stehen und fallen. Und zu guter Letzt stellt sich die Frage: Kann ein soziales Netzwerk punkten, während ein anderes an Bedeutung verliert? Diese Faktoren entscheiden über den längerfristigen Erfolg einer Social-Media-Plattform.

Wie die einzelnen Netzwerke abgeschnitten haben, und welche Kommunikationskanäle im B2B-Umfeld überhaupt empfehlenswert sind, sehen Sie im Folgenden:[20]

Platz 1: LinkedIn – www.LinkedIn.com

Platz 2: XING – www.XING.com

Platz 3: Facebook – www.Facebook.com

Platz 4: Twitter – www.twitter.com

Platz 5: YouTube – www.YouTube.com

Basierend auf diesen Ergebnissen kamen auch für uns in erster Linie die professionellen Netzwerke XING und LinkedIn in Frage, da diese die größte Reichweite innerhalb unserer Zielgruppe haben. Des Weiteren war die Microblogging-Plattform Twitter sehr relevant für den aktiven Meinungsaustausch. Außerdem sollten flankierend auch eher passive Plattformen wie die Competence Site und SlideShare zur Außendarstellung eingesetzt werden.

3. Vorgehensweise festlegen

Im nächsten Schritt erarbeiteten wir eine genaue Vorgehensweise zur Implementierung unserer Social-Media-Strategie.

In den beruflichen Netzwerken gründeten wir Expertengruppen. Diese besetzten wir sowohl mit Fachleuten aus den eigenen Rängen als auch mit firmen-externen Experten. Sie alle konnten nun den individuellen Erfahrungsaustausch starten, ihre persönlichen Meinungen abgeben und jederzeit auch eigenhändig kurze Fachartikel einstellen. Über Twitter sollten schnell Neuigkeiten zum Thema sowie aktuelle Geschehnisse mitgeteilt und die Fachgruppen der Business-Netzwerke beworben werden.

Um die Art und Weise der Ansprache festzulegen, analysierten wir weitere themenverwandte Gruppen. Dadurch bekamen wir ein umfassendes Bild, das wir auf unsere eigenen Kommunikationskanäle übertragen konnten.

Im Allgemeinen hat der Internetnutzer die Möglichkeit, innerhalb dieser Gruppen Informationen, Meinungen, Eindrücke und Erfahrungen mit anderen themeninteressierten Mitgliedern auszutauschen. Diese Funktionen entsprechen dem Hauptcharakter von Social Media ; sie erzeugen den sogenannten User Generated Content (UGC). Konträr hierzu sind redaktionelle Inhalte, auch bezeichnet als Business Generated Content (BGC).[21]

Um möglichst viel Aufmerksamkeit zu erzeugen, mussten zunächst die einzelnen Kanäle aktiv beworben werden: Es galt, die jeweiligen Interessensvertreter in die Expertengruppen einzuladen beziehungsweise als Follower auf Twitter zu akquirieren. Denn ist erst mal ein solider Grundstamm an Mitgliedern vorhanden, erweitert sich die Anzahl der Teilnehmer fast von selbst, jedenfalls wenn Sie etwas zu bieten haben. Und eine hohe Anzahl von Gruppenmitgliedern, beziehungsweise Followern, ist in den sozialen Medien ein Indiz für hochwertigen Inhalt und gute Qualität.

Wir nutzten außerdem die Möglichkeit, die Links der neu etablierten Plattformen in unseren E-Mail-Signaturen sowie auf unserer Internet- und Intranet-Seite zu platzieren und auf diese Weise zusätzlich zu bewerten.

Als Experte für ein Fachthema, welches zu dem Zeitpunkt in den sozialen Netzwerken kaum präsent war, hatten wir einen hohen Anspruch an die Qualität der Inhalte unserer Fachgruppe. Wir haben zunächst begonnen, ein Content Management System zu entwickeln, um Fachartikel unserer Experten aus der ganzen Welt zu sammeln und zu kategorisieren sowie unseren Expertengruppen kontinuierlich qualitativ hochwertige und aktuelle Inhalte liefern zu können.

Die IT-Industrie, welche in zahlreichen Ländern mit unterschiedlichen Zeitzonen vertreten ist, profitiert von Social Media und Web Communitys als Kommunikationsplattformen, da man auf die Schnelllebigkeit und die ständig neuen Veränderungen innerhalb der Branche zeitnah reagieren kann. Die Strategie bestand also darin, über XING vorrangig den deutschsprachigen Markt zu erreichen. SlideShare diente flankierend dazu, eigene Inhalte zu präsentieren und auf den Service oder das Unternehmen aufmerksam zu machen. LinkedIn stellte für uns das Tor zum globalen B2B-Geschäft dar. Indem wir alle geschäftlichen Netzwerke miteinander verbunden haben, konnten wir den nationalen Erfolg auch international erreichen. Auf die konkreten Maßnahmen in den einzelnen Kanälen werde ich in den folgenden Kapiteln noch genauer eingehen.

Blogging oder: Ich blogge, also bin ich

Blogging, Blogger, Blogosphäre – Begriffe, die Sie in den letzten Jahren sicher immer wieder gehört haben. Und tatsächlich sind Blogs heute sehr im Trend, ob im Unternehmensumfeld oder im Privaten. Vom Nachbarn, der zu Kochrezepten und Wohnideen bloggt, über die Hundehalterin, welche die kommerzielle Dogs-Community moderiert, den Mittelständler, der Baumaschinen im Web erklärt, bis hin zum Konzern mit seinem umfangreichen Portfolio wollen immer mehr Menschen der Öffentlichkeit ihre Sicht der Dinge mitteilen.

Weblogs sind eine Art virtuelles „Logbuch", ein Tagebuch im Internet, meist auf einer öffentlichen Webseite. Der Verfasser des Blogs, der Blogger, schreibt fortlaufend, meist subjektiv und in umgekehrt chronologischer Reihenfolge seine Gedanken oder Sachverhalte zu einem bestimmten Thema. Alle Einträge – auch Posts genannt –, zu einem speziellen Unterthema innerhalb des Blogs zusammengefasst, heißen Threads.[22] Aufgepeppt wird der schriftliche Anteil durch Bilder und Videos. Außerdem kann der Leser mittels einer Trackback-Funktion Kommentare hinzufügen oder in seinem eigenen Blog auf die Inhalte verweisen.

Interaktivität spielt eine erhebliche Rolle beim Bloggen. Ein Blog, der nicht öffentlich gelesen, kommentiert oder weiterempfohlen wird, ist tot und verfehlt seinen eigentlichen Sinn, Meinungsaustausch anzuregen und eine miteinander vernetzte Community von Bloggern zu erzeugen. Aber worüber schreibt man denn nun in diesem öffentlichen Tagebuch? Angefangen von einfachen Reise-Blogs, in welchen der Verfasser meist Freunde und Verwandte während seiner Reise auf dem Laufenden hält, über Fashion-Blogs, Job-Blogs, Knowledge-Blogs bis hin zu Wahl-Blogs variieren die Themen erheblich.

Da dieses Buch sich auf den B2B-Markt konzentriert, sei eine Gattung der Blogs besonders hervorgehoben: das Corporate Blog. Durch den Wandel der Gesellschaft hin zu sozialen Medien müssen auch Unternehmen dem Trend folgen und Präsenz im Social Web zeigen. Corporate Blogging bedeutet, Informationen über Produkte und Leistungen eines Unternehmens sowie interessante Nachrichten aus der Branche im Web zu verbreiten und dadurch die Aufmerksamkeit der Zielkunden zu erregen. Gefunden werden diese über definierte Keywords zu Ihren unternehmensrelevanten Themen.

Corporate Blogs können Sie sowohl in der externen als auch in der internen Unternehmenskommunikation sehr effektiv einsetzen.

So verwende ich Blogs intern als Diskussionsplattform für die Mitarbeiter, sozusagen als „schwarzes Brett" oder auch als eine Art Wissensarchiv.[23] Die Idee dahinter ist, allen Unternehmensangehörigen die Chance zu geben, sich selbst einzubringen, Ideen weiterzuentwickeln und dabei mit unterschiedlichen Führungsebenen direkt zu kommunizieren – in Zeiten von Kaizen und Lean Production ein wichtiger Schritt in Richtung Zukunft. Sie können hier unter anderem interne Unternehmensnachrichten, Informationen vom Management oder Tipps und Tricks, beispielsweise für spezielle Softwareanwendungen veröffentlichen.

In der externen Kommunikation wiederum empfehle ich Blogs, welche dem Leser Informationen geben, die er auf der Firmenhomepage nicht unbedingt findet.[24] Dazu können neueste Ergebnisse aus der Entwicklungsabteilung genauso gehören wie konkrete Stellungnahmen zu aktuellen Ereignissen. Als Blogger können Sie somit gezielt ein Image Ihres Unternehmens schaffen und dies wiederum als Marketinginstrument einsetzen.

Ein positiver Effekt: Die Nutzer haben in Blogs die Möglichkeit, zu einem bestimmten Produkt Fragen zu stellen oder ihre eigenen Erfahrungen auszutauschen – alles jedoch in einem vom Unternehmen regulierten Rahmen. Wenn zudem auch noch Anregungen, Wünsche und Feedback geäußert werden können, lassen sich Kundenbedürfnisse ohne aufwändige Marktforschung ermitteln. Jedoch sollten Sie dabei beachten, dass die Leser und Diskussionsteilnehmer nicht immer zwangsläufig auch Ihrer repräsentativen Zielgruppe entsprechen.

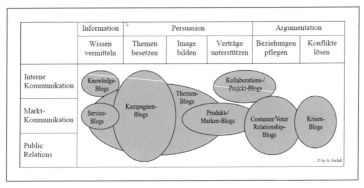

Bild 2 Einsatzmöglichkeiten von Corporate Blogs[26]

Ein weiterer Pluspunkt von Blogs: Sie erreichen ein höheres Suchmaschinenranking, da Blogs in der Auflistung gegenüber reinen Angebotsportfolio-Seiten bevorzugt werden.

Es gibt einige gute Beispiele von Firmenblogs, welche sich primär an B2B-Kunden richten, die typische Verlinkung zu anderen sozialen Netzwerken sicherstellen sowie die Möglichkeit bieten, Beiträge zu kommentieren.

Je nach Ziel gibt es unterschiedliche Einsatzmöglichkeiten für Blogs. Das Institut für Kommunikations- und Medienwissenschaft der Universität Leipzig unterteilt Corporate Blogs nach ihrer Funktion[25] (siehe auch Bild 2):

Interne Blogs

- **Knowledge-Blog**
  Informationsaustausch, Wissensvermittlung und Archiv.
  Beispiel: Ersatz für E-Mail-Verteiler.

- **Projekt-Blog**
  Auch *Collaboration Blog* genannt, begleitet und dokumentiert Projektarbeiten.
  Beispiel: Projekt-Blog als gemeinsame Plattform für Lieferanten und Partner.

- **Meeting-Blog**
  Veröffentlichung von Sitzungsprotokollen.
  Beispiel: Möglichkeit, abwesende Mitarbeiter zu informieren und zu involvieren.

Externe Blogs

- **Produkt-Blog**
  Fokus einzig und allein auf das Produkt gerichtet.
  Beispiel: Sonderangebote.

- **Service-Blog**
  Erweiterter Kundenservice.
  Beispiel: Abgabe von Verbesserungsvorschlägen.

- **Kampagnen-Blog**
  Temporäres Blog zur Unterstützung einer Werbekampagne.
  Beispiel: Blog zur Kampagne *Fiesta Movement*.[27]

- **Themen-Blog**
  Kompetenzen in fachlich relevanten Themengebieten werden über die Produktebene hinaus aufgezeigt.
  Beispiel: Pharmahersteller bloggt über Gesundheitsthemen.

- **Customer-Relationship-Blog**
  Maßnahmen zur Kundenbindung.
  Beispiel: Reaktion auf Kundenwünsche.
- **Krisen-Blog**
  Instrument des Krisenmanagements zur schnellen Reaktion
  und Kommunikation.
  Beispiel: Stellungnahme zu einem vom Markt zurückgezogenen
  Produkt.

An sich lassen sich Blogs relativ einfach erstellen. Nichtsdestotrotz möchte ich Ihnen einige grundsätzliche Tipps an die Hand geben, um ein gelungenes Corporate Blog ins Leben zu rufen.

Zehn Regeln
zur erfolgreichen Blogerstellung

1. Welche Fragen müssen Sie sich vorher stellen?

Bevor Sie für Ihr Unternehmen ein Blog initiieren, sollten Sie eine klare Strategie definieren und dafür im Vorfeld einige wichtige Fragen beantworten:

- Welche Ziele verfolgt Ihr Unternehmen mit dem Blog?
- Wie hoch ist der Zeitaufwand, um diese Ziele zu erreichen?
- Welche Themen sollen kommuniziert werden?
- Welche Keywords eignen sich für die Beschreibung des Blogs?
- Welche Mitarbeiter können als Blogger eingesetzt werden?
- Welche unternehmensspezifischen Regeln sollten beachtet werden?
- Werden professionelle Artikel gepostet oder ist freies Schreiben sinnvoller?

2. Welches System?

Die meisten Unternehmen mieten – sofern nicht bereits intern vorhanden – einen eigenen Webbereich an, um ein Blogsystem zu installieren. Sie sollten dabei entscheiden, ob dieser Webbereich kommerziell oder Open Source sein soll. Der große Vorteil von letzterem sind die extreme Flexibilität und Unabhängigkeit, allerdings müssen Sie hier gewisse regelmäßige Wartungsarbeiten in Kauf nehmen. Auch diverse HTML/CSS-Kenntnisse sind gefordert. Für Unternehmen sind die Einhaltung eines ganzheitlichen Corporate Designs, die Kontrolle der Datensicherheit sowie die rechtliche Komponente wie Impressum und Haftung auf eigenen Systemen am besten gewährleistet.

Ich empfehle zur Installation auf dem eigenen Webserver die folgende Auswahl an Blogsystemen:

- WordPress (www.wordpress.org)
- Serendipity (www.s9y.org)
- ExpressionEngine (www.expressionengine.com)

Wenn Sie sich allerdings nicht mit der Installation, Einrichtung und Wartung eines Blogsystems auseinandersetzen wollen und auch keine unbegrenzte Flexibilität hinsichtlich Aufbau, Design und Funktionen benötigen, dann empfehle ich einen Online-Bloghosting-Dienst, wie zum Beispiel:

- WordPress.com als Ableger des gleichnamigen Blogsystems (siehe oben)
- Blogger.de
- Blogger.com

Ich persönlich bevorzuge die Installation von WordPress auf einem eigenen System oder einem gemieteten Webserver, da die Flexibilität und Anpassbarkeit hier am größten sind und auch Anfänger bereits schnell und einfach ein sehr gutes Ergebnis erzielen können.

3. Erst testen, dann veröffentlichen

Vor der Bekanntmachung Ihres Blogs sollten Sie dieses ausreichend testen und mindestens fünf Beiträge veröffentlicht haben, um den ersten Besuchern bereits qualitative Inhalte statt Baustellen zu präsentieren. Bitten Sie vor Veröffentlichung zuerst Ihre Freunde und Kollegen um ihre Meinung zu Aufmachung und Inhalten. Stößt Ihr Blog auf positive Resonanz, können Sie ihn veröffentlichen und auch bewerben. Dies gelingt zum Beispiel, indem Sie von Ihrer Webseite auf das Blog verlinken und auch in Ihrer E-Mail-Signatur auf die Adresse des Blogs verweisen. Das Kommentieren in anderen Blogs (siehe Abschnitt „Seeding, oder: was man sät, das erntet man") bringt Ihnen weitere Besucher auf Ihr eigenes Blog.

4. Impressum und Kontaktseite einrichten

Erstellen Sie eine Seite, auf der Sie Ihre komplette Firmenanschrift und E-Mail-Adresse oder ein Kontaktformular angeben. Außerdem bietet sich an, dass Sie die beteiligten Blogger an geeigneter Stelle Ihren Lesern vorstellen, denn im Internet zählt das Persönliche, vor allem im B2B-Umfeld. Zur Leserbindung wirken sich auch Fotos und Charakteristika der Blogger positiv aus. All dies hilft zusätzlich, Vertrauen und einen Bezug zu den Konsumenten aufzubauen.

5. Content is King

Schreiben Sie darüber, was Ihre Zielgruppe interessiert. Sie können dazu alle Inhalte verwenden, die Ihren Lesern einen Einblick in Ihr Angebotsportfolio, Ihre Kompetenz oder Ihre Unternehmenswelt erlauben. Jedoch sollten Sie darauf achten, Ihre Produkte nicht aggressiv in Ihrem Blog zu bewerben.

6. Dialog statt Monolog

Bloggen ist nicht nur Mitteilung, sondern Konversation. Nehmen Sie auf, was Ihre Leser zu sagen haben, und antworten Sie auf Kommentare.

7. Entscheiden Sie: CEO-Blog oder Employee-Blog?

Wie möchten Sie als Fachbereich oder Unternehmen auftreten? Mit einem CEO-Blog, welcher vom Geschäftsführer selbst geschrieben wird? Will das Management des Unternehmens sich durch das Blog als Meinungsführer der Branche etablieren? Gute Beispiele hierfür sind die Blogs von Jonathan Schwartz von Sun Microsystems oder Bob Lutz von General Motors, welche sich aufgrund fortwährend interessanter Inhalte in der Bloggerszene stark etabliert haben. Sie können aber auch die eigenen Mitarbeiter in den sogenannten Employee-Blogs im Namen Ihres Unternehmens bloggen lassen.

8. Gut gepflegt ist halb gewonnen

Synchronisieren Sie Ihren Blog mit weiteren Social Media Communitys wie Facebook, XING und Twitter. So werden Ihre Blog-Artikel bei Freigabe dort auch automatisch veröffentlicht.

Bitten Sie Ihre Kontakte, gepostete Artikel wiederum mit anderen Gruppen zu teilen und ermutigen Sie Ihr Netzwerk, Ihnen in Form von Blog-Kommentaren Feedback zu geben.

9. Finden und gefunden werden

Sie sollten Ihr Blog mit SEO-Tools zur Suchmaschinen-Optimierung unterstützen. Sicher möchten Sie auch wissen, wie sich der Besucher Ihres Blogs verhält. Hierfür benötigen Sie ein Tracking-Tool oder eine Tracking-Funktion, beispielsweise „etracker". Damit identifizieren Sie Ihre Leser, stellen fest, wie deren Klickverhalten ist und woher der meiste Traffic kommt So können Sie und können so entsprechend Ihre Strategie anpassen und herausfinden, wie Sie noch mehr Besucher zu Ihrem Blog ziehen.

10. Ständige Anpassung

Es ist nicht einfach, die gewählte Strategie für das Blog durchzuziehen. Denn es liegt in der Natur des Mediums, dass die Inhalte und Themen wesentlich durch die Kommentare Ihrer Leser mitbestimmt werden. Ein erfolgreiches Corporate Blog orientiert sich also auch an den Interessen der Leser und passt sich an. Unterschiedliche Kategorien zum Beispiel bieten den Lesern eine erste Orientierungshilfe. Aus diesem Grund werden in vielen Blogs auch Tag Clouds abgebildet: Die Schlagworte (Tags) zeigen, welche Themen in Ihrem Blog regelmäßig diskutiert werden.

Auch ich bin unlängst Teil der Blogosphäre geworden. Mein Blog „Connect2Com" widmet sich meinen Interessen Marketing und Kommunikation. Aus eigener Erfahrung beim Aufbau meines Blogs kann ich nur dazu raten, sich in Geduld zu üben. Es braucht Zeit, bis Interessierte auf das Blog aufmerksam werden, dieses verfolgen und kommentieren. Anfangs habe ich als einzigen Kommentar fortwährend Linkverweise zu anderen Blogs als Blogbeitrag erhalten, eben von anderen Bloggern, die wiederum ihren Blog bewerben möchten. Die gewünschte Interaktivität stellt sich in der Regel erst nach einigen Monaten ein. Ebenso ist es manchmal mühsam, geeignete Inhalte zu finden und so aufzubereiten, dass diese für die Leser wirklich spannend sind. Aber auch hier gilt: Am Ball bleiben.

Wenn Sie ein Blog beginnen, sollten Sie keine Wunder erwarten. Bis Sie in Suchmaschinen gelistet werden, vergeht Zeit. Es stellt sich oft erst einmal schwierig dar, die Leser zum Kommentieren anzuregen und eine fortwährende Interaktion herzustellen. Ihre Kommunikationsstrategie sollte diese Anlaufschwierigkeiten berücksichtigen und auch hier entsprechende Maßnahmen bereithalten.

Eine Möglichkeit, die Leser besser zu involvieren und die eigene Botschaft weiter zu verbreiten, ist ein sogenannter Blog-Karneval oder auch eine Blog-Parade. Hierbei legt ein Blog-Betreiber als Veranstalter ein bestimmtes Thema fest, zum Beispiel: *„Beschreibt euer schlimmstes Kantinen-Essen!"*, und bittet die lesenden Blogger darum, innerhalb eines vorgegebenen Zeitraums einen Eintrag zu diesem Thema im Blog zu veröffentlichen. Danach listet der Veranstalter in einem neuen Blogbeitrag alle Artikel-Links und kommentiert diese entsprechend, erstellt Zusammenfassungen oder vergibt zum Beispiel Prämien für die besten oder originellsten Artikel. Der Fantasie sind dabei keine Grenzen gesetzt.

Den Erfolg Ihres Blogs sollten Sie grundsätzlich auch durch fortwährendes Blog Monitoring beobachten.

Dazu möchte ich Ihnen einige Tools beschreiben, die Ihnen dazu verhelfen können, den Erfolg Ihres Blogs für Sie sichtbar zu machen:

• Den Traffic und die Verweildauer auf Ihrem Blog können Sie entweder mit Google Analytics oder mit Tools messen, die der entsprechende Webserver bietet.

• Die abonnierten RSS-Feeds (Subscriptions) können mit der Plattform „Feedburner", welche den Traffic analysiert, erfasst werden.

• Für die qualitative Analyse der Kommentare ist eine Do-it-yourself-Auswertung die beste Möglichkeit.

• Um Social Bookmarks auf das eigene Blog zu überwachen, eignen sich Tools wie PostRank. Dies ist eine Plattform, über die Sie die Attraktivität Ihrer Posts durch entsprechende Nutzerdaten messen können.

• Auch eine kleine Umfrage unter den Lesern bietet sich hin und wieder an, um abschätzen zu können, was Sie bereits gut machen und wo noch Kritikpunkte an Ihrem Blog liegen.

Do's and Don'ts
für erfolgreiches Blogging

➲ Handeln Sie nicht gesichtslos. Menschen reden gerne mit „echten" Menschen, nicht mit Organisationen, Unternehmen oder Maschinen.

➲ Expertise: Schreiben Sie nur über Themen, in denen Sie sich auskennen. Nur dann ist Ihr Blog seriös und kompetent.

➲ Lassen Sie die Leute reden. Der Erfolg Ihres Blogs steht und fällt mir der richtigen Promotion, zum Beispiel über Social Networks, weitere Blogs, E-Mails, Webseiten, Anzeigen.

➲ Immer mal wieder ist nicht genug. Setzen Sie auf Regelmäßigkeit und Kontinuität beim Posten.

➲ Stets aktuell: Bleiben Sie am Puls der Zeit. Behalten Sie Thementrends im Auge und gehen Sie auf Neues ein.

➲ Transparenz erzeugt Vertrauen. Geben Sie an, woher Ihre Informationen stammen. Zitieren Sie mit Quellenangaben.

➲ Posten Sie keine Pressemitteilungen oder im geschäftlichen Stil. Halten Sie das Blog lebendig.

⮑ Vermeiden Sie Emoticons wie zum Beispiel Smileys. Sie mögen in einen persönlichen Blog passen, für ein Unternehmen wirken sie eher unprofessionell.

⮑ Prüfen Sie Webseiten-Links vor der Postveröffentlichung – es gibt für Besucher nichts Ermüdenderes, als erwartungsvoll auf einen toten Link zu klicken.

XING: Der direkte Draht zum potentiellen Kunden

Mittlerweile über 11 Millionen Mitglieder[28] (Stand August 2011) hat XING als soziales Netzwerk für berufliche Kontakte. Noch wird es vor allem in den deutschsprachigen Ländern Deutschland, Österreich und Schweiz genutzt, breitet sich aber immer mehr auch in anderen europäischen Ländern aus. Bereits im Jahr 2010 nutzten 80 Prozent der deutschen Führungskräfte XING – Tendenz steigend.

So wie bei vielen Geschäfts-Netzwerken wird auch bei XING zwischen einer kostenlosen „Basis-" und einer kostenpflichtigen „Premium-Mitgliedschaft" unterschieden. Für unseren fachbereichsspezifischen Account nutzten wir die Premium-Mitgliedschaft. Denn damit können wir jederzeit unter anderem Dateien hochladen, Werbung komplett ausblenden oder auch die sogenannte „Powersuche" durchführen. Während Sie als Basis-Mitglied lediglich nach Namen von Mitgliedern oder Unternehmen suchen können, haben Sie bei der Powersuche Zugriff auf erweiterte Suchfunktionen. Diese bieten Ihnen die Möglichkeit, Ihre Suchkriterien sehr detailliert zu konkretisieren. So können Sie zum Beispiel einen Vertriebsleiter mit bestimmten Fremdsprachen-Kenntnissen finden, der aktuell in einem Speditionsunternehmen angestellt ist.

Für die virtuelle Präsentation Ihres Unternehmens im B2B-Bereich ist das Netzwerk XING sehr gut geeignet. Ein eigenes Unternehmensprofil gibt Überblick über sämtliche wichtigen Firmendaten wie beispielsweise Unternehmensgröße und Mitarbeiterstatistik. Ziel eines Firmenauftrittes auf XING ist es, das Unternehmen, Produkte, Dienstleistungen, Firmenkultur und vieles mehr auf einen Blick vorzustellen.

Neben dem Anlegen eines Firmenprofils ist es empfehlenswert, den Austausch mit anderen Mitgliedern in einer Gruppe zu fördern. Gleichzeitig können Sie durch eine themenbezogene Gruppe Interessenten auf Ihr Portfolio aufmerksam machen. Zudem bietet eine Gruppe hervorragendes Networking-Potential, da Sie die Mitglieder jederzeit direkt kontaktieren und wiederum von deren Netzwerk profitieren können, um weitere Kontakte zu generieren. Ihre Kunden sind im B2B-Umfeld ja nicht die klassischen Endkunden, sondern andere Unternehmen, die gerade auf der Plattform XING unterwegs sind. Das Netzwerk bietet Ihnen die Möglichkeit, sich auszutauschen, neue Mitarbeiter und Kooperationspartner zu suchen oder das Know-how Ihrer Firma darzustellen.

Start working with XING – Gruppen und Foren

Bevor Sie auf XING eine Gruppe gründen, sollten Sie ein paar wichtige Punkte beachten. Es empfiehlt sich, zu Beginn erst einmal selbst thematisch ähnlichen Gruppen beizutreten und zu beobachten, was in diesen so passiert. So lernen Sie die Funktionsweisen der Gruppen kennen und können nach etwas Recherche überlegen, was Sie individuell anders oder besser machen wollen. Die Entscheidung, eine Gruppe zu gründen, sollte wohldurchdacht sein und auch berücksichtigen, dass Social-Media-Aktivitäten nicht von heute auf morgen Früchte tragen.

Stellen Sie sich also ganz gezielt die folgenden Fragen:

- Was wollen Sie mit einer eigenen Gruppe auf XING erreichen?
- Sind Sie bereit, mit Ihren potentiellen Kunden ins Gespräch zu treten?
- Wie gehen Sie mit Kommentaren um, besonders wenn diese negativ sind?
- Was genau soll in Ihrer Gruppe kommuniziert werden?
- Wer im Unternehmen darf was, wie und wann über XING kommunizieren?

Die ersten Schritte zu Ihrer XING-Gruppe

Wie gehen Sie beim Gründen einer Gruppe auf der Plattform XING vor?

Auf der Plattform XING finden Sie unter der Schaltfläche *„Gruppen"* → *„Alle Gruppen"* den Punkt *„Neue Gruppe vorschlagen"*, unter welchem Sie dem Netzwerk Ihre Gruppe näherbringen können (siehe Bild 3).

Füllen Sie dazu das angegebene Formular so detailliert wie möglich aus, damit der Betreiber XING sich ein Bild darüber machen kann, wie Ihre Gruppe aussehen wird und welches Thema diese behandelt (siehe Bild 4).

Während Sie darauf warten, dass Ihre Gruppe genehmigt wird, nutzen Sie doch schon mal die Zeit für eine entsprechende Gestaltung Ihrer Gruppe, zum Beispiel mit einem Logo. Besonders wichtig ist auch der Text *„Über diese Gruppe"*, in dem Sie Ihre Themen und Spielregeln erklären können.

Bei der Ausgestaltung Ihrer Gruppe sind folgende Aspekte zu beachten:

Bild 3 XING-Gruppe vorschlagen [29]

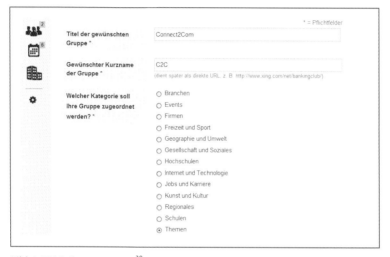

Bild 4 XING-Gruppenantrag [30]

- Wer soll zusammen mit Ihnen Moderator beziehungsweise Co-Moderator der Gruppe sein? Es können insgesamt acht Moderatoren und Co-Moderatoren eingesetzt werden. Der Moderator ist berechtigt, sämtliche Einstellungen wie Sprache, Startseitentext, Willkommensnachricht und Gruppenlayout zu bearbeiten.
- Wollen Sie einen RSS-Feed einrichten? Dieser sollte am besten – falls vorhanden – von Ihrem eigenen Corporate Blog stammen, so dass die aktuellen Daten direkt in die XING-Gruppe übertragen werden.
- Legen Sie unterschiedliche Foren zu Ihrem Thema an, zum Beispiel Diskussions- oder News-Foren.

Ist Ihre Gruppe angelegt, beginnen Sie nun mit dem Gewinnen von Mitgliedern. Es ist sinnvoll, nur Personen einzuladen, die sich auch wirklich mit dem Thema Ihrer Gruppe identifizieren können. Nutzen Sie zur gezielten Suche potentieller Gruppenmitglieder die umfangreichen Optionen der Powersuche auf XING. Die entsprechenden Personen sollten das Thema Ihrer Gruppe in den Informationen *„Person sucht"*, *„Person bietet"*, *„Interessen"*, *„Position"* oder *„Unternehmensname"* angegeben haben. Diese finden Sie, indem Sie deren Profile lesen. Interessant für Sie sind ebenfalls Menschen, die sich bereits sehr aktiv in anderen Gruppen bewegen und eine zusätzliche Bereicherung für Ihre Gruppe sein können, da sie sich gern austauschen und ihre Meinung kundtun.

Bei der Einladung von potentiellen Gruppenmitgliedern ist die persönliche Ansprache sehr wichtig, um von Anfang an die Bereitschaft zu steigern, sich aktiv in die Gruppe einzubringen. Wenn Sie also neue Mitglieder einladen, verwenden Sie nicht den von XING vorgefertigten Standardtext, sondern verfassen Sie eine eigene Einladung mit dem Hinweis darauf, weshalb Sie diese Person ausgerechnet in Ihrer Gruppe haben wollen. Wenn Sie Ihren neu gewonnenen Mitgliedern bei Eintritt in die Gruppe die Möglichkeit bieten, sich kurz vorzustellen, stärkt dies ebenfalls das Gemeinschaftsgefühl. Bei der Ansprache gilt es außerdem immer, den „Code of Conduct", das heißt die offiziellen Verhaltensregeln von XING für Gruppenmoderatoren, zu befolgen.

Wer seine Einladungsliste einmal „abgearbeitet" hat und denkt, das sei genug, täuscht sich. Das Gewinnen von Mitgliedern ist ein ständiger Prozess. Um die Gruppe in Bewegung zu halten und für frischen Wind von außen zu sorgen, ist es wichtig, dass Sie permanent am Ball bleiben und sich innerhalb Ihrer Gruppe bewegen.

Eine Gruppeneinladung wird je nach Thema und Qualität von fünf bis fünfzehn Prozent der Eingeladenen angenommen. Für hundert neue Mitglieder sollten Sie also etwa tausend Adressaten in Ihre Gruppe einladen. Wenn Sie merken, dass sehr wenige auf Ihre Einladung reagieren, sollten Sie gegebenenfalls noch einmal am Einladungstext arbeiten. Haben Sie Ihr Thema bisher interessant genug dargestellt? Es gilt auch, kritisch zu hinterfragen, ob Sie zum Beispiel die richtigen Leute adressiert haben. Haben Sie beispielsweise bei einem IT-Thema viele Marketingprofis angeschrieben, aber keinen IT-Spezialisten, so ist die Zielgruppe nicht richtig gewählt. Betreiben Sie einfach Marktforschung, indem Sie unterschiedliche Einladungstexte verfassen, mit jedem Text zwanzig Personen einladen und dann prüfen, mit welcher Ansprache Sie erfolgreicher waren. Und achten Sie immer darauf, auch interessante Themen zu wählen, die „Lust auf mehr" machen. Das ist der klare Vorteil von Social Networks: Sie reflektieren sofort Ihren Erfolg. Unter Umständen ist Ihr Thema nicht spannend genug platziert. Oder Sie haben die

♣ Application Management Experts

Liebe Gruppenmitglieder,

wir freuen uns, Sie auch im neuen Jahr in unserer Gruppe begrüßen zu dürfen. Unser „guter Vorsatz" für 2011 ist es, diese Gruppe noch weiter auszubauen und den Austausch mit Ihnen fortzuführen.

Wie Sie sicherlich wissen, hat am Montag den 17.01.2011 im Haus der Bayerischen Wirtschaft in München unsere erste gemeinsame Veranstaltung unter dem Motto „Change in Sourcing Strategies" stattgefunden. Für all diejenigen, die nicht an dieser Veranstaltung teilnehmen konnten, hier eine kurze Zusammenfassung sowie einige Highlights des gemeinsamen Abends:

Wrap up & Highlights des XING AM Expert Events:

Mit weit über 100 Teilnehmern aus ganz Deutschland war unser 1. XING-Gruppen-Event ein voller Erfolg! Nach kurzer persönlicher Vorstellung der Gruppenmoderatoren wurde der Gewinner unseres Best Article Awards bekannt gegeben.

Im Anschluss daran folgten sehr interessante Vorträge zu den Themen „Von der Manufaktur zur Fabrik" sowie „IT-Sourcing im Wandel".

Alle Präsentationen und Fotos der Veranstaltung finden Sie unter folgendem Link: Weblink

Aufgrund des großen Erfolges in München werden wir in Kürze auch in anderen Städten Deutschlands weitere XING-Events in diesem Format veranstalten. Wir hoffen natürlich, auch dort viele unserer Gruppenmitglieder persönlich kennenzulernen.

Um herauszufinden, welche Veranstaltungsorte für Sie interessant sind, haben wir einen kurzen Fragebogen unter folgendem Link erstellt: Weblink

Die Termine für die weiteren Veranstaltungen werden wir Ihnen zum einen natürlich wieder innerhalb unserer Gruppe und über Amiando bekannt geben. Gerne schreiben wir Sie auch persönlich an. Dazu schicken Sie uns bei Bedarf einfach Ihre E-Mailadresse, und wir informieren Sie direkt.

Mit den besten Grüßen und bis bald.

Ihre XING Application Management Experts
Moderatorin Angélique Werner

Bild 5 Newsletter für XING-Gruppe „Application Management Experts"[31]

falsche Zielgruppe angesprochen. Das Gute dabei ist, dass Sie durch ständiges Beobachten innerhalb Ihrer XING-Gruppe schnell reagieren und jederzeit auch Anpassungen vornehmen können.

Ein Beispiel für eine persönliche Einladung zu einer XING-Gruppe finden Sie im Kapitel VI unter „Praxisbeispiele, Templates & Checklisten".

Innerhalb Ihrer XING-Gruppe können Sie auch regelmäßig Newsletter an die Gruppenmitglieder versenden, ähnlich einer Clubzeitschrift. Diese sollten Sie interessant und vielseitig gestalten. Nachfolgend ein Beispiel für einen Newsletter, welchen wir innerhalb unserer XING-Fachgruppe „Application Management Experts" regelmäßig an die Mitglieder versendet haben (Bild 5):

Beispiel aus der Praxis

Als ich die XING-Gruppe „Application Management Experts" als Moderatorin übernommen habe, hatten wir bereits eine Zahl von einigen hundert Mitgliedern. Durch regelmäßige Einladungen erhöhte sich die Mitgliederzahl in nur zwei Monaten auf knapp 2.000 Mitglieder und wuchs dann – auch durch unsere zusätzlichen XING-Events verstärkt – kontinuierlich bis aktuell über 3.500 weiter. Wie kann man den raschen Erfolg dieser Gruppeneinladungen erklären? Ganz einfach: Kontinuierliche Interaktion ist der Schlüssel des Erfolges. In erster Linie haben wir die potentiellen neuen Mitglieder persönlich angesprochen und diese dazu motiviert, sich kurz vorzustellen. So sind „Referenzen" entstanden, welche die Attraktivität der Gruppe nach außen gesteigert haben. Mittlerweile haben sich knapp 15 Prozent unserer Gruppenmitglieder vorgestellt. Dies ist ein relativ hoher Anteil, wenn man überlegt, dass im Schnitt nur vier Prozent der Mitglieder wirklich aktiv sind. Die regelmäßigen Vorstellungsrunden halten die Gruppe aktiv und geben ihr ein Gesicht.

Als weitere Maßnahme entwickelten wir ein „Article Award"-Konzept (Bild 6), welches die Gruppenmitglieder zum Schreiben eigener Texte bewegen sollte. Der Verfasser des besten oder interessantesten Artikels innerhalb unserer Gruppe erhielt einen Gutschein über 50 Euro für das Bestellportal Amazon. Juroren waren wir Moderatoren. Diese Preisverleihung war ein voller Erfolg. Die Mitglieder stellten vermehrt eigene Texte in unsere Gruppe ein, welche wiederum fleißig kommentiert und hinterfragt wurden. So kam Bewegung in unsere Gruppe und es war schon nach kurzer Zeit nicht mehr nötig, die Diskussionen „anzuschieben". Jedes tausendste Mitglied erhielt zudem einen mit dem Namen der XING-Gruppe gravierten iPod Shuffle als Willkommenspräsent (Bild 7).

Bild 6 Meldung zum „Best-Article-Award"[32]

Bild 7
Gravierter iPod Shuffle als Gewinn

Erfolgsmessung auf XING

Die Fragen, die sich wahrscheinlich die meisten von Ihnen stellen werden, sind wohl: *Was bringt mir XING? Kommt meine Gruppe gut an? Hilft mir das Netzwerk dabei, meine Geschäftsziele zu erreichen?* Ich persönlich denke, dass sich der Erfolg einer XING-Gruppe eigentlich am besten nach der Aktivität der Gruppenmitglieder bemisst und nicht nur nach Zahlen. Eine aktive, zusammengehörige Gruppe, die Sie wirklich führen, ist ein sehr machtvolles und flexibles Instrument. So überraschten wir unsere Vertriebskollegen zum Beispiel nachhaltig, als wir Ihnen Partner von Beratungshäusern für wichtige Projekte vorstellen konnten oder namhafte CIOs aus DAX-Unternehmen unsere Veranstaltungen besuchten.

Dennoch ist es immer wieder eine Herausforderung, die Mitglieder dazu zu bewegen, sich aktiv in der Gruppe zu beteiligen. Im Schnitt sind 70 Prozent stille Teilnehmer, welche zwar die Artikel lesen, aber keine eigenen Kommentare, Artikel oder Diskussionsbeiträge verfassen.

Eine Art Erfolgsmessung ist es, anhand der Anzahl der Aufrufe der einzelnen Artikel zu überprüfen, ob das Thema interessant ist für die Mitglieder. Trifft es den „Nerv" der Gruppe, erfolgen mehr Klicks und die Wahrscheinlichkeit einer Diskussion erhöht sich. Auch hier ist aller Anfang schwer. Sie sollten einfach viel ausprobieren, Feedback analysieren (kein Feedback ist auch Feedback), entsprechend verändern und im Trial-and-Error-Verfahren verbessern. Manchmal gibt es auch den entscheidenden Impuls, zum Beispiel eine provozierende These zu posten.

Ein weiterer Indikator dafür, ob Ihre Botschaften bei den Gruppenmitgliedern ankommen, ist die Zahl Ihrer Newsletter-Leser. Zwar haben 97 Prozent der Mitglieder unserer Application Management Experts-Gruppe auch unseren Newsletter abonniert, aber wie kann man feststellen, wie viele ihn tatsächlich lesen? Das können Sie leider nicht direkt messen, aber es gibt einen Trick: Setzen Sie im Newsletter Links, zum Beispiel zu Artikeln der Gruppe, die Sie über den Linkverkürzer „bit.ly" kürzen. Wenn Sie bei bit.ly angemeldet sind, führt dieser Service eine Statistik über die Klicks auf diesen Link. So erhalten Sie eine Idee über die Anzahl der Mitglieder, welche Ihren Newsletter gegebenenfalls auch gelesen haben.

Fragen Sie den Experten: Eine Teilnahme an einem XING-Seminar von Joachim Rumohr, Deutschland's XING-Experte Nr. 1, ist zu empfehlen. Hier bekommen Sie nützliche Tipps rund um die Plattform, können Erfahrungen teilen und erhalten zum Schluss noch ein XING Native-Zertifikat.

Do's and Don'ts für Ihre XING-Gruppe

⮌ **Keep on writing**
Greifen Sie zum virtuellen Füllfederhalter und füllen Sie Ihre Gruppenforen kontinuierlich mit neuen Texten. So zeigen Sie den Mitgliedern, dass Ihre Gruppe aktiv ist und dass es sich immer einmal wieder lohnt, vorbeizuschauen. Stellen Sie in der Übersicht immer drei bis vier Artikel ein. Enttäuschen Sie die Gruppenmitglieder nicht mit der Meldung *„Kein Artikel vorhanden"*.

⮷ **React**
Ihre Gruppe sollte eine gewisse Eigendynamik entwickeln. Das heißt, dass Themen und Diskussionen nicht nur von Ihrer Seite aus angeregt werden, sondern dass die Mitglieder selbst Artikel verfassen. Reagieren Sie auf die Beiträge Ihrer Mitglieder und motivieren Sie diese zu weiteren Posts. Ein kleiner Kommentar genügt, um zu zeigen, dass ein Beitrag Beachtung gefunden hat und gerne gelesen wurde. Bedenken Sie: Der Verfasser des Artikels hat Zeit investiert und er verdient es, Feedback zu bekommen.

⮷ **Seien Sie transparent**
Gestehen Sie Ihre Fehler ein und korrigieren Sie fehlerhafte Beiträge offen. Vertuschungsaktionen schaden Ihrem Image nachhaltig.

⮷ **Versenden Sie eine eigene Gruppenzeitschrift**
XING bietet Ihnen als Gruppenmoderator die Möglichkeit, Newsletter an Ihre Gruppenmitglieder zu schicken. Gestalten Sie Ihren Newsletter mit HTML-Befehlen visuell. Mit dem Service „img.ly" können Sie beliebig viele Bilder hochladen und in HTML in Ihren Newsletter einbinden.

⮷ **Der schmale Grat zwischen Werbung und Information**
Wie reagieren Sie, wenn andere Ihr Forum zu Werbezwecken nutzen? Sehen Sie einfach gelassen darüber hinweg, doch behalten Sie das richtige Maß im Auge: Zu viel Fremd- oder auch Eigenwerbung kommt nicht gut an und stellt die Glaubwürdigkeit und Absichten Ihrer Gruppe in Frage.

LinkedIn, das internationalste Business Network: „Hello, salut, guten Tag, hola"

LinkedIn ist mit über 135 Millionen Mitgliedern das größte professionelle Netzwerk weltweit. Das bedeutet, dass mit diesem Portal ein sehr großer Anteil einer Zielgruppe in über 200 Ländern und Regionen erreicht werden kann. Allein in Westeuropa zählt das Portal bereits mehr als 25 Millionen Mitglieder, Tendenz deutlich steigend. Zwar ist die Konkurrenz XING als Business-Netzwerk in Deutschland momentan führend. Doch scheint es für viele Mitglieder wichtig zu sein, sich gerade im B2B-Umfeld weltweit zu vernetzen, um so auch professionelle Social-Media-Kanäle für den internationalen Austausch nutzen zu können.

Neben der enormen Reichweite von LinkedIn ist vor allem die Seriosität und Professionalität dieses Netzwerkes ein großer Pluspunkt. Im Gegenteil zu anderen Netzwerken dieser Größenordnung wird hier sehr darauf geachtet, den professionellen Anspruch zu wahren. So sind zum Beispiel Spamming oder „wildes Kontakte sammeln" ohne eine professionelle Intention überhaupt nicht oder nur über kostspielige Zusatzdienste zu bewerkstelligen. Anders als bei den meisten Netzwerken müssen Sie hier eine Begründung liefern, warum Sie jemanden zu Ihrem Netzwerk hinzufügen möchten. Außerdem sind die Mitglieder selbst darauf bedacht, das Netzwerk so „sauber" wie möglich zu halten. Reine Kontaktsammler werden hier ziemlich schnell enttarnt, unangebrachte Beiträge oder Verhaltensweisen aufgezeigt oder gemeldet.

Über LinkedIn gibt es zudem zahlreiche Möglichkeiten, einfach und schnell Werbung zu schalten oder eine Werbebotschaft zu kommunizieren: Allein durch den Aufbau und die Intention des Netzwerks ergeben sich für Sie einige Wege, Ihre Botschaft zielgruppenorientiert zu streuen.

Da LinkedIn auch intensiv von Personalverantwortlichen und Headhuntern genutzt wird, können Sie hier nicht nur Ihr Produkt oder Ihre Dienstleistung vermarkten, sondern auch sich selbst. Bei den meisten Recruiting-Teams der großen Konzerne ist LinkedIn mittlerweile das Recherche-Tool Nummer eins. Umgekehrt können sich Kandidaten sehr einfach auf eine vakante Stelle bewerben, da in den meisten Fällen auf ihrem Profil einiges über Reputation und Vita zu erfahren ist, inklusive verschiedener Empfehlungen ehemaliger Kollegen oder Kunden.

Ready to go: Ihr Start mit LinkedIn

Vor dem Aufbau einer Online-Präsenz auf LinkedIn sollten Sie eine grundsätzliche Entscheidung treffen: Entweder Sie nutzen Ihr eigenes Profil, um Ihre Fachbeiträge als Experte in bestehenden Gruppen zu positionieren, oder Sie etablieren eine eigene LinkedIn-Gruppe für Ihr Unternehmen oder Ihr Fachthema. Eine selbstgegründete Gruppe ermöglicht, auf das Portfolio, Fachthemen, Veranstaltungen, eventuell auch auf offene Stellen aufmerksam zu machen. Eine weitere Option ist es, eine Expertengruppe ohne direkten Bezug zum Unternehmen, aber zum Produkt zu gründen. Hier treten die Gruppenmitglieder, die natürlich unter anderem auch zu Ihrem Unternehmen oder dessen Umfeld gehören, als Experten zu dem entsprechenden Thema auf. Dies zeigt Ihre Kompetenz und ist wohl die unaufdringlichste Art, das eigene Unternehmen und Portfolio in ein gutes Licht zu rücken, ohne direkt dafür Werbung zu machen.

So einfach ist das Gründen einer eigenen Gruppe auf LinkedIn

Klicken Sie auf der Plattform LinkedIn im Hauptmenü auf die Schaltfläche „Gruppen" und anschließend auf „Gruppe gründen" (Bild 8).

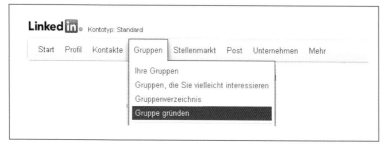

Bild 8 Gruppe gründen auf LinkedIn [33]

Geben Sie nun die erforderlichen Daten in die anschließend erscheinende Maske ein, beispielsweise:

* Logo (hochladen)
* Gruppenname
* Gruppentyp
* Beschreibung
* Sprache
* Angaben zu Mitgliedschaften

Im Anschluss sollten Sie sich nur noch entscheiden, ob Sie eine „offene" oder eine „geschlossene Gruppe" haben möchten, das heißt ob jeder zur Gruppe beitragen kann oder ob eine Mitgliedschaft hierfür erforderlich ist (Bild 9).

Bild 9 Gruppenbeschaffenheit [34]

Für eine geschlossene Gruppe sprechen die besseren Kontrollmöglichkeiten sowie eine Erfolgsmessung anhand der Mitgliederzahlen. Bei beiden Varianten ist zu beachten, dass die Gruppen und auch das persönliche Profil der Akteure der ständigen Pflege bedürfen.

Zusätzlich kann auf LinkedIn eine klassische Bannerwerbung geschaltet werden. Die Kosten dafür sind ähnlich wie die bei einer Google-Adwords-Kampagne. Dabei können Sie sowohl für Ihre Gruppe als auch allgemein für Ihre Webseite oder Ihr Unternehmen werben. Auch hoch qualitative Anzeigen dürfen geschaltet werden, so wie beispielsweise in Fachzeitschriften. Das hat zwar seinen Preis, jedoch ist die Nettoreichweite enorm.

Meine 10 Regeln
für Ihren gelungenen Start
in die LinkedIn-Community

1. **Aussagekräftiges Profil**
   Dazu gehören natürlich ein (Business-) Foto, Informationen über Ihre Ausbildung und Ihre berufliche Laufbahn, Ihre Kompetenzen und wonach Sie suchen. Selbsterklärend!

2. **Anwendungen für das Profil**
   Binden Sie weitere Accounts, z. B. Twitter oder SlideShare, auch auf Ihrer Profilseite ein. Mit dem Tool „Box.net" können Sie Dokmente auf LinkedIn mit Ihren Netzwerk-Kontakten teilen.

3. **Kontakte einladen**
   Laden Sie Ihre Kontakte, die bereits auf LinkedIn sind, ein und vernetzen sich mit ihnen. Dies ist auch per E-Mail möglich.

4. **Recommendation**
   Lassen Sie sich von Ihren Kollegen oder Kunden Empfehlungen geben. Diese wirken professionell und unterstreichen Ihre Kompetenz. So bauen Sie Ihren Status als Experte aus.

5. **Beitritt zu anderen Gruppen**
   Gruppen auf LinkedIn tauschen sich über spezielle Themen auch übergreifend aus. So haben Sie die Möglichkeit, neue Kontakte zu finden, Gleichgesinnte zu treffen und Ihren Experten-Status zu untermauern.

6. **Gruppengründung**
   Legen Sie eine Gruppe oder ein Experten-Forum zum Thema oder Portfolio Ihres Unternehmens an. Laden Sie dazu ein, sich über Trends und Entwicklungen rund um Ihr Angebot auszutauschen. In einem Experten-Forum sind natürlich auch Konkurrenten erwünscht, um die Ausgewogenheit der Gruppe zu gewährleisten.

Bild 10 Frageoption auf LinkedIn [35]

7. **Frage-Antwort-Bereich**
   Beantworten Sie Fragen anderer LinkedIn-Mitglieder und stärken so
   wiederum Ihren Status als Experte (Bild 10).

8. **Umfragen**
   Über Umfragen finden Sie unter anderem die Meinung Ihrer
   Zielgruppe zu einem bestimmten Thema heraus. Dieses Tool wirkt
   unaufdringlicher als beispielsweise eine Umfrage über Popup-
   Fenster auf Ihrer Homepage oder per E-Mail.

9. **Status-Update**
   Das Status-Update ist das erste, was Ihre Kontakte von Ihnen sehen
   können. Es erscheint auch auf der Startseite Ihrer Kontakte auf. An
   dieser Stelle können Sie also schnell und wirksam auf aktuelle
   Themen innerhalb Ihrer Gruppe aufmerksam machen.

10. **Ihr Profil in anderen Sprachen**
    Sprechen Sie mehrere Sprachen? Multilinguale Profile (wie z. B.
    englisch, französisch oder spanisch) sind definitiv ein Garant für
    das Knüpfen internationaler Kontakte. LinkedIn unterstützt derzeit
    41 verschiedene Sprachen.

Sichtbare Erfolge mit LinkedIn

Kommunikationsmaßnahmen über LinkedIn zahlen sich aus, das kann
ich Ihnen mit konkreten Beispielen zeigen:

*Auch auf LinkedIn haben wir die Fachgruppe „Application Management
Experts" gegründet (Bild 11). Die Gruppenbeschreibung ließ Rückschlüsse
auf den Initiator der Gruppe und das Unternehmen zu, war allerdings als
Expertenforum zu diesem Fachthema gekennzeichnet, quasi „getarnt". Auf
LinkedIn wurden nun Mitglieder mit passender fachspezifischer Ausrichtung eingeladen, der Gruppe beizutreten, auch bewusst Mitglieder aus konkurrierenden Unternehmen. So ergab sich schon bald eine rege Diskussion
zu verschiedenen Themen im Umfeld Applikationsmanagement. Zunehmend mehr interessierte Zielkunden traten der Gruppe bei, um sich zu
informieren. Unser Expertenforum haben wir auch innerhalb anderer the-
menverwandter Gruppen bekannt gemacht, um möglichst viele Interessenten zu erreichen. Auf kommerzielle Anzeigen oder Werbung haben wir
dabei bewusst verzichtet.*

*Unsere Expertenbeiträge belegten die Qualität und Professionalität unseres
Fachbereiches. Dies veranlasste Interessenten wiederum, über LinkedIn
konkrete Angebote zu unserem Portfolio anzufordern. Ein entscheidender
Erfolg für uns, denn an diesem Punkt begann der übliche Angebotsprozess,
losgelöst von LinkedIn.*

Es zeigte sich noch ein weiterer Erfolg: Aufgrund der interessanten Beiträge wurde das Expertenforum zu diesem speziellen Thema auf der Plattform LinkedIn am häufigsten frequentiert. Auch Mitarbeiter anderer Unternehmen haben dieses Forum weiter empfohlen. Als anerkannte Expertenplattform wurde die Gruppe auch für Jobanfragen und -angebote sowie für Werbung durch andere Firmen genutzt. Diese Reaktion zeugte von der hohen fachlichen Qualität der Gruppe. Denn Anzeigen lohnen nur dann, wenn man wirklich viele qualifizierte Kontakte erreicht. Erfolgreiche Gruppen ziehen wiederum mehr Interessenten an. Auf diese Weise entsteht automatisch eine indirekte Kooperation mit anderen Gruppen und Unternehmen und eine hohe virtuelle Verbreitung.

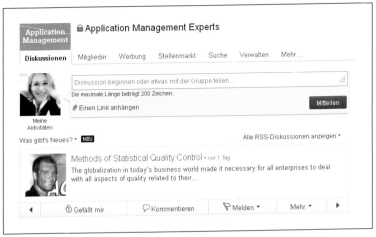

Bild 11 LinkedIn-Fachgruppe „Application Management Experts"[36]

Auch im sozialen Netzwerk LinkedIn ist für Sie die ständige Pflege Ihres Expertenforums entscheidend. Dazu gehören vor allem stets aktuelle und qualifizierte Beiträge. Um kontinuierlich Aufmerksamkeit zu sichern, sollten sich Ihre benannten Experten auch in anderen Gruppen mit qualifizierten Beiträgen positionieren und so ihre Kompetenz untermauern, am besten mit dezenten Hinweisen auf die eigene Gruppe (siehe dazu auch Abschnitt „Seeding, oder: Was man sät, das erntet man").

Aufmerksamkeit für Ihre Fachgruppe auf LinkedIn können Sie auch durch gezielte Moderation erreichen, zum Beispiel mit speziellen Themenwochen. Auch die Verlosung von kleinen Geschenken, etwa für den „Beitrag des Monats" in Ihrer Gruppe, generiert viele qualifizierte und interessante neue Beiträge.

Für LinkedIn gibt es keine klassischen Monitoring-Tools wie beispielsweise für Twitter, da die Plattform in sich recht geschlossen ist. Klickraten oder Verweildauer lassen sich deshalb nicht darstellen. Allerdings können einige Fakten zur Erfolgsmessung herangezogen werden:

➲ Anzahl der Gruppenmitglieder

➲ Beiträge, Kommentare und Klicks auf den „Like"-Button

➲ Werbung anderer Mitglieder und Job-Angebote innerhalb der Gruppe

➲ Kontaktanfragen an die Experten

➲ Erwähnung innerhalb anderer Gruppen durch unternehmensfremde Mitglieder

➲ Qualität der Mitglieder (über die Mitglieder-Seite ist die entsprechende berufliche Position des jeweiligen Mitglieds ersichtlich)

Es gibt darüber hinaus auch hier eine informelle Möglichkeit, die Klickhäufigkeit zu messen: Beim Bekanntmachen des Expertenforums außerhalb der Gruppe kann, ähnlich wie bei XING, ein Link-Abkürzungstool wie „bit.ly" verwendet werden. Es empfiehlt sich, ein solches Tool zu nutzen, da hier außerdem Statistiken zu den Links erhoben werden. So lässt sich dadurch unter anderem die Anzahl der Klicks messen.

Entwicklungspotential und Trends bei LinkedIn

LinkedIn wird laut Marktforschungsprognosen Facebook im Hinblick auf die Anzahl der Business-Mitglieder kurzfristig überholen. Auch in Deutschland fasst LinkedIn trotz der heimatlichen Konkurrenzplattform XING immer mehr Fuß. Gründe hierfür sind die zunehmende Globalisierung und die Internationalität von Unternehmen, insbesondere im B2B-Umfeld.

Im Recruiting beispielsweise konzentriert man sich mittlerweile immer mehr auf Social-Media-Kanäle. Aber auch das Anbahnen neuer Geschäfte und die Präsenz der Unternehmen am Markt sind ausschlaggebende Faktoren für die Positionierung auf LinkedIn. Die Plattform selbst entwickelt sich ständig weiter, insbesondere hinsichtlich Interaktion und Informationsbeschaffung. Der neue Dienst „LinkedIn Signal" beispielsweise kombiniert beispielsweise Status-Updates mit Suchanfragen. Dies wiederum erzeugt eine Art Nachrichtenticker für relevanten Content. Auch das Schalten von Anzeigen auf LinkedIn wird ständig vereinfacht und im Hinblick auf die Erreichbarkeit der Zielgruppe verbessert.

Mit dem Tool „InMaps" oder „LinkedIn Maps" können Sie übrigens auf einen Dienst zugreifen, der alle persönlichen Kontakte auf einer interaktiven Karte mit Zoom-Funktion visualisiert. Darauf kommen sämtliche Verbindungen zu Ihren eigenen Kontakten sowie der Kontakte untereinander zum Ausdruck. Die wichtigsten und untereinander besonders stark vernetzten Kontakte platziert InMaps zentral, isolierte Kontakte außerhalb des Netzwerkes.[37] Dies können Sie sich dann durch eine Grafik sehr schön veranschaulichen lassen. Mein eigenes Netzwerk auf LinkedIn sieht zum Beispiel folgendermaßen aus (Bild 12):

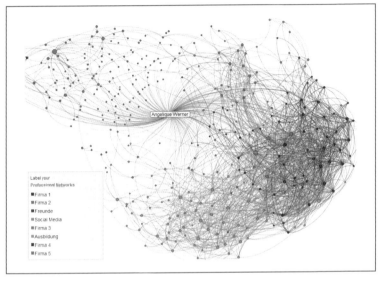

Bild 12 Beispiel für ein visualisiertes weltweites Netzwerk auf LinkedIn [38]

 Do's and Don'ts
bei LinkedIn

⮑ **Professionelles Status-Update**
Ihr Status-Update ist für professionelle Meldungen gedacht, persönliche Posts sind eher Facebook vorbehalten.

⮑ **Die richtigen Gruppen**
Treten Sie nur in Gruppen ein, an denen Sie sich auch fachlich beteiligen können. Zu viele Gruppen sind nicht hilfreich, um Ihren Status als Experte glaubhaft zu vermitteln.

⮑ **Die richtigen Anwendungen**
Anwendungen, die Sie zu Ihrem LinkedIn-Profil hinzufügen, sollten auch relevanten Content liefern. Wenn Sie beispielsweise auf Ihrem Twitter-Profil nur über den letzten Urlaub twittern, hat der Verweis zu Twitter auf LinkedIn nichts zu suchen.

- **Gruppeneinladungen**
  Einladungen zu Ihrer Gruppe sind nur für Kontakte bestimmt, die sich hier beteiligen können oder die das Thema Ihrer Gruppe auch wirklich interessiert.

- **Keine Standard-Texte**
  Individuell auf den Interessenten zugeschnittene Nachrichten stechen positiv aus der Masse unpersönlicher Standard-Mails heraus. Letztere wirken unprofessionell und können schnell als Spam angesehen werden.

- **Kontakte schützen**
  Es gibt die Möglichkeit, Kontakte einander vorzustellen, falls diese sich nicht direkt verbinden können. Prüfen Sie diese Anfragen genau oder sprechen Sie den angefragten Kontakt an, ob er die Verbindung wünscht. So stehen Sie nicht als Vermittler von unerwünschten Kontakten da.

- **Die Wahrheit zählt**
  Ihr Profil sollte nur wahrheitsgetreue Angaben enthalten, zum Beispiel zu Arbeitgeber, Position, Vita oder Fachkenntnissen und Fähigkeiten.

Motivieren Sie Ihre Kollegen, sich bei LinkedIn anzumelden und dort ein Geschäftsnetzwerk aufzubauen oder Inhalte für eine Firmengruppe zur Verfügung zu stellen. Natürlich sollte dies in enger Absprache mit der Kommunikationsabteilung erfolgen und zur PR- und Marketing-Strategie Ihres Unternehmens passen.

Twitter im B2B? Just tweet it

„China has blocked Twitter. Now 1.3 billion people will have no idea what I'm having for lunch." *(@badbanana)* [39]

Twitter ist eine kostenlose Anwendung zum sogenannten Microblogging. Und es ist ideal für das B2B-Geschäft. Unzählige Unternehmen, Universitäten, die Presse, Analysten und viele mehr nutzen heute Twitter als Plattform zum Empfang und zur Verbreitung von aktuellen Kurznachrichten. Durch Millionen von „potentiellen Reporter" in fast allen Regionen der Welt bleibt man so stets auf dem neuesten Stand. Sie können sich diese Plattform wie einen fast unendlich großen, globalen Chatroom vorstellen, in dem Sie mit jedem einfach so in Kontakt treten können.

Und das geht ganz einfach mit einem @-Zeichen vor dem jeweiligen Benutzernamen.

Zur erfolgreichen Einbindung der Microblogging-Plattform Twitter in die Kommunikationsstrategie gilt die Devise „Folgen und gefolgt werden!". Aber wie findet man denn immer wieder aufs Neue spannende Themen für Twitter? Kann man mit Applikationsmanagement wirklich coole Tweets generieren? Und: Wer abonniert denn solche Informationen? Also, auch hier lautete mal wieder die Devise: Einfach ausprobieren – just tweet it!

Wir sind dabei folgendermaßen vorgegangen: Zunächst haben wir auf dieser Plattform themenverwandte Accounts gesucht und persönlich angeschrieben, um diese als Follower zu gewinnen. Im direkten Austausch mit den Personen konnten wir dann auch relativ schnell ihr Interesse für unseren eigenen Account gewinnen. Gleichzeitig haben wir jeden Tag interessante und aktuelle Nachrichten „getwittert". Gar nicht so einfach bei einem Thema wie Applikationsmanagement. Aktuelle Inhalte hierfür erhielt ich zum Teil von Kollegen, zum Teil von Analysten und zum Großteil durch umfangreiche eigene Recherchearbeit.

Da die Plattform Twitter sehr dynamisch ist, sollten Sie im Vergleich zu anderen Netzwerken noch sehr viel stärker auf die Aktualität der Inhalte achten. Sie erzeugen positives Expertenimage, wenn Sie auf die Qualität Ihrer Tweets achten und sie diese im idealen Fall auch mit einer persönlichen Note versehen.

Eine interessante Analogie zu Twitter, die mir persönlich sehr gut gefällt, ist die einer großen Cocktailparty. Sie haben die Möglichkeit, Ihre Runden zu drehen, können aber auch einfach irgendwo stehen bleiben, um anderen zuzuhören oder ins Gespräch zu kommen. Nach Angabe von Twitter waren im April 2011 rund 175 Millionen Accounts registriert. Darüber hinaus existieren derzeit knapp 500.000 deutschsprachige Twitter-Accounts, die aktiv Mitteilungen versenden. Die Zahl der deutschen Accounts dürfte jedoch noch bedeutend höher sein, da viele Twitter-User ausschließlich in Englisch schreiben.

Twitter ist also ein hervorragendes Medium, um mit weiteren engagierten Teilnehmern und Firmen zu kommunizieren – und das rund um den Globus. Die individuellen Ziele des Engagements auf dieser Microblogging-Plattform können jedoch stark differenzieren. Für den privaten Nutzer geht es hauptsächlich um den Informationsaustausch oder einfach nur um das Knüpfen von Kontakten. Für Unternehmen ergeben sich allerdings noch unzählige weitere Möglichkeiten: Kundennähe,

Kundenservice, Lead-Generierung, Wettbewerbsbeobachtung, die Etablierung der eigenen Marke sowie Interesse wecken für das eigene Angebot sind nur ein paar wenige Beispiele (siehe auch „Erfolgreiches Marketing durch Twitter").

Eines sollte allerdings an dieser Stelle auch erwähnt werden: Bei Twitter handelt es sich nicht um One-Way-Kommunikation. Wer dies nicht berücksichtigt wird schnell feststellen, dass seine Follower sich vor Langeweile wieder zurückziehen. Tweets wie *Kaufen Sie unser Produkt XY!"* oder Promotion mit Links zur eigenen Webseite sind uninteressant. Was nicht heißen soll, dass Twitter nicht zu Promotionszwecken genutzt werden kann. Aber die entsprechenden Tweets sollten Sie geschickt platzieren und überzeugend verteilen.

In erster Linie ist Twitter ein Werkzeug, um mit anderen Nutzern zu kommunizieren. Zum Beispiel durch Kundenservice. Twittern Sie als Unternehmen hilfreiche und nützliche Produkt- oder Serviceinformationen, können Sie beim Kunden punkten – mit relativ wenig Aufwand. Auch erlaubt Twitter den Nutzern, mit den Menschen hinter Ihrem Unternehmen oder Ihrer Marke in den persönlichen Dialog zu treten.

Die Ergebnisse einer aktuellen Umfrage der englischen PR-Agentur Wildfire zeigen, dass es in puncto Social Media für viele Unternehmen noch enormen Nachholbedarf gibt. Sie verharren oft in den Strickmustern der traditionellen Unternehmenskommunikation, die sich aber nicht einfach auf Social-Media-Aktionen übertragen lassen. Laut dieser Studie sind zwar rund 90 Prozent der englischen Unternehmen, in diesem Fall aus dem Hightech-Bereich, auf einem oder sogar mehreren Social-Media-Plattformen präsent. Doch 43 Prozent der Teilnehmer, die einen Twitter-Account führen, haben laut dieser Studie auf keinen einzigen Tweet ihrer Follower geantwortet.

Ähnlich verhält es sich in Deutschland. Oft scheitern die Aktivitäten auf den verschiedenen Social-Media-Plattformen vor allem an der fehlenden Transparenz und Offenheit innerhalb der Unternehmenskultur. Und gerade bei der Plattform Twitter ist diese Transparenz ein ausschlaggebender Faktor. Zum Beispiel haben rund die Hälfte der deutschen DAX-30-Unternehmen einen Facebook-Auftritt und rund 80 Prozent besitzen schon einen Twitter-Account, doch eine effiziente Nutzung dieser Medien im Sinne eines direkten Austauschs mit potentiellen Kunden oder Fans erfolgt überwiegend noch rudimentär.[40]

Gerade bei der Plattform Twitter geht es jedoch nicht um Einwegkommunikation. Der Dialog und Austausch mit den Followern ist hier sehr wichtig, um den Kanal am Laufen zu halten und kontinuierlich auszubauen.

Erfolgreiche Kommunikation durch Twitter

Alle tun es: Politiker, Journalisten, Schauspieler, Musiker, Regierungssprecher, Organisationen – ja, sogar der Papst! Aber auch Unternehmen haben unlängst festgestellt, dass sich Twitter hervorragend als Marketing- und PR-Instrument eignet. Die Tatsache, dass Marken, Produkte und Unternehmen hier aktiv von Konsumenten und Kunden diskutiert werden, hat die Aufmerksamkeit vieler Marketingfachleute auf Twitter gelenkt. Außerdem ist diese Plattform extrem schnell, unkompliziert und besitzt eine enorme Reichweite: ein Traum für jeden Marketingexperten.

Mit für den Boom verantwortlich sind die vielen Prominenten, die Twitter seit einiger Zeit für sich nutzen. So kam es in den letzten zwei bis drei Jahren zu einem rasanten Wachstum bei den User-Zahlen.

Die Möglichkeiten des Einsatzes von Twitter durch Unternehmen sind vielfältig: Durch Vernetzung, Beziehungsaufbau und direkten Einfluss auf Diskussionen kann die jeweilige Zielgruppe im Sinne des Unternehmens angesprochen werden und so gezieltes Branding und Customer Relationship Management betrieben werden. Aber nicht nur zum Aufbau der eigenen Marke oder Marktforschung, sondern auch für verkaufsfördernde Maßnahmen, Public Relations oder Kundenservice ist Twitter nützlich. Der schnelle Kundendienst, den Twitter ermöglicht, kommt gut an: Beschwerden und Fragen müssen nicht mehr umständlich und langwierig den Kundendienstmitarbeitern weitergeleitet oder vorgetragen werden, sondern können rund um die Uhr via Twitter abgeschickt werden. Unternehmen sind „näher am Kunden" und bieten einen schnelleren, unkomplizierten Service mit zusätzlichen Einsparpotentialen.

Bild 13 Beispiel für ein Twitter-Profil

Sie wollen auch zwitschern? So geht es los …

Das Einrichten eines Twitter-Accounts dauert in der Regel nur wenige Minuten und ist selbsterklärend (Bild 13). Zwei wichtige Kennzahlen Ihres Twitter-Accounts sind beim Start mit Sicherheit noch recht ernüchternd: Zum einen die geringe Zahl an Leuten, die Ihnen folgt (Follower), zum anderen folgen Sie vermutlich auch erst einigen wenigen Profilen (Following). Bildlich gesehen sind Sie jetzt auf einer Party, auf der (noch) kein Mensch mit Ihnen redet.

Das Ziel ist also klar: effektiv und effizient Ihre Zielgruppen erreichen.

Es gibt eigentlich nur einige wenige Regeln,
die Sie beim Aufbau Ihres Twitter-Accounts
berücksichtigen sollten

1. **Folgen Sie nur den richtigen Profilen.** Halten Sie es wie „im richtigen Leben" und folgen Sie nur Profilen, die für Sie von Bedeutung sind. Sie finden diese mit Hilfe der Suchoption *„wem folgen"* in der Navigationsleiste Ihres Twitterprofils oder auch durch die Eingabe von Schlüsselwörtern in die Suchleiste.

Seien Sie zurückhaltend bei der Auswahl der Accounts, welchen Sie folgen wollen. Es ist natürlich verführerisch, viele Profilen zu wählen in der Hoffnung, dass diese zurückfolgen und sich so die eigene Follower-Zahl erhöht. Doch nehmen Sie sich die Zeit, die letzten Tweets eines Accounts und dessen Bio durchzulesen. Achten Sie dabei auch auf die Aktualität der Tweets – inaktive Profile sind in der Regel nicht relevant. Oft dient fälschlicherweise die Zahl der Follower als Indikator für die Beliebtheit des Accounts. Entscheidend ist jedoch die Motivation der Follower: Wenn Sie nur aus reiner Gefälligkeit zurückfolgen, ist die Chance auf einen aktiven und zielführenden Austausch sehr gering. Von dieser Regel gibt es allerdings Ausnahmen: So können sich zum Beispiel Nachrichtenportale, Journalisten, Institute oder Universitäten nicht mit jedem ihrer Follower austauschen und folgen daher in den seltensten Fällen zurück. Von einer Verbindung zu einem großen Account mit 5.000 bis 15.000 Followern können Sie durchaus profitieren. Wollen Sie etwa eine Veranstaltung Ihres Unternehmens bewerben, können Sie hierfür einen befreundeten Account wie den eines Partnerunternehmens oder einer Universität nutzen. Retweetet dieser Ihre Nachricht, erreichen Sie so auch alle Follower dieses Accounts, da Ihr Tweet weitergeleitet wird. So können Sie mit einfachsten Mitteln eine große Reichweite generieren – und das ohne Kostenaufwand.

Achten Sie darauf, dass das Verhältnis Follower zu Following ausgeglichen ist. Ansonsten erwecken Sie unter Umständen einen „verzweifelten" Eindruck. Sortieren Sie auch gelegentlich Ihre Follower wieder aus.

2. **Seien Sie aktiv und mutig.** Twittern Sie beispielsweise über persönliche Gedanken zu einem bestimmten Thema. Privat und geschäftlich gilt: Versuchen Sie immer so authentisch wie möglich zu agieren – kurz, knapp, direkt und ehrlich.

   - Verwenden Sie die Antwort-Funktion (Reply), um aktiv auf Fragen oder Anmerkungen zu reagieren, und schaffen Sie so den Dialog.
   - Neben dem Reply-Button befindet sich der Retweet-Button. Leiten Sie damit interessante Tweets an Ihre Follower weiter.
   - Posten Sie Links zu interessanten Artikeln an Ihre Anhänger und generieren Sie so Aufmerksamkeit und Feedback. Achten Sie dabei auf Aktualität und Qualität. Ein Indikator hierfür ist z. B. die Anzahl der Shares oder Kommentare.
   - Beantworten Sie persönliche Nachrichten (DM = Direktnachricht) oder @mentions (= öffentliche Erwähnungen, die an Sie gerichtet sind) zügig. Bei Twitter kommt es auf Schnelligkeit und Aktualität an.

3. **Folgen Sie der 90/10-Regel.** Es ist vollkommen legitim, Twitter für Werbezwecke einzusetzen – aber in Maßen. Als Faustregel gilt: Maximal einer von zehn Tweets sollte dieses Ziel (mehr oder weniger offen) verfolgen. Um Ihre Follower nicht zu verlieren, stellen Sie sich immer die Frage, was der tatsächliche Mehrwert Ihres Acconts für Ihre Anhänger ist.

4. **Nutzen Sie Listen.** Sortieren Sie Ihre Accounts in eigens angelegte Listen, um einen Überblick über Ihre Follower zu behalten: Ihre Arbeitskollegen, potentielle Kunden, Mitbewerb, Nachrichtenportale zu einem bestimmten Thema usw. Sie können den Status der Listen festlegen (privat oder öffentlich) und diesen jederzeit auch wieder ändern. Für Kundenlisten empfiehlt sich der private Status. Die Profile in öffentlichen Listen erfahren durch einen Zähler auf ihrer Startseite, dass sie gelistet sind.

   Sie können auch die Listen anderer Profile einsehen und diesen folgen. So erhalten Sie alle Tweets der gelisteten Accounts und finden schnell viele relevante Accounts zu einem bestimmten Thema, mittelständische Unternehmen z. B. Branche XY, die für Sie geschäftlich relevant sind.

Das Abonnieren von Listen ist auch eine interessante Möglichkeit, die Anzahl der Profile, denen Sie folgen, in einem „gesunden Rahmen" zu halten (Follower/Following-Verhältnis).

5. **Versehen Sie Ihre Tweets mit Hashtags,** um Ihre Reichweite zu erhöhen. Dazu markieren Sie einzelne Wörter Ihres Tweets mit dem #-Symbol. Der Hintergrund: Nutzer, die sich zu einem Thema informieren oder eine Diskussion führen, tun dies oft über Hashtags. Ähnlich einer Suche auf Google kann nach verschiedenen Schlüsselwörtern in Tweets gesucht werden, siehe Bild 14: Sucht ein User nach #Event, findet er diesen Tweet; vorausgesetzt, die zeitliche Nähe ist gegeben. Klickt der Nutzer auf das markierte Wort, öffnet sich eine Seite mit allen Tweets zu diesem entsprechenden Thema.

AngieTwee Angelique Werner
#EVENT TIP Meeting of #ApplicationManagement Experts
Group" 21th march in Hamburg, with #PAC @SiemensAppMan
http://bit.ly/TFYoB
vor 4 Stunden

Bild 14 Tweet mit Hashtags zur Eventankündigung [42]

Auf der Startseite unter „Trends" können Sie sehen, über welche aktuellen Themen auf Twitter gerade am häufigsten diskutiert wird. So können Sie z. B. unter #Cebit Informationen Ihres Unternehmens entsprechend bekanntgeben. Oft sind Millionen von Nutzern an solchen Gesprächen zu dieser Veranstaltung beteiligt. So generieren Sie enorme Aufmerksamkeit – und zwar kostenlos.

Twitter für B2B: Gewaltiges Entwicklungspotential

Im B2B-Bereich gilt: Mit Überzeugungsarbeit können Sie die Kaufentscheidungen Ihrer Kunden beeinflussen. Das Buying-Center sollte auch über die Plattform Twitter gezielt beeinflusst werden.

Und Twitter ist gerade hierfür das ideale Instrument. Laut aktueller Umfragen der Pariser Marktforscher Pierre Audoin Consulting (PAC) wird den einzelnen Fachbereichen im Unternehmen zunehmend mehr Entscheidungsmacht zugesprochen. So sollten bei Kaufentscheidungen nicht nur die „Entscheider", sondern auch die „Beeinflusser" überzeugt werden. Anhand der hinterlegten Bios auf der Profilseite von Twitter können auch Rückschlüsse auf Unternehmens- und Branchenzugehörigkeit der Zielgruppe gezogen werden. Und gerade hier sollten Sie ansetzen: Bauen Sie

Ihr Netzwerk auf. Knüpfen Sie Verbindungen, informieren Sie über Ihre Produkte und Services und beantworten Sie auch aufkommende Fragen direkt und zuverlässig. Am besten funktioniert dies in einem Zusammenspiel zwischen Vertrieb, Marketing und verschiedenen Experten Ihres Unternehmens. Zudem sollten Sie so viele Mitarbeiter wie möglich für die Kommunikationsmaßnahmen mit Twitter gewinnen. Und zwar, indem diese ihren eigenen Twitter-Account anlegen und von dort aus auf den Corporate-Account twittern. So können sich die Kollegen zum einen erfolgreich untereinander vernetzen und ihre eigene Teamidentifikation stärken, zum anderen können diese auch kostengünstig und relativ kompetent PR- und Marketing-Aktivitäten im Sinne ihres Unternehmens führen.

Drucken Sie die jeweiligen QR-Codes mit Links zum jeweiligen Twitter-Profil auf die Visitenkarten Ihrer Firma. Ihre Geschäftskontakte gelangen so bequem per Handykamera auf das jeweilige Twitter-Profil.

Bild 15 QR-Code

Es gibt zu jedem Thema dieser Welt einen Twitter-Account. Naja, jedenfalls zu fast jedem. Das Finden von wirklich interessanten und relevanten Profilen und deren effektive Nutzung benötigt Zeit – das gilt für private als auch für geschäftliche Aktivitäten auf Twitter. Mit einem entsprechenden Kommunikationskonzept kann Twitter einen echten Mehrwert für Sie persönlich bieten.

B2B-Erfolgsgeschichten auf Twitter

Vor ein paar Monaten beschwerte sich ein Kunde der Bahn über einen verspäteten Zug. Kurz nachdem der Bahnkunde seinen Unmut via Smartphone von unterwegs auf seinem Twitter-Account kundgetan hatte, erhielt er einen Tweet der Bahn. Die Nachricht beinhaltete sowohl eine Entschuldigung für die entstandenen Unannehmlichkeiten für den Fahrgast und zusätzlich Informationen über den Ersatzzug mit Abfahrtszeit und Bahngleis. Dieses Beispiel zeigt ganz gut, wie Sie Twitter für den unmittelbaren und direkten Kundenservice nutzen können.

Auch das Unternehmen Dell bewies in den letzten Monaten, welches Potential sich mit der Plattform Twitter verbirgt. Durch gezielte Angebote und Aktionen, die nur über den Microblogging-Dienst veröffentlicht wurden, schaffte es der Computerhersteller innerhalb von nur 18 Monaten, einen siebenstelligen Umsatz allein mit den auf diese Weise beworbenen Produkten zu generieren.[43]

Mit Hilfe von Twitter wollten wir Verbindungen zu potentiellen Kunden aus dem B2B-Umfeld sowie zu Vertretern des Buying-Centers auf- und ausbauen. Hierbei suchten wir gezielt nach Meinungsbildnern, Entscheidungsträgern sowie Kunden und sprachen diese direkt über Twitter an. Darüber hinaus gelang es uns, unsere Beziehungen zu Universitäten, führenden Instituten und Partnerunternehmen auf Twitter auszuweiten.

Sie können Ihren Account übrigens auch für Promotion-Zwecke nutzen. Wir zum Beispiel haben eine XING-Veranstaltung, welche von unserem Fachbereich gesponsert wurde, auf Twitter effektiv und kostengünstig beworben, und hatten binnen weniger Tage viele weitere Anmeldungen.

Erfolgsmessung auf Twitter

Wie erfolgreich Sie mit ihrer Präsenz auf Twitter sind, hängt vor allem von der Qualität Ihrer Follower ab. Sehen Sie sich die Bios Ihrer Follower an. Verfügen diese wiederum über eigene qualifizierte Kontakte? Wie sind deren Anhänger? Haben Ihre Follower wiederum Multiplikatoren oder Kunden im eigenen Twitter-Account? Wohin setzen diese ihre Retweets?

Auch quantitativ können Sie Ihren Erfolg relativ einfach feststellen. Verschiedene Indikatoren wie die Anzahl der Retweets, @mentions oder Empfehlungen geben Aufschluss über Erfolg oder Misserfolg Ihres Engagements auf Twitter. Wie oft werden Ihre Tweets von anderen Accounts weitergeleitet (Retweet)? Wie oft wird Ihr Firmenname auf Twitter erwähnt (@mention) beziehungsweise wie oft und von wem erhalten Sie Feedback oder Empfehlungen (#FF)? Diese Kennzahlen sind ohne zusätzliche Software auf der Startseite ersichtlich, beziehungsweise durch Anklicken der jeweiligen Tweets. Hinzu kommt die Möglichkeit der unzähligen, teilweise kostenpflichtigen Monitoring-Tools.

In Bild 16 sehen Sie einen Auszug des Monitoring-Tools „Twittercounter". Hier können Sie zum Beispiel sehen, dass am 11. März eine Zunahme der Follower um acht Profile zu verzeichnen war.

Der Monitoring Service „Twittercounter" ist in einer Basisversion kostenlos, ein Upgrade mit deutlich mehr Funktionen kann je nach Umfang gegen monatliche Gebühr abonniert werden. So können Sie zum Beispiel mit den Accounts des Mitbewerbs vergleichen, einen Überblick über den

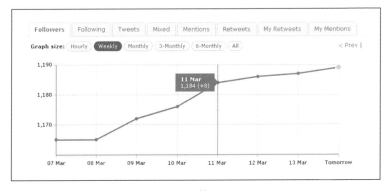

Bild 16 Statistik über Follower-Entwicklung [44]

Zuwachs Ihrer Follower erhalten oder Statistiken wie die genaue zeitliche Erfassung der Erwähnungen (im Kurvenverlauf) gewinnen (Bild 17).

Für einen kostenlosen Überblick empfehle ich die Services *Klout.com*, *Twitteranalyzer.com* oder *Tweetdeck.com*, welche alle hervorragende Kennzahlen bereitstellen. Für die Verwaltung wie zum Beispiel das Aussortieren inaktiver oder unrelevanter Accounts ist *dossy.org/twitter/karma* empfehlenswert. Mit diesem Tool können Sie sich alle Profile, welchen Sie folgen, nach verschiedenen Kriterien sortieren lassen. Das wiederum bietet Ihnen die Möglichkeit, inaktive Profile (z. B. durch Sortierung nach Aktivität) herauszufiltern und aus Ihrer Following-Liste zu streichen.

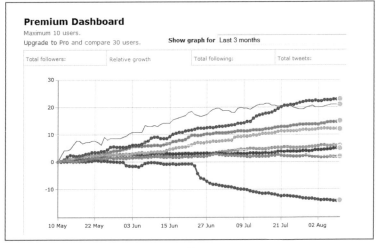

Bild 17 Dashboard zur Konkurrenzanalyse [45]

Ob für Marketing- oder Vertriebszwecke, die Möglichkeiten für B2B-Unternehmen sind auf Twitter sehr vielfältig. Ich persönlich verwende diese Plattform gerne als Informations- und Weiterbildungsquelle, um bei Fachthemen immer am Puls der Zeit zu bleiben. Alles in allem sind meine Erfahrungen mit Twitter durchwegs positiv. Es gibt wohl zurzeit keine andere Social-Media-Plattform, auf welcher sich in so rasantem Tempo gewinnbringende und interessante Verbindungen herstellen lassen wie auf Twitter.

Do's and Don'ts bei Twitter

➲ Twittern Sie nicht öfter als fünf bis fünfzehn Mal am Tag. Oder neudeutsch: Spammen Sie Ihre Follower nicht zu.

➲ Vergessen Sie nie, den ursprünglichen Verfasser zu nennen. Bei Retweets gilt: Ehre wem Ehre gebührt. Bei Weiterleitung eines Tweets twittern Sie (... via @mustermann).

➲ Nutzen Sie nur begrenzt Auto-Responder. Es gibt heute unzählige Tools, um automatisch Tweets abzusetzen. Twitter-User reagieren jedoch oft allergisch auf solche Strategien. Bedanken Sie sich lieber persönlich für einen Retweet oder eine Empfehlung.

➲ „Follow-Friday". Es ist feste Tradition, dass jeden Freitag wertgeschätzte Profilnamen mit dem Kürzel #FF (@nametwitteraccount #FF) an die jeweilige Anhängerschaft weiterempfohlen werden (siehe Bild 18). Ihr Vorteil: Je mehr Nutzer Sie in Ihrem #FF erwähnen, desto mehr Reichweite haben Sie, und desto mehr potentielle Follower werden wiederum auf Sie aufmerksam.

Bild 18 Beispiel für Follow-Friday[46]

➲ Seien Sie einzigartig. Wählen Sie ein ausgefallenes und ansprechendes Design für Ihren Twitter-Account. So differenzieren Sie sich von anderen Profilen und schaffen hohen Wiedererkennungswert.

➲ Lesen Sie aktiv Tweets. Vielen Unternehmen geht es auf Twitter um reine Selbstdarstellung. Doch wenn Sie aktiv mitmischen, können

Sie Twitter weitreichend nutzen, zum Beispiel für Marktforschung und Trendresearch.

Nur Geduld! Der Aufbau einer großen, qualitativ hochwertigen Folgerschaft kann oft ein sehr langwieriges Unterfangen sein. Der Ausbau eines firmeninternen Twitter-Accounts im B2B-Bereich auf einen Stand von 1.000 Followern dauert nach meiner eigenen Erfahrung ein gutes Jahr.

YouTube: Ihr Mitarbeiterfilm als Social Media Tool

Film- und Fernsehausschnitte, Musikvideos sowie selbstgedrehte Filme – das alles findet man auf der Videobörse YouTube. Diese Plattform verzeichnet laut eigenen Angaben über drei Milliarden Videoaufrufe pro Tag. Pro Minute werden über 48 Stunden neues Filmmaterial auf YouTube hochgeladen. Damit ist YouTube für ca. 25 Prozent des weltweiten Internet-Datenverkehrs verantwortlich.[47] Außerdem macht diese Plattform ihre Inhalte auch Anwendern ohne eigenes Konto zugänglich: Sie brauchen sich nicht anzumelden, um Videos sehen zu können. Lediglich zum Einstellen von Videos benötigen Sie einen Zugang.

Aufgrund dieser beeindruckenden Zahlen ist natürlich das Interesse von Unternehmen und Fachbereichen an einer Präsenz auf diesem Kanal, bzw. Channel, entsprechend hoch. Die meisten großen Unternehmen besitzen einen eigenen YouTube Channel, auf dem sie Werbefilme oder Unternehmensnachrichten veröffentlichen. Denn bewegte Bilder genießen naturgemäß eine höhere Aufmerksamkeit als reiner Text.

Ein Internetvideo können Sie überall im Web verbreiten und Sie erreichen damit Nutzer, an die Sie als Zielgruppe vielleicht vorher selbst noch nicht gedacht haben. Der Vorteil für Sie liegt auf der Hand: Ihre Videos, die immer auch gleichzeitig Werbung und Aushängeschild für Sie sind, verbreiten sich viral in Windeseile und werden von unzähligen Menschen gesehen. Kommt Ihr Video erfolgreich an, wird es auch von anderen Besuchern, Seiten und Foren weiter verlinkt.

Einen eigenen YouTube Channel einzurichten, ist relativ einfach. Sie werden bereits auf der Startseite www.YouTube.com gut sichtbar von einem „Konto erstellen"-Button begrüßt, der direkt zum Anmeldeprozess führt. Wenn Sie bereits einen Google-Account besitzen, können Sie hier einfach ein YouTube-Konto über diesen Account freischalten. Eine neue Anmeldung ist dann nicht notwendig. Ansonsten geben Sie die üblichen Daten wie E-Mail-Adresse, gewünschter Nutzername, Geburtsdatum, Land ein und akzeptieren die Nutzungsbedingungen. Und das ist bisher alles kostenlos.

Sie können Ihren eigenen YouTube Channel personalisieren, einen passenden Hintergrund einfügen und ein Nutzer-Bild einstellen. Auch Ihre eigenen Firmenlogos lassen sich gut platzieren. Um sich von der Masse abzuheben, sollten nicht nur Ihre Videos spannend, sondern sollte auch die Optik des Channels an sich ansprechend sein und zum Corporate Design des eigenen Unternehmens passen. Wünschen Sie mehr Möglichkeiten für Ihr Corporate Branding, müssen Sie allerdings den kostenfreien Bereich verlassen und einen sogenannten Brand Channel erstellen.

Die richtigen Inhalte

Sobald der YouTube Channel erstellt ist, können Sie Videos hochladen. Ich empfehle zunächst, eine kurze und persönliche Unternehmenspräsentation einzustellen. Das schafft Nähe und gibt Ihrem Unternehmen ein sympathisches, reales Gesicht auf YouTube.

Sie sollten natürlich genau überlegen, was auf YouTube online zugänglich gemacht werden soll, was zum Geschäftsmodell passt und was das Firmenimage unterstützt. Werbefilme oder eine Präsentation vom letzten Messeauftritt sind gute Beispiele. Und auch wenn YouTube bekanntermaßen „cool" ist, sollten Sie stets Wert auf einen seriösen Auftritt legen. Handy-Aufnahmen vom letzten Drehstuhl-Wettrennen im Büro sind hier unangebracht und gehören eher in die private Kategorie.

Hervorragend geeignet sind Videos mit hohem viralen Potential, also solche, die gerne auch weitergeleitet werden, da YouTube als DIE Mutter der Viral-Spots beziehungsweise Videos gilt. Hat ein Clip erst einmal Aufmerksamkeit erregt, kann er sich wie ein Lauffeuer verbreiten und wird beispielsweise auch auf den Plattformen Facebook oder Twitter weiter gepostet.

Den Erfolg Ihres eigenen YouTube Channels können sie relativ einfach herausfinden: Alle Besucher werden gezählt, sowie die Aufrufe der Videos. Außerdem können Videos mit Sternen von eins bis fünf bewertet und kommentiert werden. Auch das sagt viel über die Qualität der Inhalte aus, denn bewerten dürfen wiederum ausschließlich Nutzer mit einem eigenen Account auf YouTube.

Entwicklungspotential und Trends

Meiner Meinung nach werden insbesondere B2C-Firmen in Zukunft noch viel mehr auf eine YouTube-Präsenz setzen, während B2B-Unternehmen die Plattform eher als flankierendes Medium zu ihrer weit angelegten Marketingkommunikation sehen. Das liegt offensichtlich auch daran, dass für viele Firmen YouTube noch etwas „unseriös" wirkt, da es nach wie vor eher privat durch die Internet-Gemeinde genutzt wird. So können vor allem B2C-Unternehmen das volle Potential dieses Tools effektiv ausschöpfen. YouTube ist jedoch bereits auf dem Weg, sich zu einer professionellen Plattform zu entwickeln.

Bei B2B-Unternehmen wird die Erstellung von Videos immer mehr zum Trend, besonders auch für die unternehmenseigenen Webseiten. Die Internetnutzer wollen zur Informationsrecherche keine seitenlangen Texte lesen. In kurzen Videoclips können Sie wiederum schnell und ausführlich erklären, worum es bei Ihnen geht, welche Standpunkte Sie vertreten und welche Services Sie anbieten. Anders als beim geschriebenen Wort erzeugen Sie bei Ihren Besuchern mit einem Internetvideo Sympathie und Interesse.

YouTube liefert auch einen besonderen Beitrag zur Mobilität: Ein eigener YouTube-Player ist bereits auf mobilen Geräten wie dem iPhone oder iPad installiert und bietet dadurch den Nutzern und potentiellen Kunden einen direkten Zugriff auf das Tool und darauf präsentierte Medien. So erreichen Sie mit Ihren Videobotschaften Ihre User nun auch noch viel mehr mobil, und eben nicht nur im Büro – ein weiterer entscheidender Vorteil.

Als Beispiel finden Sie anbei ein Bild meines eigenen YouTube-Channels, welcher den immensen Gestaltungsspielraum dieser Plattform aufzeigt.

Bild 19 YouTube-Channel Connect2Com [48]

Kapitel II: Ein Überblick über die sozialen Netzwerke

Videobotschaften aus den eigenen Rängen

Interessante Filme, die Ihre Unternehmensziele und Ihr Firmenimage unterstützen, sind natürlich nicht nur auf YouTube und für außenstehende Betrachter sinnvoll, sondern vor allem auch innerhalb Ihres eigenen Unternehmens. Wenn sich Ihre Mitarbeiter mit der Firma identifizieren und uneingeschränkt hinter den Unternehmenszielen stehen, können Sie auch Ihre Firma sehr positiv nach außen repräsentieren. Um dieses Zusammengehörigkeitsgefühl zu stärken, ist ein Mitarbeiterfilm ein effektives Instrument. Einmal erstellt, können Sie so einen Film vielfältig nutzen: auf Veranstaltungen, in Meetings oder auch im TV in öffentlichen Räumen Ihres Unternehmens.

Ein Film über Ihre Firma mit Ihren eigenen Kollegen in den Hauptrollen ist relativ einfach und kostengünstig zu bewerkstelligen. Abhängig von firmeninternen Richtlinien können Sie diesen auch auf YouTube hochladen oder auf Ihren Social-Media-Plattformen bewerben.

Vielleicht ist ja Ihre Unternehmensvision oder Ihr Leitmotto eine gute Grundlage für das Drehbuch Ihres Mitarbeiterfilmes? Sie können mit relativ wenig Ressourceneinsatz einen solchen Film selbst drehen, indem Sie hierfür beispielsweise einen Kollegen in Ihrer Firma gewinnen, der Filmen ohnehin als sein Hobby betreibt. Mittlerweile gibt es bereits sehr günstige Camcorder in HD-Auflösung, mit denen man Aufnahmen in nahezu professioneller Studioqualität erstellen kann.

Hat Sie nun der Ehrgeiz gepackt, selber einen Film zu drehen, stehen Sie wahrscheinlich vor der Frage, welche Kamera sich dafür am besten eignet und welches Modell Sie für Ihren Image- oder Mitarbeiterfilm verwenden können.

Das wichtigste Kriterium ist dabei die Kameraauflösung. Sie sollten auf HD-Tauglichkeit Ihres Gerätes achten. High Definition ist mittlerweile beinahe der Standard aller Kameras. Die Kamera sollte die produzierten Filme auf eine Speicherkarte aufnehmen, das erleichtert Ihnen die Weiterverarbeitung.

Zur optimalen Interviewqualität benötigen Sie ein externes Mikrofon, um die Klangqualität so hoch wie möglich zu halten. Achten Sie auch auf die entsprechenden Mikrofon- und Kopfhöreranschlüsse, damit die Geräte miteinander verbunden werden können.

Folgende Kameras kann ich derzeit empfehlen:

- Panasonic HDC-SD909IGK
- Canon LEGRIA HF M41
- Sony HDR-CX 360VE

Mit entsprechendem Budget können Sie natürlich auch mit einer Film-agentur zusammenarbeiten, welche für Sie professionelle Interviews auf Basis eines gemeinsam entwickelten Drehbuches durchführt, dabei filmt, entsprechend die Sequenzen schneidet und Ihren Film zusammenstellt.

Als Fachbereich standen wir vor der Herausforderung, unsere Vision und strategische Ausrichtung international an die Mitarbeiter einheitlich zu vermitteln. Und zwar im multikulturellen Kontext, was bei einem komple-xen Thema wie Applikationsmanagement nicht einfach ist. Zum einen sollte die Internationalität des Themas unterstrichen werden, zum anderen sollte „Spaß im Job" nicht zu kurz kommen.

Wir haben uns für einen Film entschieden, welcher die Mitarbeiter anschau-lich und unterhaltsam mit der neuen „Marschrichtung" vertraut machte. In diesem Film sollten auch die Mitarbeiter selbst zu Wort kommen. In Form von kurzen Statements konnten sie erklären, weshalb ihnen das Thema Applikationsmanagement Spaß macht, was sie konkret für eine Tätigkeit ausüben und welchen Platz diese Aufgabe in der Gesamtstrategie einnimmt.

Um die Internationalität des Fachbereiches zu unterstreichen, „reiste" eine Leihkamera kurz darauf in die verschiedenen Länder, um möglichst diverse und farbenfrohe Interviews mit den Kollegen einzufangen. In jedem Land wurde ein Verantwortlicher bestimmt, der dafür sorgte, dass die Interviews im vorgegebenen Stil gedreht und die Videos auf einer gemeinsamen Platt-form im Intranet hochgeladen wurden.

Wir wollten auf keinen Fall „trocken" rüberkommen. Daher hatten wir uns auch entschieden, Kinder einer englischsprachigen Schule in den Film zu integrieren. Sie sollten in ihrer eigenen Sprache beschreiben, was die einzel-nen Begriffe unserer Vision für sie bedeuten. Dazu gehörten „Unconventio-nal Thinking", „Courage" und „Simplicity". Die kindlichen Erklärungen waren einfach und ziemlich lustig, und der Mix zwischen Mitarbeitern unterschiedlichster Nationalitäten, einleitenden Worten des Bereichsleiters sowie den Kindern selbst kam am Ende sehr gut an. Die Mitarbeiter hatten auch viel Spaß am Dreh und entwickelten ihren persönlichen Ehrgeiz darin, zu erklären, weshalb gerade ihr Beitrag zum Geschäftserfolg notwendig ist oder warum Sie ihren Job im Applikationsmanagement so gerne machen. Und da erzählten unsere russischen Mitarbeiter ganz andere Dinge als die deutschen oder indischen Kollegen.

Wenn Sie selbst einen Film produzieren möchten, suchen Sie bereits im Vorfeld Mitarbeiter, die sich zu einem gefilmten Interview bereiterklären. Sie sollten möglichst viele Kollegen motivieren, sich am Filmdreh zu beteiligen, möglichst auch international, denn dann wird Ihr Film diver-sifiziert, authentisch und interessant. Auch Kunden können zu Wort kommen und zum Beispiel aufzeigen, wie sie die Zusammenarbeit mit Ihrem Team empfinden. Sind mehrere unterschiedliche Darsteller involviert, sollten diese am Anfang jedes Interviews ihren Namen und ihre Position nennen, so dass anschließend sogenannte „Bauchbinden" entworfen werden, welche während des Interviews eingeblendet werden.

Halten Sie alle Aussagen im Film kurz und prägnant. Das geht am besten, wenn die Fragen an die Interviewten klar, konkret und anregend sind, zum Beispiel: *„Was waren die drei wichtigsten Ereignisse für Sie im letzten Geschäftsjahr?"*

Dieselben Aussagen sollten Sie in unterschiedlichen Einstellungen filmen, damit Sie diese im Nachhinein entsprechend zusammenstellen und bei Bedarf schneiden können. Dabei sollte natürlich der Unterschied zwischen den Filmdreheinstellungen nicht zu gering sein, das heißt, dass der Interviewte beispielsweise einmal ab Hüfte aufgenommen wird und einmal nur das Gesicht in Nahaufnahme. So bringen Sie etwas mehr Dynamik in den Film.

Alle „Schauspieler" sollten genauestens den geplanten Aufbau des Filmes kennen und möglichst klare Regieangaben sowie technische Vorgaben zu Format, Dauer, Hintergrund, Ausleuchtung, Perspektive von Ihnen erhalten.

Do's and Don'ts
für einen gelungenen Filmdreh

⮑ Basis ist Ihr Drehbuchkonzept.

⮑ Gewinnen Sie Darsteller, zum Beispiel die eigenen Mitarbeiter, die sich für solch einen Image-Film zur Verfügung stellen würden.

⮑ Bei eigener Filmerstellung verwenden Sie eine HD-Kamera mit Stativ, um verwackelte Bilder zu vermeiden.

⮑ Bringen Sie innovative Ideen ein. Seien Sie einfach mal anders, es muss nicht immer die Firmenleitung reden, lassen Sie Ihre Mitarbeiter zu Wort kommen.

⮑ Vermeiden Sie Gegenlicht beim Dreh, sonst liegen die Gesichter im Schatten.

⮑ Suchen Sie einen passenden Bildhintergrund und Bildausschnitt, so dass Sie letztendlich ein stimmiges „Gesamtbild" haben.

⮑ Wählen Sie pro Interview ein anderes Setting oder Bildausschnitt, so kann der Film später leichter geschnitten werden, und es kommt Farbe und Leben ins Bild.

- Vermeiden Sie kleingemusterte oder gestreifte Kleidung bei den Darstellern, da sonst das Bild recht unruhig wird.
- Achten Sie auf klare, deutliche und langsame Sprache sowie kurze Sätze während der Interviews.
- Wiederholen Sie während des Interviews prägnante Sätze, so haben Sie mehr Auswahl beim Schneiden.
- Zoomen Sie nicht zu viel, das bringt Unruhe.

SlideShare: Innovativ präsentieren im Web

Mit Sicherheit verfügen Sie über einige Präsentationen, Whitepaper, Online-Broschüren und vieles mehr. Wenn diese Informationen für die Öffentlichkeit bestimmt sind, bietet Ihnen die Plattform SlideShare auch eine attraktive Möglichkeit, Wissen und Dokumente online und mit einer weit reichenden Audienz zu teilen. Laut SlideShare nutzen weltweit 58 Millionen Personen pro Monat [41] diese Plattform zur Recherche. Damit ist es nach eigenen Angaben die größte Community der Welt, um Präsentationen auszutauschen. Sehr viele bekannte Firmen oder Organisationen informieren hier über sich und ihr Portfolio. Vor kurzem wurde SlideShare vom Center for Learning and Performance Technology (C4LPT) zu den Top 10 Werkzeugen für Bildung und eLearning gewählt.[50]

Mit SlideShare können Sie nicht nur Kunden ansprechen und Ihr Unternehmen ins rechte Licht rücken, sondern auch Ihr Suchmaschinenranking verbessern. Des Weiteren ist SlideShare eine Community, auf der Sie anderen Usern, ähnlich wie bei Twitter, folgen können, um auch über deren Aktivitäten auf dem Laufenden zu bleiben.

Und so starten Sie Ihren eigenen SlideShare-Auftritt

Erstellen Sie auf www.SlideShare.net unter *„Signup"* Ihren Account. Wählen Sie als Benutzer einen möglichst prägnanten Namen, der zu Ihrem Unternehmen passt. Vervollständigen Sie Ihr Profil unter *„Account Setting"* und laden Sie Ihre erste Datei mit *„Upload"* und *„publicly"* (öffentlich zugänglich) hoch. Dazu geben Sie Namen, Kategorie und Beschreibung Ihres Accounts ein, und schon steht Ihr erstes Dokument online (Bild 20). Beachten Sie, dass die Größe der Datei auf 100 MB beschränkt ist. Die Plattform erkennt automatisch, ob es sich um eine Präsentation, ein PDF oder ein Video handelt.

Es ist gerade am Anfang durchaus lohnend, sich auch Präsentationen der Mitbewerber genauer anzusehen. Oft erhalten Sie dadurch neue Anregungen und Ideen für die eigene Darstellung, insbesondere im Internet.

Bild 20 SlideShare-Profil von Application Management [51]

SlideShare bietet mit SlideCast zudem die Möglichkeit, Ihre Präsentationen mit einer MP3-Datei zu verbinden. Somit können Sie zusätzlich Web-Casts anbieten. Sie laden einfach Ihre Präsentation hoch, klicken anschließend auf *„Präsentation bearbeiten"* und wählen dort *„SlideCast erstellen"*. Nun können Sie auf eine im Internet gespeicherte MP3-Datei verlinken und pro Folie entsprechende Ausschnitte auswählen.

Nach der Anmeldung auf SlideShare besitzen Sie eine kostenlose Mitgliedschaft, die man bei Bedarf durch eine monatliche Gebühr in ihren Funktionen erweitern kann. Oder Sie nutzen einen der drei sogenannten PRO-Accounts: [53]

➲ Mit dem **Silver-Account** können Sie auch private Dateien austauschen, monatlich zehn Videos und dreißig Leads hochladen sowie Ihren Account für LinkedIn anpassen. Des Weiteren bietet dieser Account private Zipcast-Meetings, ein Dienst zur Durchführung öffentlicher oder privater Webmeetings. Mit der Funktion „Analytics" lassen sich Erfolge noch besser messen, denn sie zeigt neben der Anzahl von Views und Downloads auch die von Tweets, Facebook-Likes und Suchbegriffen an. Außerdem können Sie erkennen, wer Ihre Präsentationen heruntergeladen oder angesehen hat. Die Funktion „Buzz tracking" hilft Ihnen, Tweets anzuzeigen, die Ihren Inhalt verlinken.

➲ Der **Gold-Account** bietet zusätzlich zu den Vorteilen des Silver-Accounts zehn Videos und vierzig Leads pro Monat mehr an. Dafür steht Ihnen eine selbst gestaltbare Leadform zur Verfügung. Außerdem kann man geografisch Zielgruppen ansprechen und Ein-Klick-Meetings erstellen. Dies ist eine Kombination aus Folien, Video, Audio und Chat, welche Sie privat und passwortgeschützt führen können. Es ähnelt somit den Webinaren.

➲ Im **Platinum-Account** können Sie unbegrenzt viele Videos und Leads erstellen und Ihr Profil nach Ihrem Belieben gestalten. Hier besitzen Sie Customizing-Optionen, unter denen Sie beliebig anpassen und so Ihre Marke optimal hervorheben können.

Exkurs: Innovatives Präsentieren

Im Jahr 2009 wurde PowerPoint, die „Mutter aller Präsentations-Programme", 25 Jahre alt. Schätzungen[44] zufolge werden damit weltweit täglich rund 30 Millionen Präsentationen und jährlich um die 10 Milliarden Folien erstellt. Inzwischen nutzen 400 Millionen Menschen unterschiedliche Versionen von PowerPoint. Doch leider sieht die PowerPoint-Realität heute oft so aus: Nervende Animationen, überfüllte Folien, Bulletpoint-Infernos und Textmassaker.

Grundregeln für das richtige Erstellen von Präsentationen beziehungsweise PowerPoint-Foliensätzen gibt es reichlich, die wichtigste Regel ist hier allerdings: „Keep it straight and simple", kurz gesagt, das sogenannte „KISS"-Prinzip.

Das KISS-Prinzip ist die goldene Regel für jeden Vortrag – egal, ob live vor Publikum, im WebCast oder in einem Dokument.

Im Allgemeinen gilt: Zeigen Sie möglichst nur eine (!) Kernaussage pro Folie; alles andere wirkt sich negativ auf das Erinnerungsvermögen Ihrer Zuhörer aus. Es ist immens wichtig, Ihre Zuhörer nicht mit zu vielen Inhalten auf den Folien zu überfordern. Da zu viel Schrift die Zuhörer oft von der Kernaussage ablenkt, empfiehlt es sich, durch Bilder zu sprechen, denn *ein Bild sagt mehr als tausend Worte*. Aussagen sollten durch Bilder emotional untermauert werden. Kostenlose Bilderbibliotheken sind zum Beispiel im Internet zahlreich zu finden, wie zum Beispiel Flickr.com oder pixelio.de.

Wichtig ist auch das ZDF-Prinzip, da Botschaftsempfänger zur Orientierung und besseren Einprägung von Inhalten immer auch Zahlen, Daten und Fakten benötigen. Auch grafische Animationen „trockener" Informationen prägen sich gut ins Erinnerungsvermögen ein. Die Hauptaussage der Inhalte und Daten sollte am Anfang und am Ende Ihrer Präsentation platziert sein. Hier erzielen Sie die größte Wirkung, und Sie werden vom Zuhörer besser im Gedächtnis behalten. Besonders gedächtnisfördernd ist die „Ring-Frage", das heißt Sie stellen zu Beginn und zum Ende Ihrer Präsentation dieselbe Frage. So erzeugen Sie einen Denkzyklus beim Zuhörer, der sehr effektvoll und einprägsam ist.

Das KISS-Prinzip zur Förderung der Wirkung Ihrer Präsentation bezieht sich übrigens auch auf formale Aspekte: Einheitlicher Schrifttyp und Schriftgröße müssen sich durch die komplette Präsentation ziehen, um den Zuschauern das Behalten von Inhalten durch eine einheitliche Oberflächenstruktur zu erleichtern. Wenn der rote, dicke Pfeil auf Folien eins und drei zur Zusammenfassung oder als Fazit verwendet wurde, wissen die Zuhörer auch, was sie zu erwarten haben, wenn der Pfeil auf Folie sieben wieder auftaucht. Auch Farben aus derselben Farbfamilie lassen Ihre Präsentation homogen und harmonisch erscheinen. Natürlich richten Sie sich bei der Erstellung Ihrer Präsentationen in der formalen Gestaltung nach dem Corporate Design Ihres Unternehmens. Und dennoch haben Sie auch hier zahlreiche Möglichkeiten, sich abzuheben. Anschaulich vorgefertigte Grafiken gibt es schon integriert ab Power-Point-Version 2007 oder zum Beispiel kostenpflichtig auf „presentationload.de". Hier steht auch eine Vielzahl von ansprechenden Folienmastern zur Verfügung. Inspiration können Sie sich auf der Seite www.SlideShare. net[55] holen, auf welcher Sie die besten Präsentationen unter Millionen hochgeladener PowerPoints kostenlos ansehen können.

Halten Sie Ihren Vortrag eher zu kurz als zu lang. Die 10-20-30 Regel nach Guy Kawasaki[56] besagt, dass höchstens zehn Folien mit einer maximalen Vortragsdauer von zwanzig Minuten und einer Mindestschriftgröße von dreißig (Punkt) präsentiert werden sollten. Diese Regel lässt sich zwar nicht auf jede Präsentation anwenden, jedoch bietet sie einen guten „Richtwert" für einen gelungenen, einprägsamen Vortrag.

Do's and Don'ts –
so klappt es mit der Präsentation

➲ Nehmen Sie sich genug Zeit für die Planung. Eine einfache Faustregel ist die 1-2-3 Regel: Wenn Ihr Vortrag eine Stunde dauert, benötigen Sie zwei Stunden, um die fertige Präsentation zu üben und drei Stunden zur Erstellung der Folien. Also sechs Stunden Aufwand für eine Nettostunde Vortrag.

- Vorbereitung ist die beste Pannenhilfe. Proben Sie Ihre Präsentation mehrmals und kontrollieren Sie auch, ob die dazu erforderliche Technik funktioniert.
- Setzen Sie während der Präsentation einen Presenter oder Laserpointer ein. So können Sie punktgenau Ihre Folien wechseln, sich selbst bewegen und mehr Interaktion mit dem Publikum erreichen.
- Vermeiden Sie zu viele Folieneffekte oder Übergangsgeräusche. Damit lenken Sie nur unnötig vom Inhalt ab. Es gilt: Mehr ist nicht unbedingt besser.
- Lesen Sie nicht von Ihren Folien ab. Freies Sprechen bedeutet Souveränität. Oder setzen Sie Karteikarten mit den wesentlichen Stichpunkten pro Folie ein.
- Vermeiden Sie zu viele offene Fenster und einen unpassenden Desktophintergrund am Präsentationsrechner.

Exkurs: Prezi – Zoomen statt Folienwechsel

Seit der Einführung von Powerpoint vor 25 Jahren hat sich in Bezug auf den grundlegenden Mechanismus des Präsentierens mit Hilfe von wechselnden Folien relativ wenig geändert. Mit „Prezi" gibt es nun seit einiger Zeit eine ganz neue, innovative Lösung für Präsentationen. Bei Prezi handelt es sich um eine webbasierte Präsentationssoftware, die dem Nutzer ermöglicht, nichtlineare Präsentationen zu erstellen („Slide by Slide"). Prezi nutzt also den „Mindmap-Gedanken", bei dem sich das zentrale Thema oder die Fragestellung in der Mitte befindet. Bei dieser Darstellung liegen alle Elemente auf einer Ebene, was wiederum den kognitiven Gedankenprozess des Präsentationserstellers visualisiert und für eine gewisse Übersichtlichkeit sorgt. Mit echtem Wow-Effekt, denn die üblichen Folien werden gänzlich abgeschafft. Das heißt: weg vom „langweiligen Durchklicken" der Powerpoint-Folien – hin zum Präsentieren mit einzelnen Elementen, wie Bilder, Texte, Zitate, Videos, die sich allesamt auf nur einer Ebene, beziehungsweise in einem Bereich („Space") befinden. Als Nutzer von Prezi können Sie Beziehungen zwischen Ihren einzelnen Elementen spielend visualisieren. Auf diese Art und Weise versteht Ihr Zuhörer und Betrachter die Zusammenhänge und Inhalte nicht nur besser, sondern auch schneller. Ein weiterer Vorteil für Sie liegt in der eigentlichen Erstellung Ihrer Präsentation. Diese kann nämlich von mehreren Leuten gleichzeitig vorgenommen werden, da es sich bei Prezi um eine Online-Lösung handelt. Der aktuellste Stand der Präsentation ist also immer online für jeden Beteiligten verfügbar und bei Bedarf jederzeit abrufbar. Das spart nicht nur Zeit gegenüber dem permanenten Mailversand zur Abstimmung, sondern auch Nerven. Das fertige Präsentationsprodukt kann im Anschluss entweder bequem heruntergeladen werden, zum Beispiel für eine lokale Nutzung oder auch für den Versand per E-Mail, oder auch direkt online mit anderen Teilnehmern „geshared" werden.

Prezi bietet außerdem viele, sehr hochwertige Templates zur Auswahl an. Diese können Ihnen wiederum die Präsentationserstellung erleichtern. Mit ein wenig Kreativität entstehen so sehr ansehnliche Präsentation, die beim Betrachten wirklich Spaß machen. Aber verschaffen Sie sich doch selbst ein Bild unter: http://prezi.com/about.[57]

Ein weiterer Vorteil: Die Bedienung ist überaus intuitiv und meiner Meinung nach sogar leichter zu lernen als PowerPoint, maximaler Lernaufwand: drei bis sechs Stunden. Zudem finden Sie auf prezi.com/learn ausgesprochen gute Tutorials zum Erlernen der Bedienung dieses Services (Bild 21). Mit dem Tutorial „Get started" werden beispielsweise alle relevanten Funktionen zum Erstellen einer ersten Präsentation in wenigen Minuten spielerisch vermittelt.

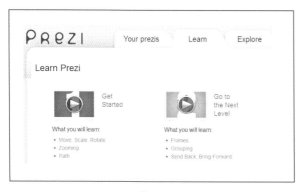

Bild 21 Get started with Prezi[58]

Wenn Sie sich abschließend noch einen Eindruck über wirklich peppige Präsentationen verschaffen wollen, finden Sie einige sehr gute Beispiele in diesem neuen Format unter dem Weblink http://prezi.com/explore.

Erfolgsmessung bei SlideShare

SlideShare offeriert Ihnen einige gute Möglichkeiten, den Erfolg Ihres Auftrittes auf dieser Plattform zu messen. Die Anzahl der Views und Downloads eines Dokumentes steht immer direkt neben der entsprechenden hochgeladenen Datei. Sie können übrigens SlideShare auch zur viralen Verbreitung Ihrer Dokumente unterstützend in Ihre weiteren

Social-Media-Aktivitäten einbauen, wie etwa auf Facebook oder LinkedIn. Oder twittern Sie einfach neue Uploads auf SlideShare und erstellen Sie einen RSS-Feed innerhalb Ihrer XING-Gruppe. Die Möglichkeiten, Ihr Wissen, und damit verbunden auch Ihr Unternehmen zu vernetzen, sind unerschöpflich.

Um auch auf weiteren sozialen Plattformen auf Ihre Dokumente zu verweisen, empfiehlt es sich, auch hier einen Linkverkürzungsdienst wie bit. ly zu nutzen. Sobald Sie ein neues Dokument auf SlideShare hochgeladen haben, können Sie wiederum darauf twittern und dies so bekannt machen. Mit einem durch bit.ly gekürzten Link passt dieser auch in die 140 Zeichen eines Tweets und Sie können zudem ermitteln, wie viele Views wiederum durch Twitter und andere Social Networks erzeugt wurden.

Besonders gut sind auf unserem Firmen-Account zum Beispiel die Präsentationen zum Thema IT-Industrialisierung angekommen, welche ich aufgrund der Komplexität des Themas in fünf Kapitel aufgeteilt hatte. Jeder Teil wurde durchschnittlich 500 Mal angesehen, was zusammen 2.500 Views macht. Es kann also für Sie durchaus sinnvoll sein, eine Präsentation auch in einzelne Teile zu untergliedern und entsprechend aufzubereiten, gerade dann, wenn sie ein etwas komplexeres Thema behandelt.

Beim Upload von Präsentationen, Whitepapers, Broschüren und weiteren Dokumenten sollten Sie die Corporate-Vorgaben Ihrer Firma beachten, da Ihre Inhalte schnell auch außerhalb von SlideShare durch das Internet kursieren werden. Verfahren Sie in Bezug auf interne Freigaben und Urheberrecht genauso, als ob Sie eine öffentliche Anzeige in einer Fachzeitschrift schalten wollten.

In den nächsten Jahren werden Präsentationen weiterhin einen großen Anteil am Geschäftsleben ausmachen. Auch Whitepapers bleiben sicherlich eine wichtige Informationsquelle zu speziellen Fachthemen. Daher ist hierfür ein renommierter Hosting Service zur öffentlichen Darstellung der Präsentationssammlung Ihres Unternehmens im Internet sehr empfehlenswert, besonders auch dann, wenn es sich um erklärungsbedürftige Services handelt. Da SlideShare derzeit das mit Abstand erfolgreichste Portal dieser Art ist, wird es sicherlich weiter wachsen und an Bedeutung gewinnen. Für den zunehmenden Trend Mobile Computing ist die Plattform mit Apps für das iPhone, das iPad und Android ebenfalls gerüstet. So können Ihre Präsentationen auch auf dem Handy angesehen werden und sich noch schneller verbreiten.

Do's and Don'ts
für Ihren SlideShare-Account

⮩ Bewerben Sie Ihren firmeneigenen SlideShare-Account rechtzeitig und aktiv bei Ihren Mitarbeitern. Sie benötigen kontinuierlich interessante Inhalte und einen „lebendigen" Account.

⮩ Auch hier gilt: Kontinuierlich aktualisierte Inhalte sind ein Garant für den Erfolg Ihres Accounts.

⮩ Involvieren Sie Ihre Marketing- und Vertriebsabteilungen bei der öffentlichen Darstellung Ihres Unternehmens (Präsentationen, Broschüren).

⮩ Beachten Sie stets das Urheberrecht und verwenden Sie keine fremden Inhalte. Viele Präsentationen, die intern verwendet werden, beinhalten Fotos, die nicht freigegeben wurden. Hier gilt es, das Urheberrecht zu beachten. Siehe auch das Kapitel „Social Media Guidelines". Nutzen Sie unternehmenseigene Fotos oder erwerben Sie Bilder bei Bedarf. Zitierte Quellen erfordern eine genaue Quellenangabe.

⮩ Achten Sie bereits beim Erstellen der Präsentation auf das Corporate Design.

⮩ Stellen Sie keine firmeninternen Informationen auf SlideShare.

⮩ Erfolgskontrolle auch für Dokumente: Ihre Präsentation zu einem bestimmten Thema hatte fünfmal mehr Leser als die übrigen abgelegten Dokumente? Dann liefern Sie weitere Informationen explizit zu diesem Thema.

⮩ Treten Sie weiteren Gruppen bei, um zielgerichtet Mitglieder anzusprechen.

⮩ Folgen Sie anderen Nutzern auf SlideShare. Nicht nur Sie können interessante Inhalte bieten. Wie bei der Plattform Twitter werden Sie auch bei SlideShare über die Aktivitäten anderer Nutzer auf dem Laufenden gehalten.

Die Competence Site: Meet the Experts

Ein für mich bewährtes Beispiel für eine weit verlinkte kommerzielle B2B-Plattform ist die Competence Site, eines der größten Portale für Business-Kompetenzen im deutschsprachigen Web. Rund 1,6 Millionen Fach- und Führungskräfte informieren sich hier im Jahr. Circa 25.000 registrierte und mehrere 100.000 nicht registrierte Nutzer greifen jeden Monat auf die Competence Site zu.

Das bisherige Ziel der Plattform kann mit „Business Content clever vernetzen" umschrieben werden. Im Jahr 2011 erfolgte der Wandel zur Social-B2B-Plattform, bei der eine gemeinsame interaktive Problemlösung den Content ergänzt – um Fragen und Antworten, virtuelle Roundtables sowie kooperative Initiativen.

Als B2B-Kommunikationsplattform bietet Ihnen die Competence Site in über 100 Competence Centern themenfokussiert Fach- und Produktinformationen, Experten und Organisationen sowie diverse Kommunikations- und Kooperationsanwendungen rund um die Themen Management, Informationstechnologie, Recht und Finanzen.

Gerade aufgrund ihrer IT- und Management-Ausrichtung war diese Plattform für die Zielsetzung unseres Fachbereiches sehr geeignet. Umso besser, dass wir als „Experten" zum Thema Applikationsmanagement auch ein eigenes Profil einrichten, Inhalte einstellen und mit anderen teilen konnten. Dabei sind diese Inhalte immer mit konkreten Unternehmensexperten und deren Profilen verbunden, zukünftig auch „interaktiv" in den kommunikativ-kooperativen Anwendungen.

Die Inhalte auf der Competence Site stammen beispielsweise von Experten, Verlagen, Onlinemedien sowie aus Forschungsinstitutionen und Fach-Communitys und sind für die Leser kostenfrei. Dagegen bezahlen die Unternehmen für die werbliche Darstellung sowie eine hervorgehobene Präsenz. Die Preise für Ihren Unternehmensauftritt werden individuell mit der Netskill AG vereinbart. Sie richten sich nach der Größe des Competence Centers, der Anzahl von Sonderaktionen wie zum Beispiel Interviews oder Bannerwerbung und können auch leistungsbezogen abgerechnet werden.

Wie erreicht man einen Mehrwert, sprich werbliche Maßnahmen auf der Competence Site?

Konkrete Werbeerfolge werden auf der Competence Site zum einen über klassische Online-Werbung mit Bannerkampagnen mittels Skyscraper oder Pop-ups erreicht, zum anderen über das gezielte Networking der Experten und die Vernetzung der Fachinhalte. Auch die Kundenansprache kommt nicht zu kurz, was für uns besonders wichtig war: Die Betreiber der Seite binden Kunden aktiv in passende Themen und Branchendarstellungen ein. Darüber hinaus bieten sie Unterstützung, zum Beispiel beim systematischen Aufbau Ihrer Online-Präsenz, dem Einstellen, Optimieren und Vernetzen von Inhalten, dem Erstellen von Sonderformaten

Bild 22 Competence Site – Optimieren und Vernetzen von Inhalten mit viraler Wirkung

wie Interviews, Sonderseiten und neuen Portalen sowie deren Bewerbung über Partnernetzwerke.

In Zeiten der sozialen Medialisierung werden wir von Webinhalten überflutet. Jeder – vom Großkonzern bis zum Endverbraucher – hat die Möglichkeit, Informationen über das Internet schnell und günstig zu beschaffen oder an seine Zielgruppe zu bringen. Gerade im B2B-Umfeld fürchten die Unternehmen deshalb die interaktive Kommunikation über Social Media, wie auch eine Expertenbefragung auf der Competence Site zeigt. Der Spagat zwischen Kontrolle und Risiko im Web lässt sich meines Erachtens durch einen Auftritt auf einer Expertenplattformen wie der Competence Site gut meistern. Denn durch die Online-Präsenz entsteht typischerweise eine starke Vernetzung des Inhaltes innerhalb der Competence Site und dies könnte dadurch eine neue Anlaufstelle für Ihre Kunden werden.

Was müssen Sie vor der Etablierung eines fachspezifischen Beirates auf der Competence Site wissen, worauf sollten Sie achten? In einem ersten Gespräch mit dem Team der Competence Site, basierend auf einem strukturierten Fragebogen, erfolgt eine Bestandsaufnahme Ihrer laufenden und geplanten Marketing- und Kommunikationsaktivitäten. Diese umfasst insbesondere die geplanten Inhalte und verfügbaren Experten für die Platzierung im Web. Auf Basis der anschließenden Analyse werden Vorschläge zur Umsetzung auf den Portalen erarbeitet sowie die Ziele und die regelmäßige Umsetzung der Maßnahmen festgelegt.

Do's and Don'ts
zur effektiven Arbeit mit der Competence Site

➲ Besprechen Sie zu Beginn Ihre Erwartungen an die Zusammenarbeit mit dem Team der Competence Site. Hilfreich ist dafür ein Kick-off-Meeting mit Fragebogen.

➲ Legen Sie Ansprechpartner, Rollen und Kommunikation mit der Netskill AG fest.

➲ Wen möchten Sie durch die Competence Site erreichen? Um Ihre Ziele zu erfüllen, sollten Sie die Zielgruppen möglichst genau beschreiben.

➲ Ohne Inhalt geht nichts los: Sammeln Sie sowohl online als auch offline genügend Inhalte, bevor Sie mit Ihrem Auftritt starten.

➲ Ordnen Sie die Inhalte und bereiten Sie diese sinnvoll auf. Dazu gehört, dass Sie Themengebiete und Key Words klar eingrenzen.

➲ Lassen Sie die Profis sprechen, indem Sie Ihre Experten, auch gerne Kunden oder Analysten, zu Interviews und Kurzstatements motivieren.

➲ Planen Sie auch neue interaktive Kommunikationsansätze sowie gemeinsame kooperative Initiativen ein, wie zum Beispiel einen Roundtable mit (Ziel-) Kunden, Kooperationspartnern oder Marktbegleitern.

➲ Guter Überblick ist die halbe Miete: Die einzelnen Maßnahmen für die Competence Site sollten bereits im Vorfeld geplant und miteinander vernetzt werden.

➲ Mehrwert Social Media Seeding: Vernetzen Sie die Competence Site mit anderen sozialen Netzwerken, das vergrößert die Reichweite und macht Ihre Leistung auf der Competence Site sichtbarer.

➲ Ask for Help: Optimieren Sie Ihren Auftritt kontinuierlich mit dem Competence Site Team. Es führt alle Routineprozesse des Hochladens, Verlinkens und Nutzeraufbaus selbstständig durch und liefert Ihnen monatlich detaillierte Reports.

Marketingmaschine Facebook – mehr als Urlaubsfotos und Partyeinladungen

„Fürchte mich ein bisschen vor dem Tag, wo jemand an der Tür klingelt und sagt: ‚Wir haben 37 Freunde gemeinsam, kann ich reinkommen?'" (@holadiho)[59]

In Zeiten, in denen virtuelle Freundschaften tagtäglich geschlossen werden, ist dieser Spruch tatsächlich ein nicht allzu abwegiges Szenario. Doch Facebook ist viel mehr als nur eine Plattform, auf welcher Sie sich mit Freunden und Freundesfreunden vernetzen können oder Urlaubsfotos mit der Netzgemeinde teilen. Facebook bietet Ihnen eine Fülle von Möglichkeiten, erfolgreiche Marketingkommunikation zu betreiben. Nirgendwo sonst erreichen Sie so viele Menschen und diverse Zielgruppen direkt, schnell und informell. Und dies geht auf sehr unterschiedlichen Wegen: Ob man nun eine Facebook-Gruppe gründet, innerhalb welcher die Firma, ein Service oder ein Produkt präsentiert wird, oder ob man diese Zielsetzungen durch eine Fanseite verfolgt, alles ist hier möglich und garantiert eine hohe Aufmerksamkeit.

Bevor Sie allerdings Ihr Social-Networking-Projekt auf Facebook beginnen, sollten Sie sämtliche der folgenden Fragestellungen mit *„Ja"* beantworten können:

- Kennen Sie Ihre Zielgruppe?
- Erreichen Sie Ihre Zielgruppe auch über soziale Netzwerke wie Facebook?
- Bieten Sie Themen, die auch in der Freizeit interessieren? (z. B. explizit für Facebook)
- Hat der Besucher Ihrer Facebook-Gruppe oder Fanseite einen wirklichen Mehrwert davon?
- Können Sie Ihren Auftritt auf Facebook kontinuierlich aktuell halten?
- Wird auf Facebook über Sie gesprochen?
- Gibt es vielleicht schon Communitys zu für Sie relevanten Themen?

Wenn Sie all diese Fragen positiv beantworten können, sollten Sie die ersten Schritte unternehmen und Ihre Präsenz auf der Plattform Facebook ebenfalls nachhaltig aufbauen. Im Fokus des Interesses steht dabei nicht, Ihren individuellen privaten Account einzurichten, sondern vielmehr der Aufbau einer weitreichenden Facebook-Gruppe oder Fanseite. Denn ein wirklich gelungener Auftritt ist sehr geeignet, um Kunden, Interessenten, die eigenen Mitarbeiter und viele weitere Meinungsvertreter anzusprechen.

Das Wichtigste zuerst: Ohne eine besondere Idee der kommunikativen Darstellung geht (fast) gar nichts. Mal ehrlich, welche Gruppen oder Fanseiten besuchen Sie als Facebook-Anwender regelmäßig? Ich persönlich sehe mir relativ wenige an. Aber es gibt Gruppen, die mich aufgrund ihrer Aufmachung überzeugt haben. Eine davon ist zum Beispiel „BMW Karriere".[60] Auf dieser Seite bewirbt die bayerische Automarke Karrierechancen innerhalb des Unternehmens. Außerdem haben BMW-Mitarbeiter die Möglichkeit, eigene Beiträge zu veröffentlichen, wie zum Beispiel selbstgefertigte Design-Studien oder Fotos von Firmenveranstaltungen. Diese sehr ansprechende Idee wirkt sympathisch und fördert die Identifikation der Mitarbeiter mit ihrem Arbeitgeber.

Ein gelungener und interessant gestalteter Facebook-Auftritt kann also dazu verhelfen, dass sich Kunden und Interessenten noch viel mehr mit dem Unternehmen oder dessen Angebot identifizieren. Der regelmäßige Besuch einer Fanseite fördert unter anderem auch die Kundenbindung, und dies umso stärker, je mehr potentielle Kunden aktiv mit eingebunden und direkt angesprochen werden. Wie das funktioniert, zeigt beispielsweise die Fanseite der deutschen Drogeriekette „dm". Hier können Kunden selbständig an der Produktion eines Duschgels der hauseigenen Marke „Balea" mitwirken, indem Sie Duft, Namen sowie Produktdesign auf der Fanseite individuell zusammenstellen. Diese „Limited Edition" erscheint dann tatsächlich in den Regalen der Märkte und gibt den Kunden das Gefühl, selbst im Produkterzeugungsprozess involviert gewesen zu sein. Involvement – der Konsument gestaltet mit. So etwas kann sich sehr positiv auf die Reputation eines Unternehmens auswirken und lässt sich auch im B2B-Umfeld gewinnbringend realisieren.

Sie können also Ihr Firmenimage via Facebook optimieren. Aber es kann auch das Gegenteil passieren. Schon einige große Unternehmen haben sich an das Experiment Facebook gewagt – mit mäßigem Erfolg. Ein prominentes Beispiel ist Nestlé: Nach öffentlich aufgedecktem Umweltskandal konnte sich das Unternehmen vor negativen Kommentaren auf seiner Facebook-Pinnwand kaum retten.[61] Es ist also Vorsicht geboten. Wer an die Öffentlichkeit geht, muss vorbereitet sein.

Bei der Planung und Gestaltung eines gut gelungenen und nachhaltigen Facebook-Auftrittes sollten Sie einige Hinweise beachten, um Enttäuschungen und unnötige Fehler zu vermeiden:

1. **Zeitaufwand**

   Aktivitäten in sozialen Netzwerken wie Facebook bedeuten generell Arbeit – und viel Engagement. Sie müssen jederzeit in der Lage sein, auf gesellschaftliche Veränderungen oder auf User-Beiträge zu reagieren, und zwar angemessen – in Bezug auf Content und

Reaktionszeit. Das bedeutet für Sie, dass Sie sich inhaltlich auf dem Laufenden halten und mehrmals täglich Ihren firmeneigenen Facebook-Account prüfen sollten.

2. **Niedrige Hemmschwellen für harte Kritik**
   Wie man in den letzten Jahren sehen konnte, sinken im Internet die Hemmschwellen für harte und teilweise auch beleidigende Kritik. Da sich bei Facebook private und firmenbezogene Aussagen stark vermischen, bietet ein Auftritt in diesem sozialen Netzwerk eine gewisse Angriffsfläche. Halten Sie es auch hier wie Winston Churchill: *„Der Optimist sieht eine Chance in jeder Gefahr, der Pessimist sieht eine Gefahr in jeder Chance!"* Reden Sie über Ihre Stärken – oder noch besser: lassen Sie darüber reden.

3. **Starke private Nutzung**
   In der Regel loggt sich der Facebook-User nicht in das Netzwerk ein, um sich im geschäftlichen Sinne zu betätigen. Direkte B2B-Aktionen sind daher auf Facebook bisher noch weniger üblich. Wenn Sie jedoch die Mitarbeiter Ihrer Kunden oder auch Ihres eigenen Unternehmens als Privatpersonen ansprechen, bietet Ihnen dieses soziale Netzwerk zusätzlich eine Fülle von Möglichkeiten. Große Unternehmen wie Groupon, Coca Cola oder Apple haben auf Facebook höchst erfolgreiche Kommunikationskampagnen gestartet. Besuchen Sie die Seiten und holen Sie sich Anregungen für Ihren eigenen Auftritt.

Und was gründe ich nun auf Facebook – eine Gruppe oder eine Fanseite?

	Gruppe	Fanseite
Direkte Nachrichten oder Massen-Benachrichtigungen an Mitglieder	Möglich	Nicht möglich
Beschränkung für Mitglieder	Möglich	Nicht möglich
Statistiken	Nicht möglich	Möglich
Erstellen von Fotoalben	Nicht möglich	Möglich
Einbinden von Applikationen	Nicht möglich	Möglich
„Like-Widget" als Schnittstelle auf eigener Homepage	Nicht möglich	Möglich

Grundsätzlich gilt: Möchten Sie Ihre Informationen nur einem bestimmten Empfängerkreis zur Verfügung stellen, dann starten Sie eine Gruppe auf Facebook. Wenn Sie hingegen ein großes und weitreichendes Zielpublikum erreichen möchten, sollten Sie eine Fanseite einrichten. Die wichtigsten Unterschiede zwischen einer Facebook-Gruppe und einer Fanseite sind in Kürze in der Tabelle dargestellt (Stand Juli 2011).

So gründen Sie eine Facebook-Gruppe:

1. Geben Sie oben im Suchfenster *„Gruppen"* ein. Unter dem Suchfenster erscheint automatisch die Option *„Gruppe gründen"* – klicken Sie auf diesen Balken.

2. Es erscheint ein Fenster, in welches Sie nun in der Kopfzeile den gewünschten Namen Ihrer Gruppe und die Mitglieder eintragen. Unter *„Privatsphäre"* können Sie einstellen, wie Ihre Gruppe beschaffen sein soll:

   • für jeden sichtbar und zugänglich (= offen)

   • nur für von Ihnen eingeladene Mitglieder zugänglich (= geschlossen) oder

   • nur für einen bestimmten Personenkreis sichtbar und zugänglich (= geheim)

3. Tragen Sie im Feld „Mitglieder" Ihre Freunde ein, die Sie zur Gruppe hinzufügen möchten.

So erstellen Sie eine Fanseite:

Die Erstellung einer Fanseite gestaltet sich etwas aufwändiger als die einer Gruppe. Zunächst müssen Sie ausgeloggt sein und direkt die Facebook-Startseite aufrufen.

1. Klicken Sie auf *„Erstelle eine Seite für eine Berühmtheit, eine Band oder ein Unternehmen"*.

2. Wählen Sie die Art Ihrer Fanpage aus.

3. Nun werden Sie gefragt, ob Sie ein Facebook-Konto erstellen oder sich mit Ihrem eigenen Konto einloggen wollen. Wählen Sie die entsprechende Option. Sie sollten immer einen Account mit Ihrer realen Identität gründen, also keinen „Fake"-Account.

4. Nun wählen Sie die Startansicht Ihrer Fanseite. Um Ihnen die selbsterklärenden Schritte an dieser Stelle zu ersparen, überspringen wir die Schritte *„Bild hinzufügen"*, *„Freunde einladen"*, *„Kontakte importieren"* und *„Statusmeldungen posten"*.

5. Für Ihre Belange ist der wichtigste Menüpunkt *„Seite bearbeiten"*.

Über *„Seite bearbeiten"* gelangen Sie in die Bearbeitungsansicht und damit direkt auf Ihre Fanseite. Unter *„Genehmigungen verwalten"* stellen Sie ein, was die Besucher auf Ihrer Seite tun dürfen. Besonders interessant ist der Menüpunkt „*Anwendungen*". Hier werden die Inhalte und Anwendungen Ihrer Fanseite gepflegt, zum Beispiel Fotos, Videos, Links, Veranstaltungen und Notizen, die auf Ihrer Pinnwand veröffentlicht werden.

Einer der großen Vorteile der Facebook-Fanseiten sind ihre Statistik-Funktionen, die Sie über den entsprechenden Reiter abrufen können. Hier erhalten Sie detaillierte Daten über das Nutzerverhalten auf Ihrer Fanseite.

Werben mit und auf Facebook

Facebook eignet sich gut dafür, zusätzlich für Ihr Unternehmen zu werben oder spezielle vertriebsbegleitende Aktionen umzusetzen. Dazu finden Sie auf Facebook unter dem Menüpunkt „*Marketing*" zahlreiche Möglichkeiten. Informieren Sie sich zuvor, was andere auf der Facebook-Plattform tun. Eine gute Informationsquelle dafür ist www.facebook-studio.com. Dort sind besonders gelungene bzw. hoch frequentierte Facebook Pages und auch sämtliche Neuerungen zusammengetragen – lassen Sie sich inspirieren. Es gibt zum Beispiel das „Learning Lab" mit vielen Informationen darüber, was sich über Facebook in Sachen Marketing machen lässt.

Werbung auf Facebook muss – und das gilt für alle sozialen Netzwerke gleichermaßen – zurückhaltend sein. Zu viel Marketing oder Banner werden durch die Facebook-Nutzer ungern angenommen. Daher solten Sie darauf achten, die Werbung auf Facebook emotionaler und dezenter zu gestalten, anders als im restlichen Internet. Das Deodorant „Axe" ist hierfür ein gutes Beispiel für emotionales Marketing auf Facebook.

Nun, wie initiieren Sie eine Werbekampagne? Wenn Sie Bannerwerbung für Ihr Unternehmen schalten möchten, wählen Sie den Menüpunkt „*Wirb auf Facebook*".

Das Auswahlmenü bietet Ihnen die folgenden Möglichkeiten an:
- Gestalte deine Werbeanzeige (Werbebanner und Anzeigetext)
- Zielgruppe
- Kampagnen, Preise und Planung

Nun können Sie zwischen den einzelnen Punkten wählen:

Gestalte Deine Werbeanzeige

„*Zielseite*": Hier landet der Besucher, der auf Ihr Banner klickt.

„Zielreiter": Geben Sie hier die Unterseite an, auf die Ihr Besucher geführt werden soll (beispielsweise Pinnwand, Fotos oder Veranstaltungen).

„Titel": Hier steht die Überschrift Ihres Werbebanners.

„Inhalt": Geben Sie an dieser Stelle den Text ein, der in Ihrer Werbeanzeige stehen soll.

Zielgruppe

Die Werbung auf Facebook bietet Ihnen einige Vorteile, denn Sie können diese ganz individuell auf Ihre Zielgruppe zuschneiden. Ihr Banner wird beispielsweise ausschließlich bei dem Personenkreis angezeigt, welchen Sie nach verschiedenen Kriterien definieren, wie beispielsweise:

- *„Ort"*: Tragen Sie hier die Länder ein, in denen Ihre Werbung geschaltet werden soll. Sie haben sogar die Möglichkeit, die Anzeige nur in einer bestimmten Stadt anzeigen zu lassen.

- *„Demografie"*: Hier können Sie Alter und Geschlecht Ihrer Zielgruppe eingeben.

- *„Gefällt mir & Interessen"*: Geben Sie Interessen an, die Ihre Zielgruppe wiederum im eigenen Profil angegeben hat. Damit beschreiben Sie Ihren Adressatenkreis noch genauer und stellen sicher, dass jeder Empfänger nur die Informationen erhält, welche ihn auch wirklich interessieren.

- *„Verbindungen auf Facebook"*: Hier macht es unter Umständen Sinn, die Fans der eigenen Seite auszuschließen, da diese Ihren Auftritt ja bereits kennen. Sie wollen schließlich nach und nach neue, qualifizierte Kontakte erreichen und deren Interesse wecken.

Kampagnen, Preise und Planung

Im dritten und letzten Schritt legen Sie Laufzeit und Budget Ihrer Werbekampagne fest. Ein positiver Aspekt ist, dass Sie nur dann bezahlen, wenn Ihre Anzeige auch angeklickt wurde. Der Preis pro Klick wird nach dem Auktionsprinzip bestimmt: Der Internetnutzer, der bereit ist, am meisten zu bezahlen, erhält den Werbeplatz.

Eine zweite Möglichkeit, Werbung auf Facebook zu schalten, ist der Kauf von Anzeigen. Anzeigen bedeutet hier das kurze Einblenden der Werbung auf einer Facebook-Seite. Auch hier entscheidet das Auktionsprinzip.

Durch die Budgetfunktion können Sie zudem sicher sein, dass Sie nicht mehr bezahlen werden, als Sie tatsächlich ausgeben wollen.

Mit einem Klick auf „*Bestellung aufgeben*" schalten Sie Ihre Werbeanzeige frei. Direkt im Anschluss daran werden Sie automatisch auf die Übersichtsseite Ihrer Werbekampagne geleitet.

Starten Sie zunächst mit einem kleinen Budget für die Anzeigengestaltung. Probieren Sie es einfach mal aus und sammeln Ihre ersten Erfahrungen hierzu.

Der Facebook Like-Button

Der sogenannte Facebook Like-Button („Gefällt mir") ist auch ein weiterer, interessanter Weg, um Webseiten zu bewerben. Allerdings sollten Sie hier vorsichtig sein, denn der Like-Button übermittelt Daten mit Cookie- und Tracking-Technik von registrierten Webnutzern an Facebook. Welche Daten genau übermittelt werden, ist noch unklar. Klar ist jedoch, dass mit dem „Like it" nicht nur auf der eigenen Webseite, sondern im ganzen Internet die bevorzugten Webseiten der Nutzer gesammelt werden können. Da es jedoch einer rechtlichen Grundlage oder der Einwilligung des Webnutzers zur Datenübermittlung bedarf, sollten Sie Ihre Datenschutzerklärung entsprechend anpassen, wenn Sie den Facebook Like-Button auf Ihrer Webseite integrieren möchten. Informieren Sie Ihre Kunden, dass deren personenbezogene Daten an Facebook übermittelt werden, wenn diese in der Community eingeloggt sind.

Wenn Sie den Like-Button für Werbezwecke oder Marktforschung einsetzen möchten, sollten Sie auf jeden Fall entsprechende gerichtliche Beschlüsse verfolgen und Ihre Datenschutzerklärungen entsprechend anpassen.

Do's and Dont's
für Facebook

- Bieten Sie vielseitige Themen, welche Ihre Zielgruppe auch in ihrer Freizeit interessieren könnten.
- Seien Sie kein „Facebook-Exhibitionist". Zu viele Menschen verwenden Facebook wie ein Tagebuch. Die neue Funktion „Timeline" ermöglicht den Facebook-Nutzern, ihr komplettes Leben abzubilden. Es gilt jedoch: Die Privatsphäre ist schützenswert, auch und besonders Ihre eigene. Sie sollten also nicht so viel von sich verraten, egal ob als Firma oder als Privatperson, es könnte Ihrem Image schaden.

Als Faustregel gilt: Stellen Sie nur das ein, was Sie auf der Straße einem x-beliebigen Fremden erzählen würden.

➲ Eine Pinnwand ist kein Mailpostfach. Führen Sie also keine privaten Unterhaltungen auf einer Facebook-Pinnwand, vor allem nicht auf der Ihrer Gruppe oder Fanseite.

➲ Versorgen Sie Ihre Fanpage oder Gruppe laufend mit neuen Inhalten.

➲ Achten Sie auf Unterhaltungswert und Interaktionsmöglichkeiten.

➲ Vermitteln Sie auch ernste Themen auf interessante Weise.

➲ Beantworten Sie Kommentare und Nachrichten schnell.

➲ Überprüfen Sie mehrmals täglich Ihre Seite.

➲ Legen Sie Bilder, Videos, Graphiken etc. ab.

➲ Gehen Sie konstruktiv mit öffentlicher Kritik um und reagieren Sie mit fundierten Stellungnahmen – filtern Sie den wahren Kern aus kritischen Kommentaren heraus.

➲ Motivieren Sie Ihre Kollegen, sich interaktiv in die Facebook-Gruppe einzubringen.

➲ Es gibt eine Fülle von technischen Möglichkeiten, die Fanseite optisch zu gestalten. Hierfür eignet sich die Facebook-Programmiersprache FBML (Facebook Markup Language), welche HTML ähnelt und einfach zu erlernen ist.

➲ Gründen Sie nicht „einfach einmal so" eine Fanseite oder Gruppe.

➲ Werben Sie keine Personen an, die nicht direkt mit Ihrem Themengebiet zu tun haben (wollen), daraus werden eventuell Feinde, die ihren Ärger auch an Ihrer Facebook-Pinnwand ablassen.

➲ Bleiben Sie optisch Ihrem firmeneigenen Corporate Design treu. Verwenden Sie auf Ihrer Fanseite dieselben Logos und Farben wie auf Ihren anderen Webauftritten.

➲ Laden Sie keine unvorteilhaften Bilder von sich, Kollegen, Kunden usw. auf Facebook hoch und vermeiden Sie das Markieren von Personen auf Photos, es sei denn, Sie haben diese vorher explizit um ihr Einverständnis gebeten.

➲ Verbreiten Sie niemals Unwahrheiten oder geschönte Meldungen.

Exkurs: Google+ – ein Angriff auf das soziale Netzwerk Facebook?

Die wohl wichtigste weltweite Konkurrenz zu Facebook, das mit über 800 Millionen Nutzern (Stand Oktober 2011)[52] die größte soziale Plattform ist, hat Google erst unlängst geschaffen. Der Internetgigant arbeitete über ein Jahr an dem neuen Portal Google+ das bereits nach drei Monaten nach offiziellen Google-Berichten die Marke von 40 Millionen User[53] überschritten hat. Damit ist das neue Netzwerk wesentlich schneller populär geworden als Facebook oder Twitter. Nachdem Google+ zu Beginn nur auf Einladung genutzt werden konnte, ist der Zugang inzwischen für jedermann offen.

Vier Monate nach dem Start von Google+ können sich nun auch Unternehmen und Marken über „Google+ Pages" präsentieren. Ähnlich den „Fan-Seiten" bei Facebook bieten diese Seiten die Möglichkeit, sich mit Firmen zu verbinden und in Echtzeit beispielsweise mit diesen zu kommunizieren. Erste Beispiele aus dem Medienbereich mit Google+ -Präsenz waren zum Zeitpunkt der Bucherstellung Zeit-Online, Google Blog, die NZZ, AllThingsD.com und wuv Online. Es wird daher sehr interessant, wie sich Google+ im Web 2.0 einen festen Platz sichern wird und inwieweit es auch für die Marketingkommunikation im B2B-Umfeld Anklang finden wird.

Google+ verspricht als Plattform noch schickeres Design sowie eine optimierte Privatsphären- und Sicherheitskontrolle. So meldet man sich hier etwa mit seinem „echten Namen" an, um sogenannte „Fake-Accounts" zu vermeiden. Google hat auch mit Hollywood-Experten verhandelt, um Prominente für die neue Plattform zu verpflichten. Dabei soll es eine Identitätsprüfung geben, so dass andere Nutzer nicht einfach deren Namen missbrauchen können, wie es bei Facebook oder Twitter gelegentlich vorkommt.

Die größte Neuerung und der Hauptunterschied zu Facebook ist, dass nicht jeder Kontakt ein „Freund" ist. Dafür gibt es bei Google+ die sogenannten „Circles". Anhand dieser Kreise kann man abgestuft entscheiden, mit wem man welche Informationen teilen möchte. Bei Facebook können erstmal alle Freunde sämtliche Meldungen oder Bilder eines Nutzers einsehen, hier erlauben es die „Freundeslisten", Freunde in Gruppen zu organisieren. Die Verwaltung dieser Listen ist allerdings nicht so einfach wie auf Google+. Letzteres unterscheidet zwischen engem Freundes-, Bekannten- und Kollegenkreis. Als Nutzer können Sie aber auch beliebig neue Circles, wie etwa einen Kundenkreis, erstellen, in welche Sie die Personen ganz einfach hineinziehen. So können Sie tatsächlich genau festlegen, welchen Empfängern Statusmeldungen oder Nachrichten tatsächlich gezeigt werden sollen. Bei Google+ werden die Kontakte von Anfang an in die Circles eingeteilt. Freundschaften gleichen auf Google+ fast einem Abonnement. Auf Facebook beruhen diese auf Gegenseitigkeit. Daher wird Google+ auch manchmal mit Twitter verglichen.

Eine Besonderheit bei Google+ stellen die sogenannten „Hangouts" dar, eine Videochat-Funktion, bei der sich bis zu zehn Personen treffen können. Die Mitglieder der diversen Circles werden dabei eingeladen, zu aktuellen Themen zu diskutieren. So werden persönliche Treffen erstmalig ins Web gelegt. Dies macht die Plattform Google+ vor allem für Geschäftskontakte interessant. Mit der Gruppenchat-Funktion „Huddle" sind selbst reale Treffen einfacher zu organisieren, da man hier gleichzeitig mit mehreren Personen kommuniziert.

Neben all diesen Neuerungen gibt es auch mobile Funktionen für Smartphones. Mit GPS, Kamera und SMS-Austausch soll alles noch persönlicher werden. Fotos werden mit „Sofort-Upload" direkt und ohne Umwege hochgeladen, gehen in die private Cloud und sind somit auf allen Geräten verfügbar. All diese Neuerungen und auch Anpassungen für den Bedarf innerhalb des B2B-Geschäftes klingen sehr vielversprechend.

Ich bin gespannt, wie weit die Neuerungen und Veränderungen dieser Plattform reichen werden, und inwieweit Google+ im B2B-Umfeld tatsächlich langfristig eingesetzt wird.

Resümee: B2B-Social Media Tools

Im Rahmen des Social-Media-Projektes für unseren Fachbereich Applikationsmanagement haben wir innerhalb von eineinhalb Jahren die Fachgruppen auf den Business-Netzwerken LinkedIn und XING stark ausgebaut. Auch unser Account auf Twitter wurde regelmäßig mit Nachrichten versorgt, und Facebook führt ebenfalls eine Gruppe der Application Management Experts. Unser Motto dabei war „Vielfalt und Ganzheitlichkeit" – auf allen relevanten sozialen Netzwerken.

Abschließend möchte ich Ihnen noch einmal alle wichtigen Daten, Fakten und Informationen über die einzelnen im Buch genannten Social Media Tools auf einen Blick aufzeigen. Hier sehen Sie gesammelt alle Eigenschaften sowie den jeweiligen Nutzen und mein komprimiertes Fazit zu Erfolg, Effizienz und Mehrwert der einzelnen Social-Media-Plattformen.

Tool	Bekannteste Vertreter	Eigenschaften	Nutzen	Fazit
Blogs	blogger.com wordpress.com Corporate Blogs Private Blogs Blogs in Online-Magazinen	• Wenig formelle Restriktionen • Tagebuchstil • Feeds • Tags und Tag-Clouds	• Betreiben von Marktforschung • Etablierung als Experte • Kundenbindung durch direkte Kommunikation • Unterstützung der Projektarbeit	Geeignet für Insiderinformationen und für virale Marketingstrategien
Microblogs	Twitter friendsfeed.com Meist in Social Networks integriert	• Versand von Kurzinformationen an Follower • Interaktive Echtzeitkommunikation	• Direkte Information • Aktualität und Interaktivität • Low-Cost	Geeignet für Präsenz im Web und für das Verbreiten und Erwerben kompakter News
Private Social Networks	Facebook Google+	• Oft privater Fokus • Profilerstellung • Versand privater Nachrichten • Blogfunktion • Gruppengründung und -beitritt • Diskussionsforen	• Sekundenschnelle Verbreitung von Informationen • Einfache Kontaktpflege • Kann Markenbewusstsein stärken	• Hohe Präsenz, vor allem im privaten Umfeld • Etablierung im B2B-Bereich durch unterhaltsame Inhalte und Interaktionsmöglichkeit. Eine persönliche Note ist dabei unverzichtbar.
Business Social Networks	XING LinkedIn	• Geschäftlicher Fokus • Profilerstellung • Versand privater und geschäftlicher Nachrichten • Erstellen weiterer Rubriken wie „Aktionen" • Diskussionsforen • Recruiting	• Etablierung als Experte in Communitys und Diskussionsforen • Kontaktaufbau zu anderen Mitgliedern • Generierung von Geschäftskontakten	Geeignet für Recruiting, Kontaktpflege und Netzwerkaufbau
Newsgroups/ Foren Webforen	Eingebunden in Webseiten (zum Beispiel Firmen-Homepage)	• Erstellen von Diskussionsthemen und Moderation • Austausch von Posts, Artikeln etc.	• Beratung und Hilfestellungen • Kommunikation mit Kunden • Positionieren des eigenen Unternehmens	• Hohe Reaktionsfähigkeit auf Beiträge und geschickte Rhetorik notwendig • Empfehlenswert zu Beratung und Austausch von Informationen
Wikis	Wikipedia Teamintern erstellter Wiki zum Informationsaustausch	• Lesen der Inhalte sowie direkte Bearbeitung der Webseite durch registrierte Nutzer • I. d. R. beschränkter Zugriff • Ausnahme: Wikipedia. Hier kann jeder Änderungsvorschläge einbringen, welche nach Genehmigung durch Moderatoren sichtbar werden	• Kostengünstige Plattform für interne Projekte oder zum bereichsübergreifenden Informationsaustausch • Indirekter Dialog mit Kunden. • Spezialfall Wikipedia: Inhalt durch Beiträge und Interaktion mehrerer Webuser	• Gewährleistung von Informationsdichte und Aktualität bei guter Pflege • Quellen zur schnellen Informationsbeschaffung • Wertvolle Wissensdatenbank für das Team • Kein Ersatz für fundierte wissenschaftliche Literatur.
Foto-/ Video Content-Sharing	YouTube Flickr SlideShare	• Veröffentlichung von Fotos, Videos, Präsentationen, Whitepapers etc. • Erstellen eines eigenen Channels mit Followern • Visualisierung von Inhalten	• Einbindung in weitere Social Networks möglich • Direktes und schnelles Feedback durch Nutzer • Archivierung der Inhalte	Geeignet für Aufmerksamkeitsgenerierung neben dem geschriebenen Wort

Gelungene Social-Media-Kommunikation

Einen direkten Kontakt zum Kunden aufzubauen und Produkte zielgruppengerecht und publikumswirksam zu platzieren, sind sicherlich die elementaren Gründe, weshalb Kommunikation und virtuelle Netzwerke in Zukunft immer wichtiger werden. Social Media verbreiten sich wie ein Lauffeuer. Gerne hinterlege ich meine Aussage auch noch einmal mit ein paar Fakten: Das Fernsehen brauchte ab den 50er-Jahren gute 13 Jahre, um Nutzerzahlen von 50 Millionen Zuschauern zu erreichen.[63] Im Vergleich dazu: Bei Facebook dauerte es nicht einmal fünf Jahre, um weit mehr als dieselbe Dimension für sich zu beanspruchen, denn es knackte 2009 sogar die 200-Millionenmarke, Tendenz weiter steigend.

Natürlich zählt aus der Perspektive der Media- und Werbeforschung nicht nur die Reichweite allein. Fast 22 Millionen deutsche Facebook-Nutzer, 76 Prozent der jungen Internetnutzer als Mitglieder von sozialen Netzwerken – das sind alles faszinierende Zahlen. Aber was bringen diese Zahlen, wenn die Nutzer das Medium tatsächlich nur gering bis selten im Alltag anwenden? Von diesem Manko sind Social Media allerdings weit entfernt: Jede fünfte Online-Minute wird auf einem sozialen Netzwerk verbracht. Das ist eine hohe Frequenz, die zeigt, dass der Faktor soziale Netzwerke fest im Alltag der User angekommen ist und diese dafür auch eine beträchtliche Summe ihrer „Online-Zeit" aufbringen.[64]

Ist man online gut aufgestellt, so ist auch die eigene Marke oder die Präsenz zu einem Thema in „aller Munde". Erst dann setzt auch der Effekt des „Word of Mouth-Marketing" ein, von dem insbesondere B2B-Unternehmen maßgeblich profitieren, denn hier sprechen andere über das Angebot des Unternehmens und empfehlen im besten Fall die eigenen sozialen Gruppen weiter.

Warum nicht auch einen Kunden reden lassen? Social Networks bieten hierfür viel Raum. Die Erfahrungen mit einem Service-Anbieter können dessen eigene Kunden am besten wiedergeben. Business Networks haben den Vorteil, dass sich solche Meinungen sehr weit und schnell verbreiten. Dabei spielt auch eine möglichst umfassende Präsenz, die das Unternehmen nach und nach aufbauen sollte, eine wichtige Rolle.

B2B-Unternehmen müssen vor allem in Zeiten der Globalisierung grenzen- und länderübergreifend kommunizieren. Für die zeitnahe Kommunikation ist Social Media daher auch im B2B-Umfeld bestens geeignet. Um dem Motto „go global" gerecht zu werden, sollte die Devise „go social" zum neuen Leitsatz werden.

Um Ihnen abschließend einen kurzen Überblick zum Umfang einer Social-Media-Strategie zu geben, habe ich inen 15-Regel-Plan als grobe Leitlinie für Sie entwickelt:

 15 Regeln zur Erstellung eines gelungenen **Social-Media-Business-Plans**

1. Gründen Sie ein Team für die Social-Media-Kommunikation, das der Größe Ihres Unternehmens gerecht wird (einfache Faustregel: etwa ein Zehntel der Marketing-Mitarbeiter).

2. Definieren Sie die genauen Ziele Ihrer Social-Media-Aktivitäten, wie zum Beispiel Neukundengewinnung, Bestandskundenpflege, Imagepflege, Branding, Erregung von Aufmerksamkeit, Recruiting, Mitarbeiterzufriedenheit. Diese Ziele sollten messbar sein.

3. Analysieren Sie Ihre Zielgruppen. Wie erreichen Sie diese? Welche Kanäle setzen sie ein? Wie sollten Sie Ihre Zielgruppe adressieren? Gibt es ein gutes Referenzbeispiel für eine umspannende Social-Media-Kommunikation am Markt, das Ihrem Konzept entsprechen könnte?

4. Definieren Sie genau, wer in- oder außerhalb Ihres Hauses welche Inhalte wie und nach welchen Freigaberunden online stellen darf. Verfassen Sie Social-Media-Richtlinien für alle Mitarbeiter. Berücksichtigen Sie, dass es zum Beispiel bei Twitter extrem wichtig ist, innerhalb von Stunden oder gar Minuten reagieren zu können, und schaffen Sie passende Freigabemechanismen oder Delegations-modelle.

5. Überlegen Sie sich ein einheitliches Markenbild, welches sich durch die neuen Kanäle zieht (Design und Inhalt) und starten Sie möglichst parallel in allen ausgewählten Kanälen.

6. Schaffen Sie eine angemessene Basis an Mitgliedern, Follower und Anhängern (Vergleiche Mitbewerbe!).

7. Überlegen Sie sich frühzeitig geeignete Werkzeuge zur Erfolgsmessung. Beachten Sie: Die Erfolgsmessung unterscheidet sich in der Social-Media-Kommunikation von den klassischen Marketing-Instrumenten.

8. Fangen Sie Kooperationen mit nicht konkurrierenden Personen und Unternehmen an. Synergieeffekte sind der Schlüssel zum erfolgreichen Social Media Marketing.

9. Definieren Sie Feedback-Mechanismen. Fragen Sie Ihre Mitglieder oder Follower unter anderem permanent strukturiert nach deren Meinung und hören Sie ihnen zu. Dialog statt Monolog – Social Networking ist keine Einbahnstraße.

10. Seien Sie auf kritische Äußerungen vorbereitet und versuchen Sie, die kritisierenden Personen zu verstehen, auf diese einzugehen und ihnen damit den Wind aus den Segeln zu nehmen.

11. Bereiten Sie ein FAQ-Papier mit den häufigsten Fragen und Antworten zu Social Media für die Mitarbeiter Ihres Unternehmens vor und aktualisieren Sie dieses laufend.

12. Motivieren Sie Ihre Kollegen zum Mitmachen. Jede produktive Unterstützung aus dem eigenen Unternehmen ist wertvoll. Zeigen Sie die Vorteile für den Mitarbeiter persönlich und das Unternehmen auf. Und seien Sie selbst aktiv im Netz.

13. Beobachten Sie kontinuierlich die Tätigkeiten Ihrer Mitbewerber im Netz. Sie sollten immer auf dem neuesten Stand sein. Definieren Sie Ihre Benchmarks im sozialen Netz. Mit wem wollen Sie sich in welchen Feldern messen?

14. Kontinuität ist der Schlüssel zum Erfolg, einzelne Aktionen sind nicht ausreichend. Erstellen Sie einen Budget- und Zeitplan mit definierten Verantwortlichkeiten.

15. Just do it !

Was man vor dem Arbeiten mit Social Media beachten sollte
Jochen Mai: http://karrierebibel.de/social-media-bevor-sie-loslegen-stellen-sie-sich-diese-25-fragen/; veröffentlicht am 16.01.2011

Der Social Media Industry Report
Michael Stelzner: www.socialmediaexaminer.com → Suche: Social Media Industry Report; veröffentlicht am 07.04.2011; www.socialmediaexaminer.com/social-media-marketing-industry-report-2011/

Blog über Twitter
http://twittersmash.com; Stand: 24.10.2011

Wie man Twitter rechtlich richtig nutzt
Simon Hülsbömer: www.computerwoche.de → Suche: „Twitter rechtlich richtig nutzen"; veröffentlicht am 25.06.2010; www.computerwoche.de/management/compliance-recht/1905061/

Markenaufbau mit Twitter
Christian Mueller: http://karrierebibel.de/twitter-marketing-solider-marken-aufbau-in-140-zeichen/; veröffentlicht am 08.03.2011

Die Wissenschaft der ReTweets
Dan Zarella: http://danzarrella.com; veröffentlicht am 26. Juli 2011; http://danzarrella.com/science-of-retweets.pdf

Die beliebtesten Präsentationen auf SlideShare
www.slideshare.net → popular → all time; Stand: 24.10.2011; www.slideshare.net/popular/all-time?media=all

Online-Kurs zum Thema „Präsentationen richtig gestalten"
Wolfgang Bauer, Martin Rosner: www.imanic.net → Know How → Zum Kurs; Stand: 24.10.2011; www.imanic.de/kurs/index.htm

Prezi-Guide zum Blättern
www.youblisher.com/p/91182-A-Guide-to-Prezi/; Stand: 24.10.2011

Prezi-Guide
http://prezi.com/learn/; Stand: 24.10.2011

Der Social-Media-Business-Plan
Tim Berry; → Suche: Social-Media Business Plan in 5 Easy Pieces; veröffentlicht am 23. Juni 2009; www.openforum.com/idea-hub/topics/technology/article/social-media-business-plan-in-5-easy-pieces-1

Die Google-Blogsuche
www.google.de/blogsearch; Stand: 24.10.2011

12 Tipps für mehr Traffic in meinem Blog
Christian Mueller: http://karrierebibel.de/publikumsmagnet-12-tipps-fur-
mehr-blog-leser/; veröffentlicht am 26.05.2011

Informationen rund ums Bloggen
http://karrierebibel.de/tag/bloggen/; Stand: 24.10.2011

Wie ein gutes Corporate Blog gelingt
Felix Hinkeldey: http://karrierebibel.de/schriftsteller-so-funktioniert-ein-
gutes-corporate-blog/; Stand: 24.10. 2010

Die verschiedenen Arten von Corporate Blogs
Ansgar Zerfaß: www.zerfass.de/CorporateBlogs-AZ-270105.pdf;
Stand: 24.10.2011

Blog über XING
Joachim Rumohr: www.rumohr.de/blog/; Stand: 24.10.2011

Analyse über das Nutzerverhalten von Facebook-Usern
www.onpulson.de → Marketing & Vertrieb → Artikel; Veröffentlicht am
18.07.2011; www.onpulson.de/themen/4057/fakten-ueber-das-nutzerverhal-
ten-der-facebook-user/

Tipps zur Gestaltung einer Facebook-Fanpage
Christian Mueller: http://karrierebibel.de/pimp-my-facebook-24-tipps-und-
tools-wie-sie-ihre-fanpage-upgraden/; Veröffentlicht am 01.03.2011

Analyse der Facebook-Aktivitäten
SocialBench: www.socialbench.de/infografik; Stand: 24.10.2011

Trend Report Juli 2011 über Facebook
Zuckerkommunikation GmbH: www.slideshare.net/zuckerberlin; Stand:
24.10.2011; www.slideshare.net/zuckerberlin/trendreport-juli-2011-face-
book-marken-tv-in-deutschland

Studie zur Kundenerwartung bei Facebook/ Twitter
RightNow Technologies Inc.: www.rightnow.com → Suche: Customer
Experience Impact: North America 2010 → Seite 5; Stand: 24.10.2011;
www.rightnow.com/resource-ra-customer-experience-impact-north-
america-2010.php

Google+ Guide
Ben Parr: http://mashable.com → Suche: „Google+: The Complete Guide" →
Artikel; Veröffentlicht am 16.07.2011; http://mashable.com/2011/07/16/
google-plus-guide

Ein Vergleich von Google+, Facebook und Twitter
Jochen Mai: http://karrierebibel.de/infografik-twitter-facebook-google-im-
vergleich/; veröffentlicht am 23.07.2011

Ein Guide für Webvideos
Christian Mueller: http://karrierebibel.de/filme-online-der-ultimative-guide-fur-web-videos/; veröffentlicht am 16.08.2011

Acht Wege, Content zu erhalten
Charlene Kingston: www.socialmediaexaminer.com/8-ways-to-discover-content-ideas-from-your-readers; veröffentlicht am 08.08.2011

Tipps für das Video Marketing
Cindy King: www.socialmediaexaminer.com/29-tips-to-make-your-video-marketing-easy; veröffentlicht am 04.08.2011

Tips und Tools zum Social Media Monitoring
Christian Mueller: http://karrierebibel.de/social-media-monitoring-die-wichtigsten-tipps-und-tools/; veröffentlicht am 17.03.2011

Sammlung von RSS-Feeds
addLeader Ltd.: www.rss-verzeichnis.de; Stand: 24.10.2011

Wie erstellt man einen RSS-Feed?
Aardon Internet GmbH: www.selfhtml.de → Magazin → Artikel; veröffentlicht am 20.08.2007; www.selfhtml.de/artikel_13_1_rss-feed-erstellen.htm

Sie wollen noch mehr über Social Media lernen?
Empfehlenswerte Blogs:

www.mashable.com/social-media; Stand: 24.10.2011
Jochen Mai: http://karrierebibel.de; Stand: 24.10. 2011
www.socialmediaexaminer.com/; Stand: 24.10.2011
http://socialtimes.com/; Stand: 24.10.2011
http://socialmediatoday.com/; Stand: 24.10.2011
Olaf Kopp, Khalil A. Zadeh: www.online-marketing-deutschland.de; Stand: 24.10.2011
Dan Zarrella; http://danzarrella.com/; Stand: 24.10.2011
Von IntraWorlds GmbH; www.social-business-blog.de; Stand: 24.10.2011
Daniel Hoffmann: www.socialmedia-blog.de; Stand: 24.10.2011
Joachim Weber: www.joachim-weber.de; Stand: 24.10.2011
www.contentfac.com/blog; Stand: 24.10.2011

Kapitel III

„Hallo, kennen wir uns nicht von XING?" – Veranstaltungen im Social-Media-Zeitalter

Veranstaltungen, und damit die persönlichen Begegnungen mit Ihren Kunden, Mitarbeitern und Geschäftspartnern, sind ein wichtiges Mittel zur Steigerung der Reputation Ihres Unternehmens. Zum einen generieren Sie dadurch eine Aussage, ein Gefühl von Ihrem Unternehmen – im besten Fall mit lang anhaltender Wirkung. Zum anderen motivieren Sie Mitarbeiter, Geschäftspartner und Kunden für vielfältige Formen von Motivation. Ich fasse in diesem Kapitel Mitarbeiterveranstaltungen zusammen mit innovativen Kundenveranstaltungen im Social-Media-Umfeld, da die Vorgehensweise immer dieselbe ist, ganz egal wie groß die Veranstaltung ist, und egal, welche Zielgruppe adressiert wird. Völlig unabhängig davon, ob es sich um eine Mitarbeiter-, Kundenveranstaltung oder einen Social Media Event handelt: Sie holen Ihre Kunden oder entsprechende Zielgruppen genau dort ab, wo sie stehen. Und Sie verlagern die auf Social-Media-Foren aufgebauten Kontakte auf eine persönlichere Ebene. Das wiederum setzt enormes Networking-Potential für Sie frei.

Vom virtuellen zum realen Netzwerken

Nun hatten wir also mittlerweile seit einem guten halben Jahr unsere eigene Fachgruppe „Application Management Experts" auf XING. Mitglieder dieser Gruppe stellten sich untereinander vor, der Austausch war groß, und auch unterschiedliche Aktionen kamen gut an. Fotos wurden hochgeladen, meist auch sehr positive Profilbeschreibungen, spannende Posts. Aber wer waren unsere Gruppenmitglieder wirklich? Wir wollten nun im nächsten Schritt auch erreichen, dass sich unsere Gruppenmitglieder wirklich persönlich kennenlernen. Aber wie bekommt man Teilnehmer eines virtuellen Netzwerkes ins „wirkliche Leben"?

Über die Hobby- und Freizeitgruppen, welche bereits zahlreich auf XING existieren, und an deren angebotenen Aktivitäten besonders gerne auch meine Studenten teilnahmen, sind auch wir auf die Idee gekommen, einen XING Event für Applikationsmanagement aufzusetzen, zu dem wir – ausschließlich über diese Plattform – einladen wollten.

Meiner Ansicht nach besitzen reale Netzwerkveranstaltungen von virtuellen Gruppen ein sehr hohes Entwicklungspotential. Gerade in der heutigen Welt, in der Social Media eine immer wichtigere Rolle spielen, wollen die Mitglieder einer Gruppe ihre digitalen Kontakte auch persönlich und außerhalb der Web-Welt kennenlernen. Sie möchten sich zu den digitalen Informationen im persönlichen Gespräch austauschen und zum Beispiel nach einem professionellen Vortrag auch mit den anderen Teilnehmern zum Thema persönlich diskutieren.

Bei Veranstaltungen, welche über soziale Neztwerke im Internet zustande kommen, sind Eventreihen eher gefragt als eine einzelne Veranstaltung an einem Standort. Denn die Zielgruppen in sozialen Netzwerken sind sehr dynamisch und entwickeln sich permanent weiter. Regelmäßige Veranstaltungen bieten den Gruppenmitgliedern Gelegenheit, sich immer wieder auch auszutauschen und neue Mitglieder persönlich kennenzulernen. Planen Sie viel Zeit ein für die Organisation, damit Ihre Veranstaltungen professionell und vor allem immer wieder einzigartig sind. Nur so binden Sie die Mitglieder Ihrer Gruppe dauerhaft und finden die Teilnehmer, die Ihnen wirklich zur Erreichung Ihrer Geschäftsziele helfen können. Im Idealfall kreieren Sie durch Ihre Veranstaltung eine „geschlossene Community" und erreichen eine gewisse Exklusivität durch den Clubgedanken.

Generell gilt bei jeder Veranstaltungsplanung: Es ist sinnvoll, zunächst ein gewisses Grundkonzept im Kopf zu haben, ein unverwechselbares Motto und die Botschaft an Ihre Zielgruppe. Feststehen sollten zudem die organisatorischen Eckpunkte wie Budget, Veranstaltungsort, Teilnehmerzahl, Redner und Themen.

Kundenbeziehungen über ein Business Portal – am Beispiel der XING-Events

Als soziales Netzwerk für berufliche Kontakte bietet XING diverse Möglichkeiten des Austausches an. Die Veranstaltung eines persönlichen Treffens zwischen den virtuellen Gruppenmitgliedern bringt meiner Meinung nach die moderierte Gruppe erst richtig zum Leben. Allein im vergangenen Jahr haben XING-Mitglieder rund 180.000 Events über diese Plattform organisiert, um online geknüpfte Kontakte wiederum auch offline zu vertiefen. Davon waren rund 70.000 kostenpflichtige Veranstaltungen.

Neben der Event-Management-Funktion und dem Einladungsmanagement profitieren Sie bei der Vermarktung von Veranstaltungen über XING insbesondere von der zeitnahen Reaktion potentieller Besucher und deren Anmeldung. Der Vorteil für Sie liegt auf der Hand: Sie können Ihre Veranstaltungen wesentlich schneller und zeitgenauer planen.

Eine XING-Veranstaltung ist spannend, denn im Regelfall kennt man die Mitglieder der Gruppen virtuell bereits sehr gut, aber eben noch nicht wirklich persönlich, das heißt, man weiß noch gar nicht, wer eigentlich die Gäste auf der Veranstaltung sein werden und wie sich diese entwickelt.

Etwas weiche Knie hatten wir schon, als wir Anfang des neuen Jahres im Haus der Bayerischen Wirtschaft standen. Schließlich war es das erste Mal, dass sich die virtuelle XING-Gruppe „Application Management Experts" im richtigen Leben treffen sollte: Rund 150 Mitglieder der Gruppe, die bis dato nur online vernetzt waren, lernten sich nun persönlich kennen, tauschten sich aus, lauschten Vorträgen und diskutierten Trends. Erst vor etwa einem Jahr war unsere Social-Media-Kampagne für Applikationsmanagement an den Start gegangen. Die Roadshow der XING-Gruppe in fünf großen deutschsprachigen Städten war ein vorläufiger Höhepunkt – und ein voller Erfolg: Insgesamt mehr als 450 Mitglieder besuchten die Veranstaltungen.

Wie sind wir vorgegangen? Zuerst legten wir das Datum der geplanten Veranstaltung fest und versandten dieses in Form einer Voreinladung in die „reale" Welt an unsere Gruppenmitglieder innerhalb von XING. Eigentlich standen auch nur das Datum sowie die selbstbewusste Ankündigung fest, dass wir eine besonders schöne Lokalität in München finden würden. Wir hatten noch keine Vorstellung davon, wie viele Gruppenmitglieder denn tatsächlich an der Veranstaltung teilnehmen würden. Unsere Gruppe bekam täglich neue Mitglieder, war also eine nicht wirklich einschätzbare Größe. Anfangs wurden wir nicht gerade von Zusagen überrannt. Von 3.000 Mitgliedern hatten zunächst gerade einmal 25 zugesagt. So haben wir doch eine Zielgröße von 100 Teilnehmern angesetzt und dazu entsprechende Räumlichkeiten gemietet. Da es sich um eine Fachgruppe zu Applikationsmanagement handelte, sollte während dieser Veranstaltung vor allem auch das Fachthema im Vordergrund stehen. Wir wollten ein Expertentreffen bieten. So haben wir entsprechende Fachreferenten durch Kollegen aus den eigenen Reihen sowie einen Analysten angekündigt. Mit einer entsprechend detaillierten Agenda gingen wir nun in die zweite Einladungsrunde auf der Plattform XING. Natürlich erwähnten wir, dass für das leib-

liche Wohl unserer Gäste gesorgt wird. Auch ein virtuell abbildbares Werbeplakat sollte uns helfen, unseren Event zu bewerben. Dieses haben wir in denselben Farben wie unsere Expertengruppe im Web gestaltet (Bild 23).

Das brachte einen deutlichen Schub: Die Anmeldungen zu unserer Veranstaltung verdoppelten sich innerhalb von 24 Stunden. Bis zur Veranstaltung blieb noch ein ganzer Monat Zeit, so dass sich in den darauffolgenden Wochen zahlreiche weitere Mitglieder registrierten. Der entscheidende Faktor war nun wohl die aussagekräftige Einladung mit einem genau auf die Zielgruppe zugeschnittenen Konzept. Wir hatten am Schluss weit mehr Anmeldungen als erwartet zu unserer ersten Veranstaltung und waren am Veranstaltungstag überbucht, was sich wiederum sehr schnell virtuell herumgesprochen hat. Und es folgten viele Anfragen für Veranstaltungen in weiteren Städten innerhalb Deutschlands und auch Österreich.

Bild 23 Beispiel für Werbeplakat zum XING-Expertentreff

Welchen Mehrwert hat eine XING-Veranstaltung wirklich?

„Persönliches zählt, Geschäftliches ergibt sich." [65]

Der „reale" Austausch aus der virtuellen Welt war Networking par Excellence. Es entstanden vielversprechende neue Kontakte und eine interessante Wirtschaftlichkeitsrechnung. Bei unserem ersten XING Event lag der Anteil der Besucher, zu welchen unser Fachbereich bisher keinerlei persönlichen Kontakt hatte, bei 70 Prozent (Bild 24). Zur Freude unserer Vertriebskollegen waren gut die Hälfte davon Entscheider für IT-Projekte mit Budgetverantwortung.

Bild 24 Regelmäßige XING-Events stärken die Kontakte: Unsere erste Veranstaltung

In unserem Fall folgten zügig weitere Veranstaltungen. Da sich in der Gruppe ganz unterschiedliche Menschen aus verschiedenen Firmen und mit diversen Funktionen treffen, ist ein solches „Get together" für alle Seiten lohnenswert. Man kann sich nicht nur über Neuigkeiten austauschen, sondern lernt auch Personen kennen, denen ähnliche Fragestellungen auf der Seele brennen, oder trifft auf neue Geschäftspartner und Dienstleister. Auch bietet dieser Veranstaltungsrahmen Gelegenheit, bereits bestehende Kundenkontakte zu pflegen, Informationen auszutauschen oder weitere Projekte anzustoßen. Nicht zu vergessen ist der Grundsatz, dass gemeinsame Erlebnisse natürlich verbinden. So stärken Sie auch den Zusammenhalt Ihrer virtuellen Gruppe und damit den weiteren Online-Austausch.

Ein positiver Nebeneffekt: Die Besucher Ihrer Veranstaltung werben wieder neue Mitglieder, so dass die XING Community stetig wächst. Und was gibt es für ein Unternehmen Besseres als positive Mundpropaganda?

Auch Ihr Firmenimage beziehungsweise die Wahrnehmung bestimmter Fachkompetenzen lassen sich über derartige Veranstaltungen sehr effektiv steuern: *„Hast du schon gehört, was für eine gelungene und innovative Veranstaltung die Firma XYZ organisiert hat – nur über XING?"*

Wie geht man beim Anlegen und Bewerben eines XING-Events vor?

Unter *„Events* → *Event anlegen"* können Sie Ihre Gruppenveranstaltung anlegen (Bild 25). Wichtig ist dabei, dass Sie diese als Gruppen-Event auszeichnen. Nur so erscheint dieser auch innerhalb Ihrer gesamten Gruppe als Veranstaltung.

Bild 25 Anlegen eines Gruppen-Events [66]

In der nächsten Maske (Bild 26) haben Sie die Möglichkeit, detailliertere Angaben zu Ihrer Veranstaltung einzugeben, wie die Kategorie Ihres Events, den Titel, eine Beschreibung, Schlagwörter, um damit es in der XING-Suche besser auffindbar zu sein, Datum und Ort der Veranstaltung.

Bild 26 Detaillierte Angaben zum Gruppen-Event[67]

Sie können außerdem bestimmen, wer die Gästeliste sehen darf – alle XING-Mitglieder, nur die Gäste Ihres Events oder auch nur Sie selbst. Handelt es sich um einen öffentlichen Event, sollten Sie diesen als Suchergebnis in Suchmaschinen sowie in der XING-Veranstaltungssuche anzeigen lassen. Dazu setzen Sie einfach ein Häkchen im entsprechenden Kasten.[68]

Ich empfehle es übrigens nicht, den Teilnehmern unter dem Menüpunkt *„Gästeliste-Optionen"*, die *„Vielleicht"*-Auswahl zu ermöglichen. Nur so behalten Sie einen besseren Überblick über die voraussichtliche Zahl Ihrer Besucher.

Nutzen Sie auch die Möglichkeit, Ihre Veranstaltung auf XING mit einer Amiando-Anmeldung auszustatten. Amiando ist ein Online-Event-Management-System, mit dem Sie relativ professionell und mit wenig Aufwand Veranstaltungen anlegen und dabei auch Auswertungsvorteile zum Ticketverkauf nutzen können. So können sie selbst verfolgen, wie viele Veranstaltungstickets bereits vergeben wurden. Ihre Interessenten

Kapitel III: Veranstaltungen im Social-Media-Zeitalter

erwerben diese sogenannten Tickets, welche ihnen wiederum automatisch per E-Mail zugestellt werden. Sie können auf Amiando kostenlose, sowie kostenpflichtige Events einstellen und auf der Plattform XING einbinden. So haben Sie die perfekte Übersicht über die bereits „verkauften", bei kostenlosen Events „vergebenen" Karten. Mit Amiando haben Sie auch die Möglichkeit, Ihre Veranstaltung für Personen freizugeben, die sich nicht auf XING bewegen oder noch kein Mitglied der Gruppe sind.

Denken Sie auch daran, Ihre mediale Aufmerksamkeit zu erhöhen, indem Sie weitere Plattformen wie Twitter mit einbeziehen, um Ihre Veranstaltung zu bewerben. Im optimalen Fall empfehlen ja auch Ihre Teilnehmer selbst Ihre Veranstaltung viral weiter, und durch den Einsatz der diversen Social-Media-Plattformen können Sie diese leicht adressieren. Achten Sie einmal darauf, wie viele Ihrer Gäste auf Facebook oder Twitter berichten, dass sie gerade auf Ihrer Veranstaltung sind oder waren.

Lernen durch Beobachtung: Lassen Sie sich auch von den Events anderer Gruppen inspirieren, denn es gibt sehr viele gute XING-Veranstaltungen, wie zum Beispiel den „Social Media Club", „Twittwoch" oder die „Munich Connection". Vielleicht nehmen Sie auch selbst einmal an einer Veranstaltung einer Gruppe teil. Sie sehen so ganz schnell Optimierungsbedarf für Ihre eigenen Veranstaltungen und gewinnen weitere Ideen.

Mitarbeiterveranstaltungen – trotz oder gerade wegen der virtuellen Welt

„Hello India", „Hello Germany" – Gelächter brach aus, als sich unsere Mitarbeiter in München, Paderborn, Mumbai, Kalkutta und Chennai per Livestream auf der Videoleinwand in ihren deutschen und indischen Verkleidungen sahen. So fröhlich startete unser globales Fachbereichs-Sommerfest. Als Motto hatten die Kollegen in Deutschland „Bollywood", die Inder „Volksfest" gewählt – Kultur verkehrt also, aber passend. Schließlich ging es vor allem um eins: abseits des Arbeitsalltags den Teamgeist der internationalen Truppe zu fördern. Keine leichte Aufgabe, wenn man bedenkt, dass das Team nach der organisatorischen Zusammenführung von On- und Offshore-Einheiten noch enger zusammenwachsen sollte. Und das eben nicht nur virtuell. Die Herausforderung war nicht ohne: Wie stellen die indischen Kollegen ein deutsches und die deutschen ein indisches Fest auf die Beine – gemeinsam und ohne persönliche Interaktion, außer digital und höchstens einmal telefonisch?

Stände wurden gestaltet, um den Kollegen die Kultur des jeweils anderen Landes näher zu bringen. Nur vierzig bis achtzig Euro Budget pro Abteilung und Stand – das fachte Fantasie und Ehrgeiz an. Pakete voll Deutschlandflaggen und Gummibärchen, Saris und Hennafarben wurden ausgetauscht, in Indien wurde das Dirndl einer deutschen Kollegin nachgeschneidert, in Deutschland eine Rikscha gemietet. Dass jeder Stand einen Paten aus der anderen Kultur hatte, war eine große Hilfe. Die Inder studierten deutsche Volkstänze, Deutsche wiederum das Binden von Saris.

In München traten Mitarbeiter und Management in die Rikschapedale, entspannten bei Kopfmassage im „Ganesha Palace Spa", informierten sich über Hochzeitsrituale, schwangen den Kricket-Schläger. Die indischen Kollegen tanzten bayrische Polka, spielten Fußball, maßen ihre Kräfte beim Armdrücken und schlemmten Kartoffelsalat und Schwarzwälder Kirschtorte. Parodien, Sketche und Kulturquiz sorgten für viel Spaß und dafür, dass einige indische Kollegen nun mehr über Deutschland wissen als manche Deutsche. Schließlich wurden die besten Stände ausgezeichnet.

Am Montag kehrten die Mitarbeiter mit neuer Energie an den Arbeitsplatz zurück. Einmal mehr hatten sie gezeigt, dass sie über Abteilungs- und Kulturgrenzen hinweg, auch innerhalb eines sehr virtuellen Arbeitsumfeldes, als großes Team erfolgreich zusammenarbeiten können. Und dies zukünftig sicher noch mehr tun – auch in virtuellen Netzwerken. Denn die Kollegen kennen sich jetzt auch persönlich und können einander besser verstehen. Sie sind keine Fremden mehr, sondern ein Team, auch außerhalb der virtuellen Communitys.

Nun haben wir also die Mitarbeiter in den gewünschten sozialen Netzwerken. In der Regel verbringen Berufstätige sehr viel Zeit in WebCasts, Videokonferenzen, Conference Calls oder auf ähnlichen virtuellen Meeting-Plattformen. Für den konstruktiven Austausch untereinander und das Wissensmanagement ist das sehr wünschenswert. Aber es ist auch Zeit, die nicht wirklich nachhaltig dazu beiträgt, die Identifikation Ihrer Mitarbeiter als Team und die emotionale Verbindung zu Ihrem Unternehmen zu fördern. Denn das geht nach wie vor am besten, wenn man sich in der realen Welt sieht, und zwar „face to face", wie es so schön neudeutsch heißt. Meine persönliche Prognose ist, dass sich dies in den nächsten hundert Jahren auch nicht wirklich ändern wird.

Egal, wie effektiv Social Media für das Netzwerken im Unternehmen sein mögen, manchmal muss doch die Devise gelten: *„Raus aus den Netzwerken, rein in die Mitarbeiterveranstaltung"*, in ein persönliches Treffen mit den Kollegen aus den anderen Abteilungen.

Häufig haben derartige Veranstaltungen den ungerechtfertigten Ruf, kostenintensiv und im Grunde genommen überflüssig zu sein. Dabei ist es kein Geheimnis, dass gewissenhaft organisierte Mitarbeiterveranstaltungen zu mehr Motivation und Identifikation mit dem Unternehmen beitragen können und dass sich solche Anlässe unter anderem auch gut dazu nutzen lassen, ein einheitliches und exaktes Verständnis der Firmenstrategie unter den Mitarbeitern sicherzustellen. In diesem Fall relativieren sich die Kosten wiederum drastisch, insbesondere in Zeiten der Neuausrichtung eines Unternehmens.

Bei Veranstaltungen geht es im Allgemeinen nicht nur darum, potentielle Kunden zu motivieren und zu binden, sondern eben auch die eigenen Mitarbeiter. Denn diese sind das Aushängeschild des Unternehmens und betreiben, schon allein aufgrund ihrer Firmenzugehörigkeit, aktiv Marketingkommunikation. Das Klima im Unternehmen muss stimmen, und die Mitarbeiter sollten ein positives Zugehörigkeitsgefühl auch nach außen transportieren.

Sicher hat jeder von Ihnen schon einmal eine Veranstaltung erlebt, bei der es zu einer längerfristigen, emotionalen und – im besten Falle – positiven Beeinflussung kam. Unterschätzen Sie auf keinen Fall die langfristige Wirkung eines überzeugenden Workshops, des Sommerfestes zum Firmenjubiläum oder auch der Feier am Ende eines sehr erfolgreichen Jahres.

Mitarbeiterveranstaltungen sind eine ausgezeichnete Plattform, um flächendeckend, schnell und konsistent zu informieren. Im Folgenden möchte ich genauer erklären, wie Sie eine gelungene Veranstaltung für Ihre Mitarbeiter planen und kommunikativ begleiten, so dass Sie aus dem hierfür investierten Budget den maximalen Nutzen ziehen können – auch über Social Media.

Veranstaltungen – wie geht man's an?

Eine gelungene Veranstaltung bedarf einer akkuraten organisatorischen Situationsanalyse. In welcher Art und Weise soll die Veranstaltung ablaufen? Wie ist das Motto? Wer soll daran teilnehmen? Wie hoch ist mein Budget? Und so weiter.

Steht dieses Grundkonzept für Sie erst einmal, können Sie mit der Detailplanung der Veranstaltung beginnen. Im Grunde genommen ist die komplette Eventplanung nicht schwierig, wenn Sie einige wesentliche Punkte beachten.

Tipps und Tricks für eine erfolgreiche Veranstaltung

Es empfiehlt sich grundsätzlich, die folgenden Fragen zu beantworten:

Wann findet die Veranstaltung statt?

Wählen Sie das Datum sehr sorgfältig. Denken Sie nicht nur an die Ferien und Feiertage, informieren Sie sich auch über konkurrierende Termine wie zum Beispiel Messen, Kundenveranstaltungen oder Tagungen.

Wo findet die Veranstaltung statt?

Den geeigneten Veranstaltungsort zu finden, ist oft der wichtigste und gleichzeitig schwierigste Schritt in der Veranstaltungsplanung. Legen Sie frühzeitig fest, was der Veranstaltungsort in jedem Fall bieten muss, zum Beispiel einen Vortragsraum, Bestuhlung für eine bestimmte Teilnehmerzahl, Anreisemöglichkeit, Catering und so weiter. Im Internet finden Sie zahllose Veranstaltungsorte, vom Zirkuszelt bis zur Ritterburg, und auch persönliche Empfehlungen von Freunden, Bekannten und Kollegen sollten Sie auf ihre Tauglichkeit prüfen. Dabei gilt für alle Varianten: Planen Sie rechtzeitig – gute Veranstaltungsorte sind oft bereits ein Jahr im Voraus ausgebucht.

Was ist das Veranstaltungsziel?

Definieren Sie Ihr Veranstaltungsziel so genau wie möglich. Was möchten Sie mit Ihrer Veranstaltung erreichen? Welchen Anlass haben Sie? Was soll jeder Teilnehmer aus der Veranstaltung als Botschaft mitnehmen?

Wie hoch ist das Budget?

Je höher der Budgetbetrag, desto erfolgreicher die Veranstaltung? Weit gefehlt! Ein großes Budget ist kein Garant für Erfolg. Vielmehr kommt es darauf an, dass die Veranstaltung in sich stimmig ist, das heißt Agenda, Zielgruppe, Sprecher, Räumlichkeit, Catering sollten miteinander harmonieren. Es macht keinen Sinn, einen 5-Sterne-Veranstaltungsort zu buchen und dann beim Catering zu sparen. Von daher empfehle ich, stets mit einer konservativen Annahme der Gesamtkosten in die Planung zu gehen. Erstellen Sie eine Liste mit allen zu erwartenden Ausgaben und planen am Schluss zusätzlich einen Puffer von 15 Prozent ein. Dann vermerken Sie in der Liste, welche Ausgaben grundsätzlich beeinflussbar sind und welche nicht.

Wer wird eingeladen?

Sie sollten sich bereits zu Planungsbeginn darüber im Klaren sein, wie viele Personen Sie zur Veranstaltung einladen möchten und mit welcher Teilnehmerzahl Sie letztlich rechnen. Ebenso gilt es, sich Gedanken über die geladene Zielgruppe und deren individuelle Interessen zu machen. Berücksichtigen Sie auch Alters- und Sozialstruktur.

Wie wird eingeladen?

Auch die Einladung entscheidet mitunter darüber, ob Ihre Gäste kommen oder nicht. Es gilt also genauso abzuwägen, wie man die Einladung gestaltet und wie man sie verbreitet. Sie können beispielsweise ganz traditionell Einladungen per Post versenden oder per Social Media eine Veranstaltung ankündigen und bitten, sich dort verbindlich anzumelden.

Welches Catering?

Die Wahl des richtigen Caterings kann den Erfolg einer Veranstaltung wesentlich beeinflussen. Egal wie professionell organisiert eine Veranstaltung ist, kann sie durch mindere Qualität oder auch Quantität der Speisen auch ein Reinfall werden. Informieren Sie sich also genau, welche Catering-Möglichkeiten Ihr Veranstaltungsort bietet und vereinbaren Sie eventuell auch ein Testessen. Denn an ein leer gefegtes Buffet oder an lauwarmes Essen werden sich Ihre Gäste lange erinnern. Oder eben – viel besser – an das originelle und gute Dinner.

Wen involvieren?

Benötigen Sie Referenten, Künstler oder Artisten für Ihre Veranstaltung? Informieren Sie sich rechtzeitig, denn auch diese vergeben ihre Termine oft sehr frühzeitig.

Eventevaluation

Bevor die nächste Veranstaltung ansteht, sollten Sie prüfen, was beim letzten Event gut verlief und was nicht. Nutzen Sie Social Media zu gezieltem Monitoring. Die Evaluation einer Veranstaltung und wie diese bei den Teilnehmern ankam, kann auch auf sozialen Netzwerkforen durchgeführt werden. Starten Sie einfach eine Diskussion oder stellen Sie einen Fragebogen zur Veranstaltungsbewertung online. Wie ist die Stimmung in den Foren? Wird von der Veranstaltung online gesprochen? Wurden eventuell Videos oder Fotos online gestellt? All das ist direktes Feedback für Sie, welches Sie auch für Ihre zukünftige Veranstaltungsplanung nutzen können.

Do's and Don'ts
bei der Veranstaltungsorganisation

- ○ Planen Sie die zeitlichen Ressourcen sowie das Budget genau, um Ihre Veranstaltung bestmöglich zu organisieren.

- ○ Legen Sie die minimale und maximale Teilnehmerzahl fest.

- ○ Suchen Sie frühzeitig verschiedene Veranstaltungsorte und prüfen diese persönlich auf ihre Effizienz.

- ○ Planen Sie Gastredner ein mit spannenden Themen, die zu Ihrem Gesamtmotto passen.

- ○ Machen Sie Ihre Veranstaltung frühzeitig publik, damit Ihre Gäste Zeit zum Planen haben. Kommunizieren Sie, sobald Sie Motto und Termin kennen.

- ○ Setzen Sie auf Social-Media-Kanäle, um Ihre Veranstaltung zu bewerben und zu verbreiten.

- ○ Prüfen Sie alles rund um Ihre Veranstaltung persönlich und mindestens zweimal.

- ○ Erstellen Sie genaue Listen, was von wem bis wann erledigt werden muss.

- ○ Kommunizieren Sie den Stand der Planungen regelmäßig an alle involvierten Personen und stellen Sie sicher, dass alle den gleichen Wissenstand haben.

- ○ Kalkulieren Sie auch mögliche Risiken mit ein. Wenn Sie ein Sommerfest im Freien planen, brauchen Sie einen Plan B, für den Fall, dass es an diesem Tag regnet. Überlegen Sie sich zudem eine Alternativagenda, bzw. Ersatzredner, sollte jemand ausfallen.

- ○ Halten Sie auch etwaige Stornokosten im Blick.

- ○ Planen Sie für alles und jeden eine Backup-Lösung ein, auch für sich selbst.

zu Kapitel III

Checkliste zur Eventorganisation
Innovation Marketing GmbH: www.innovation-marketing.at →
Know How → Know-how Archiv → Artikel; Veröffentlicht am 05.05.2004;
www.innovation-marketing.at/index_newsaktuell_4_n6__1_0_b388_.html

Checkliste zum Eventbudget
Innovation Marketing GmbH: www.innovation-marketing.at →
Know How → Know-how Archiv → Artikel; Veröffentlicht am 01.04.2005;
www.innovation-marketing.at/index_newsaktuell_4_n6__1_0_b554_.html

Ratgeber für die Weihnachtsfeier
www.eventmarkt.de → Ratgeber → Weihnachtsfeier; Stand: 24.10.2011;
www.eventmarkt.de/event-ratgeber/weihnachtsfeier.html

Wie organisiert man eine Weihnachtsfeier
PKV Informationszentrum für die Wirtschaft GmbH: www.office-lexikon.de
→ W → Weihnachtsfeier; Stand: 24.10.2011; www.office-lexikon.de/
downloads/files/down1683edfbbfbaffbabacc.pdf

XING Events finden
XING AG: www.XING.com/de/events; Stand: 24.10.2011

Blog zu XING Events
Joachim Rumohr: www.rumohr.de/blog → Navigation → Events;
Stand: 24.10.2011; www.rumohr.de/blog/category/termine/

Artikel „Die Marke live erleben – Mitarbeiterevents als emotionales Element der internen Kommunikation"
Frederik Bernard: www.fbkb.de → Publikationen → Artikel; Veröffentlicht im
Sept. 2007; www.fbkb.de/fileadmin/fbkb/pdf/eventkomm_art.pdf

Ideen für Betriebsausflüge
Nils[2] – Nils zum Quadrat: www.betriebsausflug.net/blog/; Stand: 24.10.2011

Allgemeine Links, die bei der Planung einer Veranstaltung hilfreich sind

Das passende Hotel reservieren
www.expedia.de; www.hotels.com

Vermittlung von Tagungshotels
www.tagungsprofi.de; www.tagungsplaner.de; www.tagungshotels-online.de

Unterstützung bei der Veranstaltungsplanung:
evantagenturliste.de; eventlocamundo.com; event-shop.de

Künstlersuche
www.kuenstlerdienste.com; www.showlinks.de; www.redneragentur.de;
www.gastreferenten.de

Kapitel IV

Erfolgreich im Web: Analysieren, verbinden und richtig gefunden werden

Teamwork – der beste Weg zur erfolgreichen Netzkommunikation

„Niemand kann eine Sinfonie flöten. Es braucht ein Orchester, um sie zu spielen." (Halford E. Luccock) [69]

Wenn mehrere Personen für Ihre Social-Media-Aktivitäten im Unternehmen verantwortlich sind, sollten sie nicht nur die Social-Media-Plattformen miteinander vernetzen, sondern auch die eigenen Social-Media-Mitarbeiter im Team. Denn die einzelnen Mitarbeiter sollten immer auf dem aktuellsten Wissensstand sein, und daher auch gut miteinander vernetzt sein, so dass sie jederzeit schnell und einfach die notwendigen Informationen erhalten.

Natürlich hatten wir den Vorteil, ein größeres Team für unser Social-Media-Pilotprojekt im Einsatz zu haben. Als Fachbereich eines Unternehmens oder als mittelständischer Betrieb verfügen Sie vielleicht über weniger Ressourcen, die sich mit der Fachkommunikation beschäftigen. Ist das Budget für Kommunikation oder speziell für Online-Marketing knapp, so können Sie natürlich nicht so viele Projektmitarbeiter explizit hierfür einstellen. Dennoch können Sie auch hier gelungene Kommunikation betreiben.

Der Social-Media Kick-off – Starthilfe mit einer Agentur

Mit welchem Aufwand muss ich rechnen, welche Kosten fallen an und wie kalkuliere ich diese Kosten so ein, dass das verfügbare Budget nicht überschritten wird? Wie verteile ich meine Ressourcen, sowohl personeller als auch finanzieller Natur? Aller Anfang ist schwer und man tut sich oft einen Gefallen, Hilfe von außen hinzuzunehmen – gerade wenn eine Social-Media-Kampagne noch in den Kinderschuhen steckt. Zum Beispiel gibt es mittlerweile sehr professionelle Kommunikationsagenturen, die mit Ihnen die ersten Gehversuche unternehmen und Ihnen die Richtung Ihrer Social-Media-Aktivitäten aufzeigen können. Ein externer Profi unterstützt Sie dabei, Ihre Zielgruppe zu analysieren, den richtigen Medienkanal zu finden und erste Maßnahmen zu lancieren. In der Anfangszeit ist der Rückgriff auf solche externen Ressourcen oft empfehlenswert, später können Sie andere, auch firmeninterne personelle Kräfte ins Boot holen, wenn der Social-Media-Versuchsballon schon erfolgreich abgehoben ist.

International netzwerken – Ressourcen im Ausland

Wenn Ihre Firma sich auf internationalem Parkett bewegt, ist dies eine perfekte Möglichkeit zur effektiven Ressourcennutzung: Binden Sie einfach mehrere Länder in die Kommunikation ein und nutzen so internationale Netzwerke für sich. Der Vorteil dabei liegt klar auf der Hand: Wenn Mitarbeiter anderer Länder für Sie in sozialen Netzwerkforen posten, können sie das in der jeweiligen Landessprache oder in der internationalen Wirtschaftssprache Englisch zu unterschiedlichsten Uhrzeiten tun und Sie erreichen so einen enorm großen Kunden- beziehungsweise Interessentenkreis im Web. Die Reichweite der Netzwerkaktivitäten vergrößert sich somit um ein Vielfaches. Auch thematisch kann es spannend werden, wenn ein Kollege aus einem anderen Land einen Teil der Kommunikationsaufgaben betreut. Es entsteht eine höhere Themenvariabilität, da jeder aus seiner Perspektive und aus seinem kulturellen Kreis berichtet.

Firmenintern netzwerken – gewusst wie

Natürlich verfügt nicht jede Firma über Ressourcen im Ausland. Das muss auch nicht sein, denn wozu in die Ferne schweifen, wenn das Gute so nah liegt? Sprich: Sie können auch von Ihren Kollegen direkt am Standort, von Ihrem firmeninternen Netzwerk profitieren. Nehmen Sie doch einfach Ihre Kollegen aus den individuellen Abteilungen stärker in die Pflicht, zu kommunizieren, und zwar über das, was sie selbst täglich tun. Inhalte im Netz entstehen nicht von allein, sondern nur durch die Mithilfe aller Mitarbeiter. Jeder kann etwas Interessantes aus seinem Aufgabenbereich erzählen, jeder stößt bei seiner täglichen Arbeit auf interessante Inhalte, die er online teilen kann. Und wer nicht selbstständig in einem Netzwerkforum tätig werden will, kann trotzdem als Ihr Themenlieferant fungieren. Aus meiner eigenen Erfahrung bedarf es nur ein paar gezielter Tricks und Strategien, um Mitarbeiter zu motivieren, die Online-Kommunikation mitzutragen.

Effizientes Wissensmanagement

Effizienter Ressourceneinsatz im Team ist auch durch gezieltes Wissensmanagement möglich.

Wie stellen Sie also ein gutes Wissensmanagement sicher? An dieser Stelle möchte ich meine Erfahrungen mit dem Microsoft-Produkt SharePoint teilen, denn es bietet diverse Funktionen, die eine Teamarbeit effektiv unterstützen. Wir haben damit zum Beispiel eine Teamseite errichtet, zu der ausschließlich die eigenen Team-Mitglieder Zugang haben.

Auf SharePoint können Sie alle Dokumente Ihrer Social-Media-Arbeit ablegen. Durch gezieltes Monitoring und Durchforsten des Webs findet man immer wieder Beiträge, die sich für eine Kommentierung eignen. Interessante Artikel sollte man auf jeden Fall entsprechend auf SharePoint sammeln, da diese wiederum, oft auch viel später, Inhalte und Ideen für die eigene Posts bieten. SharePoint ist so konzipiert, dass Teammitglieder nie gleichzeitig an einem Dokument arbeiten können. Auch eine Bildergalerie lässt sich erstellen. Hier können Sie jederzeit aktuelle Fotos von Kollegen, Ereignissen oder Veranstaltungen hochladen. Andere Mitglieder haben so die Möglichkeit, ein passendes Bild zum Illustrieren der eigenen Beiträge zu finden.

Zusammenfassend lässt sich sagen, dass nicht die Plattform an sich zu einem gelungenen Wissensmanagement beiträgt, sondern vielmehr die Tatsache, dass Sie eine solche Seite strukturiert und verständlich anlegen, betreiben und mit den einzelnen Teammitgliedern konsequent nutzen.

Welche Kosten kommen auf Sie zu?

Ich haben Ihnen bereits aufgezeigt, wie Sie personelle Ressourcen verteilen und so effizient einsetzen können, dass Sie ein Maximum an Mehrwert bei einem überschaubaren Kostenbetrag haben. Bei Social Media muss zwischen den finanziellen Kosten und dem zeitlichen Aufwand unterschieden werden. Das Deutsche Institut für Marketing listet folgende Kostenblöcke für eine Social-Media-Kampagne auf; die jeweils wirklich fälligen Beträge hängen natürlich davon ab, wie Sie die unterschiedlichen Maßnahmen ausgestalten, sprich, ob Sie die Standardversion möchten oder sich etwas besonders Außergewöhnliches leisten wollen:[70]

Finanzieller Aufwand

1. **Personalkosten**
   Je nach Aufwand 0,1 bis X Arbeitsstellen
2. **Beratungskosten**
   Je nach Projektgröße und Aufgaben
3. **Programmierkosten**
   Zum Beispiel für Facebook-Apps, Blog-Themes usw.
4. **Erstellungskosten**
   Für Grafiken, Videos usw.
5. **Monitoring**
   Für regelmäßige Beobachtung und Auswertung
6. **Sonstige Kosten**
   Verlosungen, Aktionen usw.
7. **Werbung**
   Um Social Media Marketing wirklich erfolgreich zu betreiben, muss in Werbung investiert werden, auch wenn diese im Vergleich zu klassischem Online Marketing oft günstiger ausfällt.
8. **Analyse-Tools**
   Wer den Erfolg in den sozialen Netzwerken messen möchte, ist auf gute Analyse-Tools angewiesen, deren Anschaffung nicht gratis ist (siehe Abschnitt „Social Media Monitoring"). Auch die Mitgliedschaften in Social-Media-Foren fallen in den Ausgabentopf. Sie belaufen sich derzeit zwischen null Euro für Twitter, 14 Euro für LinkedIn bis zu etwa 1.000 Euro im Monat für spezielle Fachforen.[71]

Zeitaufwand

Das Erstellen von Inhalten für die einzelnen Fachgruppen geht nicht so schnell ohne Weiteres und erfordert einen gewissen Aufwand. Am besten ist es, auf einen fundierten und gut recherchierten Artikel zurückzugreifen, dessen Content nach und nach auf den einzelnen Foren eingestellt werden kann. Und klar ist: Auch das Monitoring der Social-Media-Foren und die Pflege der einzelnen Gruppen ist zeitintensiv. Eine ökonomische Variante ist hier die Zwei-Wege-Strategie: Nutzen Sie zwei der oben vorgestellten Ressourcen, wie zum Beispiel einerseits die spezialisierte Agentur, zum anderen einen Werkstudenten oder eigene Mitarbeiter, die sich in diesem innovativen Umfeld engagieren.

Mitarbeitermotivation – oder wie Sie Ihre Kollegen ins Social-Media-Boot holen

„Die einzige Möglichkeit, Menschen zu motivieren, ist die Kommunikation."
(Lee Iacocca)[72]

Motivation ist in der Psychologie definiert als Motor für innerpsychische Ursachen, Beweggründe und Bedingungen von Verhalten. Sie umfasst alle bewussten und unbewussten Vorgänge, die das Verhalten des Einzelnen oder einer Gruppe erklären, beziehungsweise verständlich machen sollen, und wird immer dann gebraucht, wenn nach dem „Warum" menschlichen Verhaltens gefragt wird. Die Leistungsmotivation wiederum stellt die Werte dar, mit welchen ein Mensch seine Leistungen beurteilt.[73]

Soweit die Theorie. Für die Praxis können wir aber folgende wichtige Aspekte ableiten:

Motivation ist eine entscheidende Triebfeder, welche die Menschen zum Handeln bewegt. Motivation ist ein innerer Zustand, der in sichtbares Handeln überführt wird, wenn der richtige Anreiz gegeben wird.

Für uns Kommunikationsbeauftragte, die wir uns vor der nicht immer leichten Aufgabe sehen, unsere Kollegen zu mehr Aktivität und Mitmachen im Netz zu bewegen, stellt sich also die Frage: Wie schaffen wir es, unsere Kollegen so zu motivieren, dass dieser Zustand in eine konkrete Handlung mündet, sprich in die Bereitschaft, sich online zu engagieren?

Vielleicht werden Sie an dieser Stelle einwenden, dass diese Frage allenfalls zweitrangig ist, denn wer nicht will, den soll man bitteschön doch lassen. Und internetkritische Menschen, an denen beißt man sich doch sowieso die Zähne aus. Das ist zwar richtig, diese Einsicht hilft Ihnen aber nicht weiter, wenn Sie Ihre Kollegen als aktive Ressourcen im Social-Media-Umfeld einsetzen wollen, beziehungsweise aus ökonomischen Gründen sogar müssen. Wie Sie diese nun im Einzelnen einbinden und motivieren können und dabei vielleicht sogar zum Digital Evangelist werden, möchte ich Ihnen nachfolgend anhand allgemeiner Empfehlungen und mit einem persönlichen Praxisbeispiel illustrieren.

Hemmschwellen abbauen und mit Social Media vertraut werden

Dass sich die meisten Ihrer Kollegen nicht sofort voller Enthusiasmus in soziale Netzwerke stürzen, mag daran liegen, dass alles, was neu und nicht vertraut ist, zunächst einmal befremdlich wirkt. Gerade bei Kollegen, die keine Digital Natives und nicht mit dem Internet groß geworden sind, sollten Sie Verständnis dafür haben, wenn diese erst mal skeptisch auf Ihre neuen Kommunikationsvorhaben reagieren. Bieten Sie daher allgemeine Einführungsveranstaltungen und Schulungen zum Thema Social Media als Teil der neuen Marketing- und Kommunikationspolitik an. Transparenz hilft, Misstrauen abzubauen. Oft haben die Mitarbeiter auch schlichtweg keine Zeit, sich zusätzlich noch in sozialen Netzwerken zu engagieren. Schenken Sie in dem Fall einen Teil Ihrer Zeit. Helfen Sie Ihren Kollegen bei den ersten Gehversuchen im Social Web. Unterstützen Sie auch später immer wieder, und berichten Sie über erste Erfolge.

Mit gutem Beispiel vorangehen

Als Mensch lernt man vor allem durch Beobachtung anderer, deren Verhalten man dann imitiert. Lernen am Modell oder am Vorbild nennt Albert Bandura das,[74] und genau so ein Vorbild sollten Sie für Ihre Kollegen sein. Sprechen Sie nicht nur darüber, sondern zeigen Sie ihnen, was Sie auf sozialen Netzwerken so machen, lassen Sie andere Anteil daran haben. Wenn Sie zum Beispiel Tweets auf Twitter platzieren, lassen Sie das Ihre Kollegen wissen und bieten diesen an, es Ihnen nachzutun.

Konkrete Bitte unter vier Augen

So banal es auch scheinen mag, aber bitten Sie Ihre Kollegen um stärkere Aktivität. Informative Mails zum Thema reichen sicher hier nicht aus. In einem persönlichen Gespräch können Sie viel überzeugender argumentieren und die betreffende Person auch besser in die Pflicht nehmen, denn Ihnen persönlich eine Mithilfe zu verweigern ist viel schwerer als eine Mail zu ignorieren. Machen Sie Ihrem Gegenüber klar, dass Sie gerade in diesem innovativen Projekt Unterstützung benötigen und vermitteln Sie Ihre Wertschätzung.

Eine konkrete Aufgabenstellung fürs Web geben

Formulieren Sie konkrete Aufgabenstellungen an Ihre Kollegen für das aktive Bewegen im Web. Die Aufforderung, im Netz „mehr mitzumachen" reicht nicht aus, aber die konkrete Bitte, täglich einen firmenbezogenen Tweet abzusetzen oder zweimal wöchentlich einen Kommentar im Firmenblog einzustellen, sehr wohl. Sie können auch interessante Links an Ihre Kollegen schicken und diese bitten, aktiv Inhalt für bestimmte Webforen zu generieren.

Social Media Guidelines kommunizieren

Unsicherheit wirkt motivationshemmend. Dem können Sie entgegenwirken, indem Sie Ihren Kollegen klare Richtlinien für das Bewegen im Web aufzeigen.

Niemand muss blind im Web navigieren, denn es gibt Social Media Guidelines, und diese sollten Sie innerhalb Ihres Bereiches klar kommunizieren. Wissen, was geht und was nicht, baut Zweifel ab und sollte förderlich für ein größeres Web-Engagement sein. Mehr dazu finden Sie im Abschnitt „Social Media Guidelines".

Der persönliche Mehrwert

Motivation ist dann am besten, wenn sie von innen kommt. Man erreicht nur wirkliche Aktivität im Web, wenn man die Kollegen erfolgreich dazu bewegt, aus eigener Überzeugung „sozial" zu agieren. Eine innere Überzeugung kann eigentlich nur dann entstehen, wenn Sie den Mitarbeitern ihren persönlichen Mehrwert aufzeigen, ihnen verdeutlichen, dass sie durch ihre Webaktivität auch für sich selbst ein virtuelles Image aufbauen. Was kann der persönliche Mehrwert für jemanden sein, der anfängt, sich auf sozialen Netzwerken zu tummeln? Das ist vielleicht nicht gleich auf den ersten Blick ersichtlich, aber es kann mit der Zeit Freude bereiten, ein Thema selbst online zu vertreten und mit Gleichgesinnten darüber zu diskutieren. Und am wichtigsten: Jeder, der aktiver im Web ist, vergrößert sein soziales Netzwerk und verbessert die eigene Reputation in- und außerhalb der Firma.

In den Erfolg miteinbeziehen

Erfolge wirken ebenfalls stark motivationssteigernd, denn für jeden ist es schön, zu sehen, dass die eigene Leistung Früchte trägt. Lassen Sie ihre Kollegen regelmäßig am Erfolg der Social-Media-Aktivitäten teilhaben. Denn Teil eines Erfolgsprojektes zu sein beflügelt. Und wenn der einzelne Mitarbeiter weiß, warum und wofür er kommentiert und Themen beiträgt, wird er dies im Hinblick auf den zu erreichenden Erfolg mit noch viel größerer Motivation tun.

Mit Charme und Beharrlichkeit – Praxisbeispiel zum Thema Mitarbeitermotivation

Auch unser Team hatte es nicht immer leicht, die Kollegen in das Social-Media-Boot zu holen. Alle Aspekte, die bereits geschildert wurden, waren für uns eine wichtige Hilfe in der Herausforderung, die Mitarbeiter mehr ins „Mitmachnetz" zu involvieren. Vor allem benötigten wir richtig gute Inhalte von unseren Kollegen. Und zwar kontinuierlich und termingerecht. So erhielten die Mitarbeiter eine Art „redaktionelle Liste" mit Verantwortlichen, Themen, Art der Beiträge sowie Datum der Abgabe.

Bei Bedarf gab es natürlich Unterstützung mit Themen- und Gliederungsvorschlägen oder durch Interviewführung.

Die Erfahrung hat mich gelehrt, dass die Mitarbeiter meist offen dafür sind, etwas zum Social Web beizutragen, dass sie damit aber nicht alleingelassen werden dürfen. Als Kommunikationsverantwortlicher hat man die Aufgabe, zu unterstützen, zu begleiten und proaktiv nachzufragen. Bei der Überzeugungsarbeit sollte man auch Ergebnisse visualisieren oder Erfolgsbeispiele aus anderen Unternehmen zitieren. Gerade Beispiele dazu, wie der Markt sich im Umfeld Social Media bewegt, waren die wirksamste Methode, um die größten Skeptiker für unser Projekt zu gewinnen.

Die Bilanz? Positiv! Wir haben es in einigen Monaten geschafft, das Thema Social Media in unserem Fachbereich salonfähig zu machen, und was noch viel mehr zählt: Wir konnten auch unsere Mitarbeiter, die anfangs diesem Projekt sehr zurückhaltend begegnet sind, dafür gewinnen, sich aktiv im Web zu betätigen, unsere Arbeit zu unterstützen und nachhaltig aufzubauen.

Lust statt Frust: Wenn irgendjemand wirklich keine Lust hat, selbst auf Netzwerkforen zu gehen, dann lassen sie ihn. Er kann stattdessen Inhalte für Sie generieren. Seien Sie selbst überzeugter Social-Media-Pionier, so wirken Sie in Ihrer Begeisterung ansteckend und ziehen andere mit.

Seeding oder: Was man sät, das erntet man

„Sage nicht alles, was Du weißt, aber wisse immer, was Du sagst."
(Matthias Claudius) [75]

Als Seeding (streuen, säen) bezeichnet man das gezielte Säen oder Platzieren einer Botschaft in relevanten Netzwerken. Das Internet bietet dazu eine Vielzahl an Möglichkeiten: Informationen können auf Webseiten, in Blogs, Foren, Gästebüchern, Chatrooms, Communitys, Suchmaschinen, Web-Verzeichnissen, Content Sharing Sites, Social Networks oder Social Bookmarking Sites verbreitet werden. Es wird zwischen „einfachem" und „erweitertem" Seeding unterschieden. Beim einfachen Seeding ist die Vielfalt der Kontakte begrenzt und bewegt sich vom reinen Bekanntenkreis bis hin zu ganz gezielt adressierten Meinungsträgern aus dem Zielgruppennetzwerk. Dies ist der natürlichste und am weitesten verbreitete Weg des Seeding.

Die virale Werbebotschaft wird auf der eigenen Internetseite, in Blogs oder Foren präsentiert, von wo aus sie repliziert und weitergeleitet werden kann. Zusätzlich kann man sich durch erweitertes Seeding neben dem Web auch der klassischen Massenmedien bedienen, um den Verbreitungsprozess sozusagen intermedial anzukurbeln.

Seeding – so funktioniert's

Unsere LinkedIn-Gruppe sollte auf der Plattform selbst noch mehr Mitglieder finden. Zwar konnten wir einen kontinuierlichen Gruppenzuwachs verzeichnen, jedoch wollten wir auch unseren Bekanntheitsgrad als Experten für unser Fachthema steigern und uns als Fachansprechpartner bei weiteren LinkedIn-Gruppen „bewerben".

LinkedIn lässt sich für aktives Seeding sehr gut zielgruppengerecht nutzen. Hierzu eignen sich vor allem andere, weitere themenverwandte Gruppen. Jegliche Art von Blogs, welche einen Beitrag von Dritten erlauben, sind nützlich, da diese im Allgemeinen eine sehr hohe Glaubwürdigkeit besitzen. Auch Plattformen wie Twitter, XING und Facebook mit ihren themenspezifischen Foren sind für aktives Seeding dienlich.

Und das läuft in der Regel wie folgt ab: In Blogs wird die eigene Gruppe beschrieben oder ein interessanter Beitrag aus der Gruppe zitiert mit der Aufforderung, bei Interesse dieser Gruppe beizutreten (*„Schaut einmal her, ich habe da etwas Interessantes gefunden!"*).

Zu empfehlen ist auch hier, einen über Bit.ly gekürzten Link zu verwenden, um die Klickrate unter den Empfängern messen zu können. Auch wenn man sich auf anderen Plattformen bereits einen Ruf als Experte aufgebaut hat, sollte man immer wieder auf das eigene Kommunikationstool verweisen, also auf die entsprechende Social-Media-Gruppe oder auf den eigenen Blog.

Video Seeding

Videos sind ein idealer Transporteur Ihrer Werbebotschaft: Das bewegte Bild sowie der passende Ton vermitteln Nachrichten, die wiederum mehr Aufmerksamkeit beim Benutzer, im besten Fall beim Kunden, generieren.

An dieser Stelle kommt das sogenannte Video Seeding ins Spiel. Es geht darum, ein Video auf jenen Plattformen und Communitys zu streuen, auf denen die relevanten Zielgruppen zu finden sind. Soziale Netzwerke und Videoportale sind der Platz im Netz, an dem potentielle Kunden häufig am meisten Zeit verbringen.

Unsere Gesellschaft ist klassischer Werbung gegenüber aus mehreren Gründen kritisch eingestellt: Einerseits wird die Reizüberflutung in allen Medien und im alltäglichen Leben immer größer. Andererseits akzeptieren die Konsumenten zunehmend weniger reine Werbeinhalte der Unternehmen an, da diese oft nicht mehr als authentisch und glaubwürdig wahrgenommen werden. Daher ist es wichtig, dass Ihr Unternehmen durch Mundpropaganda ins Gespräch kommt. Konsumenten vertrauen erwiesenermaßen mehr auf Tipps und Tricks von Freunden, Bekannten,

Verwandten und sogar auch auf Empfehlungen von Menschen, die sie überhaupt nicht kennen, die allerdings bereits Erfahrungen mit dem jeweiligen Angebot gemacht haben. Auf diesen Zug gilt es, in Form von Empfehlungs-Marketing aufzuspringen. Videos werden an Freunde weitergeleitet, wenn sie einen entsprechenden Informations- oder Unterhaltungswert haben. Daraus entstehen wieder neue Gespräche, die Aufmerksamkeit bleibt erhalten und es kann ein sehr positives Bild entstehen.

„Marketingexperten aus führenden Agenturen sind sich einig: ‚Viral-Video-Seeding ist heute als effizienter Kampagneneinsatz so gefragt wie nie zuvor.'"
(Andreas Heyden, COO von Sevenload) [76]

Do's and Don'ts beim Seeding

Ziel von Seeding als flankierende Maßnahme im Social-Media-Einsatz ist in erster Linie das Schaffen von Aufmerksamkeit. Es mag einfach klingen, um jedoch nicht genau das Gegenteil zu erreichen und möglicherweise einen negativen Eindruck zu hinterlassen, gilt es, ein paar Punkte zu beachten:

➲ **No Spam**
Der gesendete Beitrag muss wirklich relevanten Content enthalten und nicht nur auf die eigene Gruppe verlinken.

➲ **Qualität**
Blog-Beiträge oder Kommentare werden in der Regel durch den Administrator der jeweiligen Gruppe genehmigt, was die Qualität des Textes umso wichtiger macht, damit er nicht abgelehnt wird.

➲ **Nicht zu häufig seeden**
Wenn eine einzelne Plattform mehrfach wöchentlich von Ihnen bearbeitet wird, ist die Wahrscheinlichkeit hoch, dass Sie irgendwann von dort verbannt werden.

➲ **Beim Thema bleiben**
Es ist selbstverständlich nicht zielgerichtet, auf einer fachspezifischen Technikplattform auf den neuen Gemüsedünger hinzuweisen.

➲ **Keine Anonymität**
Menschen vertrauen auf Namen und Gesichter.

Seeding ist kein Selbstläufer, daher sollten Informationen von einem Social Media Tool kontinuierlich in das andere gestreut werden. Nur wer richtig sät und genügend gutes Saatgut benutzt, wird auch viel ernten.

Suchen und Finden im Web – Suchmaschinenoptimierung

Suchmaschinen sind nicht so intelligent, wie viele denken. Geben Sie zum Beispiel folgenden Satz bei der Google Bildersuche ein: *„Ich will keine Bilder von Elefanten sehen!"* – Was erhalten Sie als Suchergebnis? Richtig: Jede Menge Elefanten. Suchmaschinen funktionieren nach bestimmten, festgelegten Mustern und sind deshalb durchaus manipulierbar. Ich zeige Ihnen in diesem Kapitel, wie Sie ganz einfach Ihre Homepage für Google, Bing, Yahoo optimieren können. Wichtig bei der Suchmaschinenoptimierung (SEO) sind zwei Prioritäten: Sie benötigen keinerlei Programmier-Kenntnisse und die Maßnahmen kosten nicht extra.

Alles was Sie benötigen, um die im Folgenden beschriebenen Schritte durchzuführen, ist ein funktionierender Zugang zum Content-Management-System (CMS) Ihrer Homepage.

Suchmaschinen wie Google skalieren ihre Suchergebnisse unter anderem nach folgenden Kriterien:

Linkstruktur: Anzahl, Qualität und Strukturierung der „externen" und „internen" Links auf der Homepage

Wording: Präsenz von relevanten Suchbegriffen auf der Homepage

Page-Load: Ladezeit der Webseite

Betrachten wir nun, wie Sie Ihre Internetseite hinsichtlich dieser genannten Faktoren optimieren können. Hierbei unterscheidet man zunächst zwischen externen Links und internen Links.

Externe Links

Externe Links (die sogenannten Eingangslinks) befinden sich auf fremden Webseiten und verweisen wiederum auf Ihre Homepage. Grundsätzlich gilt: je mehr externe Links, desto besser!

Dazu kann ich Ihnen ein praktisches Beispiel der etwas anderen Art aufzeigen: Beim Suchbegriff *„diese Seite verlassen"* erscheint die offizielle Website von Disney Deutschland an erster Stelle. Warum? Nicht jugendfreie Seiten müssen aus Gründen des Jugendschutzes immer über einen *„Seite-verlassen-Button"* auf ihrer Startseite verfügen. Dieser ist wiederum mit www.disney.com verbunden, um so zum Beispiel Kinder und Jugendliche von nicht jungendfreien Inhalten fernzuhalten.

Sie kooperieren mit anderen Firmen? Perfekt für die Suchmaschinenoptimierung. Fragen Sie diese doch einfach, ob Sie auf deren Firmenwebsite einen Fachartikel, eine Anzeige oder einen Link zu Ihrem Thema z. B. unter der Rubrik „Partner" platzieren dürfen, um so wiederum auf Ihre Homepage zu verlinken. Im Gegenzug können Sie Ihrem Partner dasselbe anbieten. Diese Aktion kostet nichts und Sie profitieren beide hinsichtlich Ihrer Auffindbarkeit im Web.

Verfassen Sie kurze Artikel und Beiträge auf Portalen wie www.openpr.de und platzieren dabei immer auch einen Link auf Ihre Homepage. Auch dies erhöht Ihre Präsenz im Internet jenseits Ihrer eigenen Homepage und wirkt sich positiv auf Ihre Suchmaschinen-Platzierung aus.

Recherchieren Sie auf „Frage-Antwort-Portalen" wie zum Beispiel www.gutefrage.net. Vielleicht sucht jemand dort nach genau der Leistung, welche Ihr Unternehmen anbietet. In Ihrer Antwort können Sie durch geschickte Formulierung externe Links zu Ihrer Homepage einfügen, und das sieht nicht nach allzu aufdringlicher Werbung aus. Oder noch besser: Sie schreiben den Suchenden gleich direkt an.

Registrieren Sie sich bei kostenlosen Verzeichnissen – Beispiele finden Sie am Ende des Kapitels unter „Mein Tipp". Dies bringt Ihnen nicht nur externe Links, sondern erhöht auch Ihre allgemeine Präsenz im Netz.

Damit Links für Suchmaschinen „sichtbar" sind, müssen diese über ein sogenanntes „Do-Follow"-Attribut verfügen. Grundsätzlich besitzt jeder Link dieses Attribut. Es gibt jedoch auch Foren, die Ihre Links automatisch mit einem „No-Follow"-Attribut versehen, durch die der Link unsichtbar für Suchmaschinen wird. Dadurch sollen massenhafte „Schrott-Verlinkungen" von Spammern vermieden werden. Falls Sie beispielsweise einen Link auf Facebook teilen, wird es sich hier immer um einen „No-Follow"-Link handeln. Gleiches gilt zu beachten bei der Buchung von Online-Werbung: Erkundigen Sie sich zur Sicherheit immer noch einmal, ob Sie auch eine „Do-Follow"-Verlinkung erhalten. Darüber hinaus gibt es im Internet kostenlose Tools, mit denen Sie sich „No-Follow"-Links anzeigen lassen können. Diese finden Sie ganz einfach zum Beispiel über Google.

Eher kontraproduktiv in puncto Link-Marketing

Suchmaschinen prüfen die Qualität der Links, die auf Ihre Homepage verweisen. Beiträge auf irgendwelchen Foren zu verfassen und dort Links anzuführen, die wiederum auf Ihre Webseite führen, ist daher weniger sinnvoll. Optimal sind Verlinkungen von Webseiten, die eine hohe Qualität und inhaltliche Relevanz für Ihre eigenen Themen aufweisen. Wenn Ihr Unternehmen zum Beispiel ein Autohaus ist, wäre eine Verlinkung von der Startseite einer Webseite wie „www.Autoscout24.de" zu Ihrer Homepage optimal.

Die Internetseiten, auf denen Sie externe Links platzieren, sollten sich auf einem anderen Webserver befinden als Ihre eigene Webseite. Google, Bing und Co. können nachvollziehen, wenn sich zu viele Internetseiten hinter derselben IP-Adresse befinden und sich untereinander verlinken. Dies wird mit einer schlechteren Platzierung bestraft. Es nützt Ihnen also wenig, dreißig Webseiten zu besitzen, die untereinander verlinkt sind, wenn sich diese alle auf demselben Webserver befinden. In begrenztem Rahmen machen solche Verlinkungen aber durchaus Sinn.

Interne Links

Verlinkungen auf Ihrer eigenen Homepage, welche entsprechende Unterseiten miteinander verknüpfen, werden als interne Links bezeichnet. Diese interne Verlinkungsstruktur spielt ebenfalls eine wichtige Rolle für Ihre Suchmaschinenplatzierung und ist sehr einfach zu realisieren. Im Fachjargon wird dies auch „Onpage SEO" genannt. Dabei können Sie andere Seiten erwähnen, mithilfe von Links auf Seiten verweisen und auf der Seite ein aus thematisch verlinkten Seiten bestehendes „Spider-Web" (Spinnennetz) schaffen. Setzen Sie dazu innerhalb Ihrer eigenen Webseiten Links, welche entsprechende Suchbegriffe enthalten. Nehmen wir als Beispiel Frau Müller vom Versicherungsunternehmen Müller. In dem Fall macht es durchaus Sinn, im Werbeangebot eine Seite zu erstellen, welche die folgende Adresse hat:

www.versicherungen-mueller.de/haftpflicht/haftpflicht.html

oder noch besser mit einem weiteren URL-Namen:

www.haftpflicht-mueller.de/haftpflicht/haftpflicht.html

Beim Ranking zum Suchbegriff „Haftpflicht" wird so eine Seite relativ hoch bewertet. Bitte beachten Sie, dass diese Seite nicht dieselben Texte wie Ihre Hauptseite enthält, da dies möglicherweise auch leicht als Spamming erkannt wird.

Wichtig ist auch, dass Ihre Unterseiten immer die Möglichkeit bieten, wieder auf die jeweilige Hauptseite zurückzukehren.

Eine erfolgreiche Verlinkung gelingt Ihnen dann, wenn Sie möglichst viele Ihrer Unterseiten mit einem Link auf Ihre Startseite versehen und auch die Unterseiten miteinander verlinken. So können Sie zum Beispiel einzelne Wörter in Ihren Texten über einen Link mit anderen Seiten verknüpfen. Dies geht natürlich nur dann, wenn es auch inhaltlich Sinn ergibt. Zusätzlich können Sie auch Vermerke einbauen, wie *„Sehen Sie sich auch unsere Seite zu XYZ an"* oder *„Weitere Leistungen unseres Unternehmens finden Sie unter: ..."* und von dort wiederum auf die entsprechenden Seiten verlinken.

Auch Dokumente im PDF-Format können gerade im Bereich der internen Verlinkung von Vorteil sein, wenn man im Dokument wiederum Links einbaut. Viele Menschen suchen zum Beispiel ausschließlich nach PDF-Dateien. Und auch Google gibt solchen Dokumenten teilweise einen besonderen Bonus. Sie können Ihre Dokumente mit nur wenigen Maßnahmen gezielt für Suchmaschinen optimieren, indem Sie Dateinamen, -größe, -titel, Schlüsselwörter etc. entsprechend gestalten. Grundsätzlich gilt zu beachten, dass solche Dokumente generell qualitativ überdurchschnittliche Inhalte aufweisen sollten. Generieren Sie diese daher nicht extra für Suchmaschinen.

Übrigens habe ich festgestellt, dass auch im Bereich der Suchmaschinenoptimierung weniger oft mehr ist. Zu viele Links, die wiederum auf andere Bereiche einer eigenen Homepage führen, wirken sich ebenfalls auf die Suchmaschinenrelevanz aus. Links im Internet sind vergleichbar mit dem Salz in der Suppe. Es sollte richtig dosiert werden.

Wording – Welche Schlüsselwörter verwenden Sie wie oft auf Ihrer Webseite?

Bei der Suchmaschinenoptimierung Ihrer Webseite kommt es schließlich auch auf die sorgfältige Auswahl und Positionierung der Schlagwörter beziehungsweise auf die Verstichwortung Ihres eigenen Angebotes an. Nach welchen Begriffen recherchieren Ihre Kunden? Und wonach würden Sie suchen, um das eigene Unternehmen bei Google, Bing oder Yahoo zu finden?

Diese Fragen sollten Sie zu Beginn Ihrer Suchmaschinenoptimierungsarbeit für sich beantworten. Im nächsten Schritt können Sie dann eine Liste mit circa zwanzig Schlüsselwörtern (Keywords) aufsetzen und diese mit dem kostenlosen Google-Keyword-Tool auf die Probe stellen. (https://adwords.google.com/select/KeywordToolExternal).[77]

Dies funktioniert, indem Sie ein Schlüsselwort eingetragen und die Suche starten. Das Programm gibt Ihnen daraufhin eine übersichtliche Liste relevanter und verwandter Keywords aus. Des Weiteren zeigt es folgende Daten an:

- Suchvolumen der einzelnen Begriffe pro Monat
- Bewerbung des Begriffes durch den Markt
- Lokale Suchtrends

Sie werden überrascht sein: Viele Begriffe, die Ihnen ursprünglich plausibel und hochrelevant für Ihr Thema erschienen, werden letztlich im Internet kaum gesucht. Das Keyword-Tool bietet Ihnen also ein optimales Werkzeug, um Ihr „Wording" zu überdenken. Die relevantesten Schlüsselwörter, die Ihnen das Keyword-Tool ausspuckt, sind es wert, in die Webseiten-Texte eingearbeitet zu werden. Sie sollten dabei versuchen, eine homogene Mischung aus Begriffen mit einem hohen Suchvolumen und möglichst niedrigem Wettbewerb in Ihre Seite zu integrieren. Denn bei diesen Begriffen hat man in der Regel größere Erfolgschancen, das eigene Suchmaschinenranking zu verbessern.

So werden Sie zum Keyword-Profi

- Überprüfen Sie Ihren aktuellen Internetauftritt, insbesondere Ihre Texte, auf die relevanten Schlüsselwörter: Wo könnten Sie durch kleine Veränderungen Ihrer Texte Keywords integrieren?

- Überschriften haben eine höhere Gewichtung als der darunter folgende Text. Deshalb sollten Sie Schlüsselwörter mit hohem Suchvolumen in den Titel integrieren. Ein besonderes Augenmerk gilt auch der Variation einzelner Suchbegriffe: Wenn Sie zum Beispiel Immobilienmakler in München sind und feststellen, dass „Wohnungen München" häufiger gesucht wird als „Wohnung in München", sollten Sie als Überschrift natürlich auch eher „Wohnungen Munchen" verwenden.

- Auch die Bilder auf Ihrer Homepage sind wichtig, und zwar hinsichtlich ihrer Betitelung. In der Regel können Sie in Ihrem Content Management System sämtliche Bilder mit einem „Alt-Text" versehen. Hierbei handelt es sich um den Text, der erscheint, wenn Sie mit Ihrem Cursor auf ein Bild zeigen, dieses aber nicht anklicken. Integrieren Sie nun in den Alt-Text jedes einzelnen Bildes auf Ihrer Homepage ein entsprechend relevantes Keyword. Der Begriff sollte möglichst einen Bezug zum Thema Ihrer jeweiligen Unterseite haben.

- Dasselbe Schlüsselwort darf nicht zu oft auf der gleichen Unterseite wiederholt werden, sonst laufen Sie Gefahr, von den Suchmaschinen wie ein „Spammer" behandelt zu werden.

Der Page-Load-Faktor:
Wie schnell wird Ihre Webseite geladen?

Die Ladezeit einer Internetseite spielt beim Thema Benutzerfreundlichkeit eine sehr große Rolle. Auch Sie haben sicher schon die Erfahrung gemacht, beim Öffnen einer Webseite „gefühlte Stunden" zu warten, bis diese komplett geladen wurde. Google hat hierfür Mitte letzten Jahres einen sogenannten „Page-Load-Faktor" etabliert.[78] Dieser soll dazu beitragen, Internetseiten mit kurzer Ladezeit weiter vorne in den Suchergebnissen zu platzieren.

Eine verkürzte Ladezeit wirkt sich nicht nur äußerst positiv auf Ihre Platzierung aus. Es ist die Voraussetzung dafür, dass Besucher Ihrer Internetseite dort auch länger verweilen. Denn auch heute noch verfügt nicht jeder über die absolute High-Speed-Internetverbindung. Im folgenden Abschnitt erhalten Sie Tipps, wie Sie die Ladezeit Ihrer Homepage verkürzen können.

Zur Optimierung der Ladezeit Ihrer Webseite gibt es zwei einfache Maßnahmen:

1. Vermeiden Sie Animationen jeglicher Art. Aufwändige Einführungen zum eigentlichen Thema auf Ihrer Homepage schaden einem guten Google Ranking und machen Ihre Homepage praktisch „unsichtbar" für Suchmaschinen. Und offen gesprochen werden Introduction-Filme oder Musik am Anfang eher als störend wahrgenommen. Denn der Internetnutzer sucht vor allem die schnelle Information.

2. Verringern Sie die Speichergröße der Grafiken und Fotos auf Ihrer Webseite. Dies funktioniert zum Beispiel sehr einfach mit dem Microsoft Picture Manager, der Bestandteil jedes Microsoft Office-Paketes ist. Speichern Sie ein Bild auf Ihrem Desktop und öffnen Sie es dann mit dem Microsoft Picture Manager. Folgen Sie in der Menüleiste dem Befehl *„Bild" => „Größe ändern"*. Passen Sie das Bild anschließend mit der Option *„Prozent von ursprünglicher Breite und Höhe"* auf die gewünschte Größe an. Die Qualität des Bildes mag sich manchmal etwas verschlechtern. Dies ist aber immer noch besser, als dass die Nutzer Ihre langsame Webseite schnell wieder verlassen und Sie eventuell auch dadurch ein schlechteres Suchmaschinen-Ranking in Kauf nehmen müssen.

Nach meiner Erfahrung erreicht man eine nachhaltig hohe Seitenplatzierung nur durch interessante Inhalte und benutzerfreundliches Webdesign.

SEO ist ein langwieriger Prozess

Investieren Sie ausreichend Zeit in die SEO-Maßnahmen, denn das zahlt sich langfristig aus. Es beeinflusst den Google-internen Bewertungsalgorithmus zum Beispiel positiv, wenn Sie kontinuierlich jeden Tag kleinere Änderungen an Ihrer Homepage vornehmen. Versuchen Sie also nicht, sämtliche Anpassungen in einer Woche zu realisieren, sondern verteilen Sie diesen Prozess auf einen längeren Zeitraum. Denken Sie auch daran, Social Media, die wiederum viele weitere Links zu Ihrem Thema oder Ihrer Firma bieten, ganzheitlich zu integrieren und zu verteilen. Denn Social Media ist neben dem Content mittlerweile der zweitwichtigste Rankingfaktor, normale Links rangieren nur noch auf Platz 3.

Suchdienste wie Google halten ihren Suchalgorithmus geheim und arbeiten ständig an Verbesserungen. Manchmal dauert es daher nur wenige Stunden, manchmal aber auch Wochen, bis sich Erfolge hinsichtlich Ihres Rankings einstellen. Dieses Phänomen konnte bisher noch kein Experte erklären. Niemand kann den Zeitraum exakt abschätzen, bis Ihre SEO-Maßnahmen wirklich fruchten.

Wie viel Investition und Aufwand ist Ihnen ein gutes Ranking wert? Überlegen Sie sich vorab, welchen Mehrwert eine gute Platzierung bei Google tatsächlich bringt, etwa in puncto Sichtbarkeit, Besucherzahlen und Umsatz.

Do's and Don'ts
zur professionellen Suchmaschinenoptimierung

⮑ Bauen Sie möglichst viele Keywords in die Texte Ihrer Webseite ein.

⮑ Tauschen Sie Links mit Partnerunternehmen aus.

⮑ Verlinken Sie Unterseiten mit der Startseite.

⮑ Posten Sie Links nur in seriösen, glaubwürdigen (Fach-)Foren.

⮑ Nutzen Sie nicht zu häufig dieselben Keywords auf der gleichen Unterseite.

⮑ Benennen Sie Ihre Bilder und Fotos entsprechend mit Keywords. Verwenden Sie nicht zu große Bilder auf der eigenen Webseite.

⮑ Aktualisieren Sie regelmäßig die Inhalte Ihrer Webseite.

⮑ Verwenden Sie nicht zu aufwändige Einführungen und Animationen innerhalb Ihrer Startseite.

⮑ Integrieren Sie Social Media Links auf Ihren Seiten.

Soll Ihre Webseite noch besser gefunden werden, dann registrieren Sie Ihre Domain kostenfrei bei folgenden Suchmaschinen und Verzeichnissen:

- Yahoo.de (Index, nicht Verzeichnis)
  www.search.yahoo.com/info/submit.html[79]
- Google.de
  www.google.de/intl/de/addurl.html[80]
- Fireball.de
  www.fireball.de/Dienste/TrafficSpiel.asp[81]
- AllesKlar.de
  https://listing.allesklar.de/listingshop/index.php?mid=2[82]
- lycos.de (für private Webseiten)
  www.lycos.de/suche/seite_anmelden.html[83]

Erfolge messen: Social Media Monitoring

„Das Social Web wird ... für Unternehmen, die diese Informationen erfassen können, zu einer regelrechten Daten-Mine, die wertvolle Informationen für die Gestaltung aller Online- und Offline-Marketingaktivitäten liefert, ohne in die Persönlichkeitsrechte der Akteure im Social Web einzugreifen."
(Robert Harnischmacher, Inhaber, Publicare Marketing Communications)[84]

Meines Erachtens ist Social Media Monitoring eine der wichtigsten Aufgaben eines Unternehmens im Social Web und steht trotzdem als Marktforschungsinstrument noch insgesamt am Anfang. Es klingt dabei oft kompliziert und umfangreich, ist aber relativ einfach zu erklären und darzustellen. So wie professionelle Public Relations ganz selbstverständlich versucht, Trends und Themen im Firmen- oder Interessensumfeld durch gezielte Diagnosetechniken wie zum Beispiel Szenario-Analysen oder Expertenbefragungen längerfristig zu erkunden, muss das Online Marketing auch Strömungen und Entwicklungstendenzen im Web im Auge behalten. Was sagen die Kunden über ein neues Produkt, eine neue Dienstleistung? Entfacht sich gerade irgendwo eine Diskussion, auf die man im Interesse der Firma reagieren sollte? Oder gibt es sogar wissenswerte Details über die eigene Zielgruppen online? Social Media Monitoring bedeutet weit mehr als nur Reputationsmanagement. So können Sie sowohl Ihre eigentlichen Zielgruppen, Themen und weitere Influencer identifizieren, als auch gleichzeitig die Plattformen, auf welchen Sie kommunizieren.

Die meisten Firmen, die im Internet unterwegs sind, kennen die Thematik, sich mit sehr unterschiedlichen und unzähligen Informationen aus dem Web konfrontiert zu sehen. Auch wir wollten nach erfolgreicher Implementierung unserer Social-Media-Plattformen nun den Dschungel des Webs etwas „in den Griff bekommen". Was wird über uns gesprochen? Wie können wir noch gezielter „mitmischen"? Mithilfe gezielten Monitorings sollte das Internet in unserem Sinne systematisch durchforstet werden. Hierfür haben wir eine Lösung gefunden, die in Echtzeit Twitter und Facebook, Millionen von Blogs und Microblogs (natürlich auch YouTube), über 20.000 Online-Mainstream-Webseiten sowie externe und eigene Communitys und Foren überwacht, und zwar in vielen Sprachen und in unterschiedlichem Businesskontext.

Was heißt das konkret? Daten und Texte, die im Zusammenhang mit dem gesuchten Thema beziehungsweise der Firma stehen, werden sofort exzerpiert, so dass Fakten und Zusammenhänge zeitnah analysiert werden können.

Mit anderen Worten: Sie sehen, was im Web gesprochen wird. So können Sie die Inhalte nach Ihren eigenen Regeln kategorisieren und entscheiden, wie man damit umgeht. Ich persönlich habe beim Monitoring Folgendes festgestellt: Wir können nicht verhindern, dass im Web über unser Unternehmen gesprochen wird, aber wir können auf diesem Weg unseren Kunden noch sehr viel aktiver zuhören und uns das Gesagte zunutze machen, indem wir schnell reagieren – und zwar auf allen Kanälen.

Große Unternehmen unterhalten oft eigene Abteilungen, welche Marktforschung mithilfe von Social Media Monitoring Tools betreiben. Aber auch kleinere Firmen oder einzelne Fachbereiche können die Resonanz der eigenen Social-Media-Aktivitäten gezielt überprüfen.

Wofür benötigt man Monitoring Tools?

„Aus dem Internet kann man nichts entfernen. Das ist so, als würde man versuchen, Pipi aus einem Swimmingpool zu bekommen"
(Grant Robertson, digg) [85]

Über soziale Medien werden Trends und Meinungen so unvermittelt und größtenteils auch unverfälscht dargestellt wie nirgendwo sonst. Der Nutzer gibt aus der vermeintlich geschützten Umgebung des heimischen Rechners oder Smartphones heraus seine Kommentare und Meinungen wesentlich offener ab als an jedem anderen Ort. Jede Woche werden Milliarden von Nachrichten über Blogs, Twitter, Facebook, LinkedIn und unzählige weitere Medien gepostet. Für den Einzelnen wird es daher immer entscheidender, wichtige Quellen und Meinungsbildner im Internet zu identifizieren, zu beobachten und Meinungstendenzen in bestimmten Zielgruppen früh zu erkennen. Dabei können Social Monitoring Tools helfen.

Wie funktioniert Monitoring?

Mithilfe von Monitoring-Werkzeugen können Sie beispielsweise völlig neue Formen von Marktstudien erstellen, denn solche Tools verfügen über technisch hoch entwickelte Suchfunktionen für das Web. Diese durchsuchen 24 Stunden am Tag das Netz nach relevanten Informationen und speichern riesige Datenmengen in den Rechenzentren der Tool-Betreiber. Auf Basis solcher Daten lassen sich mithilfe des jeweiligen Tools hochqualitative und sehr differenzierte Auswertungen erstellen.

Eine Auswertung kann zum Beispiel folgendermaßen funktionieren:

Starten Sie folgende Suchanfrage:

* Zeige alle „Blogbeiträge"
* zum Thema „Application Management"
* mit den Schlagworten „IT Outsourcing" und „IT Management"
* die von „16. Mai 2011 bis 23. Mai 2011"
* in „Englisch" veröffentlicht wurden.

Durch eine solche Suchanfrage erhalten Sie ein Ergebnis, das sich wie in Bild 27 veranschaulichen lässt. Eine Liste aller Blogbeiträge wird angezeigt, welche die oben genannten Suchkriterien erfüllen.

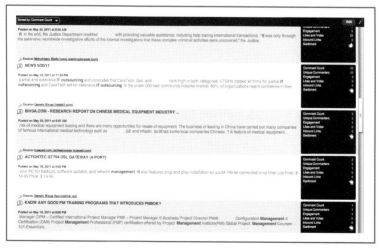

Bild 27 „River of News" aus dem Social Media Monitoring Tool Radian6 [77]

Bild 28 zeigt mit Hilfe eines Zeitstrahls, wie viele Blogbeiträge innerhalb des vorgegebenen Zeitraums im Internet erschienen sind, welche die oben genannten Suchkriterien erfüllen.

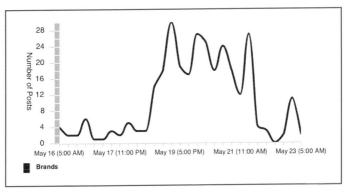

Bild 28 Grafische Darstellung einer Statistik in Form eines Dashboards bei Radian6 [87]

Den Auswertungsmöglichkeiten sind im Monitoring kaum Grenzen gesetzt. So können Sie auch nach ganz anderen Informationen suchen, zum Beispiel: *Wie viele Mitglieder einer bestimmten Altersklasse haben in den letzten Wochen angegeben, dass sie wandern gehen oder einen neuen Golfplatz testen?*

Welche Monitoring Tools?

Bei den Social Media Monitoring Tools gibt es größere Unterschiede hinsichtlich der Benutzeroberfläche, den Länder- und Sprachfiltern sowie der integrierten Workflows. Daher kann ich Ihnen nur empfehlen, sich bereits rechtzeitig mit diesem Thema zu beschäftigen und auch eine entsprechende Bedarfsanalyse durchzuführen. Was genau möchten Sie analysieren? Welche Parameter sind dabei für Sie entscheidend? Setzen Sie mehr auf Quantität oder Qualität der Suchergebnisse? Während meiner Arbeit an diesem Buch haben wir in unserem Team zwei Social Media Monitoring Tools getestet. Wir haben uns dabei für *„Alterian SM2"* und *„Radian6"* entschieden. Beide Tools indizieren das gesamte Social-Media-„Universum" – weltweit und über alle bekannten Plattformen hinweg. So können Sie täglich beachtliche Mengen an Informationen sowohl in der Breite als auch in der Tiefe erfassen lassen.

Trotz hoher Internet-Affinität haben mich die Such- und Statistik-Funktionen dieser beiden Monitoring Tools sehr beeindruckt, insbesondere auch die sehr granularen Abfragemöglichkeiten. Radian6 ist sehr flexibel gestaltet und lässt sich individuell anpassen. Ein entscheidender Vorteil bei diesem Tool ist, dass es unter anderem den kompletten Zugang zu den Daten von Twitter und Facebook bietet. Bei hohem Suchaufkommen gibt es hier eigentlich keine Einschränkungen. Die Firma Alterian wiederum reagierte sehr schnell auf unsere Anfrage, ihre Monitoring-Plattform zu testen, indem sie uns ein Webinar und einen kostenlosen 14-tägigen Test-Account angeboten haben.

Ich empfehle Ihnen, vor Ihrer Entscheidung für ein Monitoring Tool eine intensive Testphase mit verschiedenen Anbietern durchzuführen, um sich so ein fundiertes Bild von den einzelnen Programmen und deren Funktionen zu verschaffen. Fast alle Anbieter werden Ihnen hierfür eine kostenlose Einweisung geben und Test-Accounts für ihr Produkt offerieren. Einen schnellen und umfassenden Überblick erhalten Sie, wenn Sie in Google *„Test Social Media Monitoring Tools"* eingeben oder auf Plattformen wie „Chip.de" selbst auf die Suche gehen.

Einen guten literarischen Einstieg in das Thema Social Media Monitoring bietet übrigens auch eine Marktstudie des Fraunhofer Instituts für Arbeitswirtschaft und Organisation (IAO).[88] In dieser Studie erhalten Sie auch eine Übersicht über die wichtigsten Anbieter auf dem deutschen Markt.

Natürlich finden Sie im Internet zudem eine Reihe kostenloser Monitoring Tools. Deren Suche ist jedoch auf einzelne Bereiche beschränkt. So durchsucht zum Beispiel „Social Mention" (www.socialmention.com) nur die wichtigsten Social-Web-Plattformen zu einem vorgegebenen Schlagwort. Sie erhalten daraufhin Messwerte, die sich mit Hilfe diverser Filteroptionen weiter konkretisieren lassen. Kostenlose Internet Tools können für Recherchen in kleinerem Umfang praktikabel sein. Für professionelle Marktstudien empfehle ich Ihnen jedoch, auf bezahlungspflichtige Anbieter zurückzugreifen. Wenn Sie ausreichend Zeit haben und mindestens einen Tag pro Woche in die Informationsrecherche mit diesen Tools investieren, können die Ergebnisse für Ihre strategische Marketingkommunikation sehr wertvoll sein. Sie haben durch gekonnt eingesetztes Social Media Monitoring jederzeit die Möglichkeit zur Partizipation und auch zur proaktiven Schadensbegrenzung, falls notwendig.

Denn egal, ob mit einem entsprechenden Tool oder durch individuelles, regelmäßiges Überprüfen der relevanten Kanäle: Social Media Monitoring ist der einzige Weg, um von der Lawine an Informationen nicht überrollt zu werden, sondern mit ihr auf der Erfolgswelle zu surfen.

Do's and Don'ts
im Social Media Monitoring

- ➲ Suchen Sie die Werkzeuge aus, die genau Ihren Zielen und Anforderungen entsprechen. Gegebenenfalls ergänzen Sie durch unterschiedliche Tools.

- ➲ Beachten Sie: Social Media Monitoring bedeutet weit mehr als nur das Messen und Auswerten von Daten.

- ➲ Pilotieren und testen Sie vorerst mit einem kleineren Projekt und beobachten dabei erstmal nur wenige Parameter (zwei bis drei Parameter reichen aus).

- ➲ Hören Sie zu. Verfolgen Sie die Suchergebnisse, lesen Sie Kommunikationsverläufe im Internet.

- ➲ Handeln Sie erst, wenn Sie die Bedeutung der Zahlen, Meinungen und Intentionen der Webakteure wirklich verstehen.

- ➲ Beachten Sie: Erst umfangreiche Informationen führen zu allgemeingültigen Aussagen.

- ➲ Evaluieren Sie genau die Auswirkungen Ihrer einzelnen Maßnahmen im Web.

- ➲ Analysieren Sie Ihren Benchmark.

- ➲ Identifizieren Sie die Trends zu Ihrem Fachthema.

- ➲ Auch im Web ist die Kultur lokal. Reagieren Sie auch im Monitoring landesspezifisch oder beziehen Sie Kollegen aus anderen Ländern in das Monitoring mit ein.

- ➲ Passen Sie Ihre Monitoring-Parameter laufend an und optimieren Sie diese.

Tonalität und Netiquette:
Der kleine Internet(t)-Knigge

„Der Mensch selbst bekommt im Internet der Zukunft einen digitalen Schatten, ob er möchte oder nicht." (Sascha Lobo)[89]

Man neigt heutzutage dazu zu glauben, es sei über das Phänomen Internet und Web 2.0 nahezu alles gesagt und geschrieben worden. Das mag zum Teil zutreffen. Aber aufgrund der enormen Änderungsgeschwindigkeit im Internet sind immer wieder neue Artikel sehr sinnvoll. Und man findet auch immer wieder Texte, die interessant sind zu lesen, die inspirieren oder zum Nachdenken anregen. So ging es mir bei dem Artikel von Sascha Lobo über „Die Verschmelzung der Welten", welchen ich kürzlich auf Spiegel Online (SPON) gelesen habe.[90] Er schreibt darüber, dass in Zukunft die digitale und die analoge Welt miteinander verschmelzen werden und diese Welt ein einziges „Interface" wird. Diesen zunächst einmal abstrakt anmutenden Vorgang schildert Lobo am konkreten Beispiel eines Projektes namens „Sixth Sense". Es handelt sich dabei um einen Mini-Computer mit Netzzugang, Kamera und Projektor, den man um den Hals tragen kann. Und was dann folgt, erinnert vage an futuristische Science-Fiction-Streifen wie zum Beispiel den Film „Matrix". Mithilfe des Computers wird die Tastatur eines Telefons auf die Hand projiziert, die Kamera identifiziert dann die auf der Hand berührten Tasten und beginnt zu telefonieren. Genauso kann man beispielsweise eine Packung Milch aus dem Supermarktregal nehmen, welche der Computer sofort erkennt und dazu das entsprechende digitale Wissen ausspuckt: Was wissen wir über den Hersteller der Milch, was sagen andere Verbraucher?

Da alles in unserer realen Welt eine digitale, in Sekundenschnelle abrufbare Dimension erhält, hat in der Zukunft alles auch einen digitalen Schatten. Wir Menschen ebenfalls. Wir werden in einer „Augmented Reality" leben, in der auch wir mit den digitalen Informationen über uns stark vernetzt sein werden, in einer Welt, in der Greifbares und Virtuelles eine einzige Berührungsfläche bilden. Unser „neues" virtuelles zweites „Ich" bezeichnet Lobo auch als „Extension of Man".

Mag dieser Artikel für den einen faszinierend klingen und für den anderen erschreckend, fest steht zunächst: Das dort geschilderte Szenario einer Verschmelzung der dinglichen Welt mit der digitalen ist noch Zukunftsmusik.

Ebenfalls fest steht jedoch: Die digitale Welt ist schon da, und wenn wir auch (noch) nicht vollkommen in ihr eingegangen sind, ist sie doch allgegenwärtig in unserem Leben. Wir bewegen uns ganz selbstverständlich im Internet, für private und für berufliche Zwecke: Wir suchen, finden, kaufen, verkaufen und posten. Und dabei hinterlassen wir Spuren, digitale zunächst, die dann aber auch in der Realität Folgen zeitigen können. Und eben weil das der Fall ist, weil das Internet kein rechts- und gewissenloser Raum ohne jeglichen Realitätsbezug ist, ist es hier, genau wie in der realen Welt, dringend erforderlich, sich an bestimmte Regeln zu halten. Denn gerade im Zeitalter sozialer Netzwerke ist man im Internet alles andere als anonym. Jeder Kommentar wird sichtbar, und es ist meist ganz offensichtlich, wer für welche Meinungsäußerung steht, wer schweigt und wer streitet. Wie verhalte ich mich jedoch angemessen? Bewege ich mich beruflich oder privat im Web? Um welche Themen geht es und wie sollte ich mich positionieren und darstellen?

Im Internet gehört Benehmen zum guten Ton. Und das Netz wiederum hat sich hier bereits einen eigenen Knigge geschaffen. Ich persönlich halte mich an meine eigene Netiquette im Web. Diese möchte ich Ihnen gerne nachfolgend schildern.

Grenzen Sie am besten Privates, wie Ihren eigenen Facebook-Account, von beruflichen Netzwerken ab. Denn im privaten Online-Bereich ist der Umgangston typischerweise lockerer. Hier können Sie so interagieren, wie Sie es auch außerhalb des Internets mit Ihrer Familie, Freunden und Bekannten tun. Grundsätzlich gilt auch in privaten Netzwerken, dass man andere nicht beleidigt, rassistisch, religiös oder sexuell diskriminiert und natürlich sämtliche Anstandsregeln der Kommunikation einhält. Es ist in der Regel kein Problem, auf einer privaten Plattform Fotos hochzuladen, auf welchen man mit der Familie, im Freizeitpark oder auf einer Party zu sehen ist. Aber es ist eher ungewöhnlich, beispielsweise auf Facebook ausschließlich Bewerbungsfotos abzulegen. Trotzdem möchten Sie sicher nicht, dass jemand ein für Sie unangenehmes Foto im Internet zeigt. Achten Sie daher genau darauf, welches Gesamtbild Sie von sich im Internet privat abgeben möchten.

Immer wenn Sie eine Person auf XING oder LinkedIn zu Ihrem Netzwerk hinzufügen, verfassen Sie eine kleine Nachricht an diese. Woher kennen Sie die Person, weshalb wollen Sie diese zu Ihrem Netzwerk hinzufügen und was nutzt der anderen Person dieser Kontakt? Soziales Verhalten besteht aus Geben und Nehmen. Machen Sie sich bewusst, was Ihre Kontakte möglicherweise von Ihnen erwarten und adressieren diese entsprechend.

Im Arbeitsumfeld möchten Sie sicher etwas seriöser wirken als privat. Hier sind also eher Ihre fachbezogenen Artikel und Kommentare gefragt.

Beachten Sie vor allem die Richtlinien Ihres Unternehmens. Die Vorgaben an die Mitarbeiter, wie sie sich im Internet und in sozialen Netzwerken verhalten sollen, sind umso wichtiger, wenn Sie im Namen der Firma im Internet agieren. Nach den Empfehlungen von BITKOM[82] sollten Sie dabei folgende Dinge beachten:

- Sie sind für Ihre Aussagen selbst verantwortlich und im Zweifel auch haftbar.

- Schreiben Sie im Namen Ihres Unternehmens, so müssen Sie sich als Mitarbeiter zu erkennen geben und sich mit Ihrem eigenen Namen zu Wort melden.

- Kommt es zu Fehlern in einer Diskussion, sollten Sie diese auch im Internet eingestehen und korrigieren.

- Wenn Ihr Beitrag Ihre persönliche Meinung darstellt, ist dieser als solcher deutlich zu kennzeichnen.
- Halten Sie unbedingt die gesetzlichen und betrieblichen Vorgaben des Datenschutzes und der Geheimhaltung ein. Betriebs- und Geschäftsgeheimnisse dürfen nicht ins Internet gelangen. Geschieht dies doch, so machen Sie sich schadensersatzpflichtig und müssen unter Umständen mit Disziplinarmaßnahmen rechnen.
- Beachten Sie stets, dass Sie auch als Mitarbeiter in Erscheinung treten, wenn Ihr Arbeitgeber in Ihrem privaten Profil steht.
- Verhalten Sie sich auf Ihrem privaten Profil wider den üblichen Erwartungen, so kann dies im Umkehrschluss auch den Ruf Ihres Arbeitgebers schädigen.

Sie sollten also immer, genauso wie im richtigen Leben, auf das gute Benehmen in der elektronischen Kommunikation achten. Die Verhaltensempfehlungen sind dabei alle recht ähnlich und sinnvoll. Je nach Portal ist ein unterschiedliches Kommunikationsverhalten angebracht. Ähnlich wie die Interaktion im Bierzelt eine andere sein sollte als beim Gala-Dinner. Genau so verhält es sich auch hinsichtlich Netiquette. Achten Sie immer auf die allgemeinen Geschäftsbedingungen der einzelnen Portale. Diese Regeln, welchen Sie bei der Registrierung zustimmen, legen fest, was Sie im jeweiligen Portal dürfen und was nicht. So finden Sie als Beispiel anbei einige Regeln aus den AGBs der Plattform XING:[92]

Der Nutzer ist verpflichtet, ausschließlich wahre und nicht irreführende Angaben in seinem Profil und seiner Kommunikation mit anderen Nutzern zu machen und keine Pseudonyme oder Künstlernamen zu verwenden.

Bei der Nutzung der Inhalte und Dienste auf den XING-Webseiten sind die anwendbaren Gesetze sowie alle Rechte Dritter zu wahren.

Es ist dem Nutzer untersagt, beleidigende oder verleumderische Inhalte [...] pornografische, gewaltverherrlichende oder gegen Jugendschutzgesetze verstoßene Inhalte zu verwenden.

Abschließend möchte ich Ihnen noch Folgendes hinsichtlich einer guten Netiquette mitgeben: Vergessen Sie nie, dass auf der anderen Seite des Internets ebenfalls ein Mensch wie Sie sitzt. Sie sollten also vor allem immer auch an Ihre Leser denken.

Ich habe meine persönlichen Empfehlungen für den richtigen Ton im Internet abschließend in den Do's and Don'ts zusammengefasst.

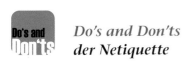

Do's and Don'ts
der Netiquette

⮲ **Bleiben Sie authentisch**
Stellen Sie sich im Web nicht anders dar, als Sie tatsächlich sind.
Machen Sie in Ihren Profilen keine Angaben, die nicht der Wirklich-
keit entsprechen. Spätestens beim ersten persönlichen Treffen
werden Ungereimtheiten schnell enttarnt. Vermeiden Sie Ironie und
Sarkasmus innerhalb Ihres Profils und Ihrer Beiträge im Web.

⮲ **Machen Sie nur Kommentare und Aussagen, hinter welchen Sie
auch wirklich stehen**
Ihre Beiträge bleiben meist für lange Zeit auffindbar und können
unzählige Male gelesen werden. Bleiben Sie in Diskussionen sachlich
und werden Sie nicht beleidigend oder diskriminierend. Gestehen
Sie Fehler ein und korrigieren den Beitrag bei Bedarf entsprechend.

⮲ **Beachten Sie bei Beiträgen und Fotos immer das Urheberrecht**
Machen Sie Zitate deutlich kenntlich und nennen Sie die Quellen.
Dies ist vor allem im Arbeitsumfeld entscheidend.

⮲ **Seien Sie anders**
Durch soziale Netzwerke ist es mittlerweile sehr leicht geworden,
an Geburtstage erinnert zu werden. So hat sich zum Beispiel die
Zahl der Glückwünsche vervielfacht. Diesen wird jedoch einzeln
betrachtet viel weniger Beachtung geschenkt. Sie sind meist unper-
sönlich und kommen per Nachricht oder durch einen Eintrag auf
der Pinnwand. Daher ist es leichter geworden, positiv aufzufallen,
beispielsweise durch einen „realen Glückwunsch" per Telefon. Ein
Telefonat ist wesentlich persönlicher als eine Webnachricht und
bleibt im Gedächtnis. Formulieren Sie dabei keine Standardtexte.

⮲ **Geben und nehmen**
Bei der Fülle an Informationen, die täglich auf uns einströmt, ist
es oft nicht möglich, die wirklich relevanten Inhalte herauszufiltern. Unterstützen Sie hier. Sie kennen die meisten Personen aus
Ihrem Netzwerk persönlich und können einschätzen, was diese
wirklich interessiert. Schicken Sie Links oder wirklich brauchbare
Informationen per Mail an die entsprechende Person. Durch
persönliche Ansprache erhalten Sie viel mehr Aufmerksamkeit als
durch das Posten in den großen, teils anonymen Kreis. Sie
erweisen einen kleinen Freundschaftsdienst und intensivieren so
den Kommunikationsaustausch.

⮲ **Beachten Sie die Privatsphäre**
Der Schutz der privaten Informationen ist ein wichtiger Aspekt, auf

den viele Nutzer sozialer Netzwerke zu wenig achten. Kontrollieren Sie immer wieder die Privatsphäre-Einstellungen Ihres Portals und richten Sie diese auf Ihre Bedürfnisse aus. So können Sie meist sehr genau steuern, wer beispielsweise Ihre Fotos, Informationen oder Statusnachrichten sehen darf. Auch Anwendungen greifen meist auf Ihre persönlichen Daten zu. Viele Nutzer akzeptieren dies ohne Bedenken. Bei einigen Anwendungen gibt man auch die Daten seiner Kontakte preis. Achten Sie daher darauf, ob Ihnen der Nutzen der App wirklich so hoch erscheint. Keine App ist in diesem Sinne „kostenlos".

➲ **Denken Sie an Vertraulichkeit**
Nicht jeder sollte wissen, dass Sie gerade im Urlaub sind oder eine Party feiern. Auch die Information, dass die Arbeit oder Ihr Chef Sie gerade total nerven, sollte nicht im Internet stehen – es gibt genügend unglücklich verlaufende Beispiele hierfür.

Social Media Guidelines

Das Thema Social Media Guidelines möchte ich mit Erfahrungen aus meinem eigenen beruflichen Umfeld beginnen.

Unsere ersten Schritte in dem Social-Media-Projekt für Applikationsmanagement waren spannend. Ich hatte zur Initialisierung des Themas ein Team bestehend aus zwei Praktikanten, zwei Werkstudenten sowie einer Diplomandin. Nach und nach eröffneten wir Social-Media-Fachforen, in die wir immer wieder abwechselnd Beiträge eingestellt haben. Social-Media-Richtlinien besaßen wir zu diesem Zeitpunkt noch keine, wir haben uns diese Regeln sozusagen selbst durch intensive Recherche und einfaches Ausprobieren „zusammengesucht" und dann für jedes Teammitglied verbindlich aufgestellt. Und klar, wie das in einem Team so ist, haben wir uns auch gegenseitig auf die Finger geschaut und problematische Aspekte diskutiert. Gerade die Frage, wie viel Eigenwerbung in Firmensache auf den Foren zulässig ist, sorgte immer wieder für Diskussionsstoff. Aber mit der Zeit haben wir eine gute Lösung gefunden und beschlossen: Wir reduzieren die Eigenwerbung auf ein verträgliches Minimalmaß und akzeptieren es aber auch, wenn andere Firmen unsere Foren für ihre eigene Werbung nutzen. Im Zuge unseres Social-Media-Projektes sind wir immer wieder auf neue Fragestellungen gestoßen, die wir erst wirklich festlegen und definieren konnten, nachdem wir vorher einfach selbst ausprobiert hatten. Alles das, was wir innerhalb unseres Fachbereiches selbst erprobt haben, konnten wir wiederum in unsere Social-Media-Richtlinien aufnehmen.

Immer, wenn Sie etwas Neues beginnen, wird es auch grundsätzlich kritische Stimmen und Bedenken der unterschiedlichsten Art geben. Das gilt natürlich auch dann, wenn Sie Ihr Unternehmen für die Kommunikation im Social-Media-Umfeld öffnen. Ein schwerwiegender Einwand ist grundsätzlich immer die potentielle Gefahr, dass geheime und/oder erfolgskritische Unternehmensdaten in soziale Netzwerke und damit an die Öffentlichkeit gelangen. Daneben wird auch das Risiko einer negativen Unternehmens-Reputation und gar Verleumdung als kritischer Punkt angebracht. Diese Themen sollten Sie ernst nehmen, und sie bedürfen einer aktiven Diskussion mit den unterschiedlichsten Interessensvertretern. Denn: Ja, es besteht ein gewisses Risiko, sobald Sie sich aus Ihrer „Unternehmensfestung" heraus begeben und in den offenen Dialog mit der Außenwelt treten.

Ist es unmöglich, dieses Risiko zu kontrollieren und zu beherrschen? Nein. Für Sie ist dennoch umso wichtiger, die Kommunikationstätigkeit zu unterstützen und den Kommunikatoren kurze, eindeutige und einprägsame Richtlinien zur Orientierung in der digitalen Unternehmenskommunikation an die Hand zu geben. Diese Social Media Guidelines sollten von jedem Mitarbeiter verbindlich akzeptiert werden. Neben der allgemeinen Vertraulichkeitserklärung zur Social Media Policy ist auch eine rechtliche Vereinbarung empfehlenswert.

In der Startphase Ihres Projektes werden Sie durchaus immer wieder mit kritischen Stimmen zu tun haben: Was, wenn Interna an die Öffentlichkeit dringen? Ist eine solche Kommunikation gut für die Firma, bringt sie unter dem Strich gesehen überhaupt etwas? Manchmal werden Social Media Manager auch ein bisschen belächelt, da die Webkommunikation, besonders im B2B-Umfeld, oft einfach nur als Spielerei im Internet gesehen wird, für die man doch nun wirklich keine eigenen Ressourcen benötigt.

Eine sehr wichtige Voraussetzung für Ihren erfolgreichen Start im Internet sind natürlich auch die eigenen Kollegen und Vorgesetzte, die grundsätzlich hinter der Entscheidung zu Social Media stehen sollten. Denn diese sind auch Ihre besten Multiplikatoren, da so innerhalb der eigenen Ränge eine Art Gruppenzwang entstehen kann, welcher wiederum weitere Kollegen dazu veranlasst, sich auf den Social-Media-Plattformen zu registrieren. Wenn Ihr Kollege zum Beispiel Vorbehalte gegenüber den sozialen Medien hat, können Sie ihn auch dabei unterstützen, seinen eigenen Account im Netz einzurichten und mit ihm gemeinsam die ersten Gehversuche der sozialen Kommunikation starten. Denn wenn die eigenen Mitarbeiter erst mal selbst erkennen, wie ihre virale Botschaft „zum Fliegen kommt", indem zum Beispiel erste Webinteraktion entsteht, werden auch schnell die Hemmschwellen abgebaut und großteils die Einstellung zu den virtuellen Netzwerken stark verbessert.

Der Social-Media-Auftritt unseres Fachbereiches stieß bereits relativ schnell auf positive Resonanz, weitere Firmenbereiche holten sich wiederum bei meinem Team Ratschläge, da sie selbst ein Social-Media-Projekt nach unserem Vorbild starten wollten. Und auch unsere Landesorganisationen waren sehr offen bezüglich dieser neuen Kommunikationsform, da nun eine viel schnellere, länderübergreifende Vernetzung stattfand. Dieser „Schneeballeffekt" funktioniert in der Regel sehr gut, besonders, wenn man „im Kleinen" beginnt. Das hat uns sehr motiviert und in unserem Engagement für Social Media in der B2B-Kommunikation bestätigt. In diesem Zusammenhang wurde natürlich auch noch viel mehr nach international geltenden Social-Media-Richtlinien gefragt.

Derartige Guidelines sind im Allgemeinen relativ einfach zu erstellen. Das Verhalten auf virtuellen B2B-Netzwerken unterscheidet sich nicht bedeutend vom alltäglichen Geschäft: Der Chef bleibt auch auf XING und LinkedIn Chef; Kollegen, die sich im realen Leben siezen, siezen sich auch im Internet; angemessenes und professionelles Auftreten ist im Web genauso wichtig wie sonst auch. Daher eignen sich bestehende Corporate-Behaviour-Richtlinien in der Regel hervorragend auch als Basis für die Social Media Guidelines. Immer, wenn Sie neue Wege beschreiten, können Sie als Kommunikationsverantwortlicher mit Widerständen rechnen. Das werden Sie sicher auch bei der Positionierung Ihres Unternehmens im Social Web erfahren. Bedenken gibt es vor allem hinsichtlich des Datenschutzes und der Unternehmenskonformität der Botschaften. Nehmen Sie die Sorge darüber, dass negative oder nicht gewünschte Aussagen ins Netz gelangen, ernst. Und stimmen Sie gerade neu aufgesetzte Kommunikationsmaßnahmen im Web 2.0 mit den unterschiedlichen Interessensvertretern des Unternehmens wie beispielsweise Management, Betriebsrat, Datenschutzbeauftragten ab.

Grundsätzlich sollten Sie bei der Web-2.0-Kommunikation die drei folgenden Fragen beantworten können:

1. Welche Kommunikationsaktivitäten im digitalen Umfeld sind mit der Unternehmensphilosophie vereinbar und welche nicht?

2. Welche Möglichkeiten und Handlungsfreiheiten hat der Mitarbeiter bei der Social-Media-Kommunikation und welche keinesfalls?

3. Welche Informationen sind für die Öffentlichkeit bestimmt und welche nicht?

Gestalten Sie die Diskussion mit den unterschiedlichen Interessensvertretern so offen und transparent wie möglich. Es bedarf hier klarer und unmissverständlicher Formulierungen und Vorgaben.[93] Ich denke, ein kurzes, eindeutiges und einprägsames Dokument wird Ihnen und Ihren Mitarbeitern helfen, sich problemlos in der Welt der digitalen Kommunikation zu bewegen und diese erfolgreich für Ihre Ziele zu nutzen.

Für die Mitarbeiter, die aktiv in die Social-Media-Strategie eingebunden werden, ist eine solche schriftliche Vereinbarung auch eine Art Absicherung. Denn die Sorge, etwas falsch zu machen, hält viele davon ab, sich im Social Web zu engagieren. Die Motivation der Fachabteilungen, Inhalte für die sozialen Netzwerke beizusteuern, stellt eine der wichtigsten Herausforderungen für Sie als Kommunikationsverantwortlichen dar. Binden Sie am besten relativ bald unternehmensexterne Experten in Ihre Social-Media-Aktivitäten mit ein wie zum Beispiel Analysten oder die Referenzkunden Ihres Bereiches, denn die Kommunikation mit den Interessensvertretern außerhalb Ihrer Firma gibt dem Social-Media-Projekt oft den entscheidenden Schub.

Verwenden Sie vorhandene Kommunikationsrichtlinien, Contract-Compliance-Regeln sowie Vertraulichkeitsvereinbarungen. Möglicherweise wird hiermit bereits ein großer Teil der notwendigen rechtlichen Absicherung abgedeckt. Darüber hinaus können Sie diese Richtlinien ergänzen, um die Kommunikation innerhalb der neuen Medien in geregelte Bahnen zu lenken.

Do's and Don'ts für Social Media Guidelines

Nachfolgende Regeln sind Erfahrungswerte aus meinem beruflichen Umfeld, die eventuell mit den Anforderungen Ihres Unternehmens deckungsgleich sind. Solche Guidelines sind dann in Ihrem Unternehmen und für Sie maßgeblich.

⮑ **Sie benötigen ein Ziel**
Viele Unternehmen experimentieren auf verschiedenen Social-Media-Plattformen ohne jegliches konkrete Ziel. Dies führt zu einem ineffizienten Einsatz von Personalressourcen und Budget. Definieren Sie Ihr konkretes Ziel: Wollen Sie Ihren Umsatz erhöhen? Soll die Beliebtheit oder der Bekanntheitsgrad Ihres Unternehmens gesteigert werden? Oder wollen Sie einfach über das Geschehen am Markt auf dem Laufenden bleiben? Alles gleichzeitig geht nicht. Erarbeiten Sie für jede Frage eine Strategie und stellen Sie die Unterstützung durch die relevanten Unternehmensbereiche sicher.

⊃ **Beiträge klar als Ihre kennzeichnen**
Wenn Sie für Ihr Unternehmen schreiben, geben Sie Ihren Namen und Ihre Position innerhalb der Firma an. Formulieren Sie aus Ihrer eigenen Perspektive.

⊃ **Bestehende Richtlinien berücksichtigen**
Die eigenen Social-Media-Aktivitäten dürfen nicht in Konflikt mit den Richtlinien der Firma zu Privatsphäre und Vertraulichkeit sowie mit den externen Kommunikationsregeln stehen.

⊃ **Expertise kommt an**
Man sollte über profundes Wissen zu den Themen verfügen, über die man schreibt. Dazu gehört auch das professionelle und korrekte Verhalten, Quellen klar als solche zu kennzeichnen.

⊃ **Verantwortung übernehmen**
Als Mitarbeiter eines Unternehmens übernehmen Sie persönlich Verantwortung für das, was Sie online veröffentlichen. Zitieren Sie nicht Kunden, Kollegen oder Partner ohne deren Zustimmung, plaudern Sie keine vertraulichen Informationen aus.

⊃ **Die Folgen immer im Blick behalten**
Seien Sie sich darüber im Klaren, welche Folgen Ihr Beitrag für Ihr Unternehmen haben kann.

⊃ **Der Umgang mit Social-Media-Kontakten**
Social-Media-Aktivitäten bringen Sie eventuell auch in Kontakt mit Journalisten. In diesem Fall wiederum sollten Sie nicht im Alleingang handeln, sondern den PR-Verantwortlichen Ihrer Firma mit einbeziehen.

⊃ **Interessen Ihres Unternehmens wahren**
Sie sind Botschafter Ihres Unternehmens, deswegen gilt es, die Interessen Ihres Arbeitgebers immer im Blick zu behalten.

⊃ **Mehrwerte schaffen**
Auch bei Social Media ist es wichtig, sich positiv abzuheben, indem man einen klaren Mehrwert schafft. Stellen Sie Informationen bereit, welche die Reputation Ihres Unternehmens stärken, die zum Nachdenken anregen oder neue Perspektiven aufzeigen.

⊃ **Nochmals querchecken**
Sie sind sich nicht sicher, ob ein Artikel zur Veröffentlichung geeignet ist? Dann überprüfen Sie nochmals, ob er mit den Richtlinien des Unternehmens konform ist.

⊃ **Reaktion statt Passivität**
Behalten Sie den Verlauf einer Diskussion immer im Blick und reagieren Sie zeitnah auf Antworten und Anregungen von außen.

➲ **Interne Kommunikationsrichtlinien festlegen**
Einigen Sie sich mit Ihren Kollegen auf eine einheitliche Kommunikation. So vermeiden Sie widersprüchliche Aussagen. Holen Sie möglichst alle Mitarbeiter ins Boot, die sich am Dialog in den sozialen Netzwerken beteiligen wollen. So können Sie weitgehend sicherstellen, dass niemand unüberlegte Kommentare zu unternehmensrelevanten Themen veröffentlicht.

➲ **Nur mit „echten" Accounts arbeiten**
Ihre Mitarbeiter sollten keinesfalls unter einem falschen Namen Accounts in sozialen Netzwerken anlegen und dadurch Stimmungsmache betreiben. Gelangt das an die Öffentlichkeit, haben Sie ein enormes Imageproblem.

zu Kapitel IV

Warum Social Media und Suchmaschinenoptimierung zusammen gehören
Michael Stelzner: www.socialmediaexaminer.com/social-media-and-search-engine-optimization-why-they-work-together; veröffentlicht am 12.08.2011

Gezieltes Suchen und Finden mit Google
Google Inc.: www.google.com/support/websearch/ → Weitere Hilfe für Suchanfragen; Stand: 24.10.2011; www.google.com/support/websearch/bin/answer.py?answer=136861

Der offizielle Google Blog
Google Inc.; http://googleblog.blogspot.com/; Stand: 24.10.2011

Ein weiterer Blog über Google
Pascal Herbert: www.googlewatchblog.de; Stand: 24.10.2011

Artikel über den Google-Suchalgorithmus
Steven Levy: www.wired.com → Suche: Google Algorithmen → Artikel; Veröffentlicht am 22.02.2010; www.wired.com/magazine/2010/02/ff_google_algorithm/all/1

Periodensystem der Suchmaschinenoptimierung
Third Door Media Inc.: http://searchengineland.com/seotable; Stand: 24.10.2011

Competence Center Wissensmanagement vom Fraunhofer Institut
www.wissensmanagement.fraunhofer.de
Stand: 24.10. 2011

Präsentation zum „Wissensmanagement im Enterprise 2.0"
Silicon Saxony e.V.; www.slideshare.net/SoftwareSaxony; Stand: 24.10.2011

Wie hoch sind die Kosten für Social Media Marketing?
Focus Editors; www.focus.com → Suche „Real cost of Social Media" → Article; Veröffentlicht am 17. Mai 2011; www.focus.com/fyi/real-cost-social-media

Anfallende Kosten im Social Media Marketing
Content Factory Inc.: http://contentfac.com → Blog → Eintrag; Veröffentlicht am 6. März 2011; http://contentfac.com/blog/how-much-does-social-media-marketing-cost/

Informationen zum Zeitaufwand in Social Media
Robi Lack: www.digiprodukte.ch → Blog → Eintrag; Veröffentlicht am 10.03.2011; www.digiprodukte.ch/social-media/wie-viel-zeitaufwand-benoetigt-social-media

Der Zeitplan eines Social Media Managers

Socialcast Inc.: http://blog.socialcast.com → Eintrag; Veröffentlicht am 15.02.2011; http://blog.socialcast.com/e2sday-the-hectic-schedule-of-a-social-media-manager

Artikel zum Seeding
Olaf Kopp: www.online-marketing-deutschland.de → Social Media Marketing → Social Media Marketing: Das Seeding; Stand: 24.10.2011; www.online-marketing-deutschland.de/social-media-marketing/social-media-marketing-das-seeding

Sechs Virale Seeding Must Haves
Dan Zarrella: http://danzarrella.com/viral-seeding.html; Veröffentlicht am 15.09.2008

Ihre Kampagne richtig seeden
Christopher Angus: www.thefuturebuzz.com → Digital Marketing and PR → Artikel; Veröffentlicht am 24.03.2010; http://thefuturebuzz.com/2010/03/24/seed-viral-marketing/

Informationen zum Social Media Monitoring
infospeed GmbH: www.social-media-monitoring.org → Social Media Monitoring; Stand: 24.10.2011

Blog zum Social Media Monitoring
Von Stefanie Aßmann; http://social-media-monitoring.blogspot.com/; Stand: 24.10.2011

Die wichtigsten Tipps und Tools zum Social Media Monitoring
Christian Mueller: http://karrierebibel.de/social-media-monitoring-die-wichtigsten-tipps-und-tools/; Veröffentlicht am 17.03.2011

Linksammlung zu über hundert Social Media Guidelines
Chris Boudraux : http://socialmediagovernance.com/policies.php; Stand: 24.10.2011

Tipps und Tricks zu Social Media Guidelines
BITKOM: www.bitkom.org → Publikationen → Leitfäden → Artikel; Veröffentlicht am 22.09.2010; www.bitkom.org/de/publikationen/38337_65251.aspx

Artikel zu Social Media Guidelines
Jochen Mai: http://karrierebibel.de/guidelines-sollten-unternehmen-social-media-am-arbeitsplatz-zulassen/; Veröffentlicht am 16.08.2011

Kapitel V

Schlusswort und Ausblick:
Ein globales Kommunikationsdorf

Marketingkommunikation ist komplex und vielseitig: Die Felder erstrecken sich von der Außenkommunikation und Mitarbeiterkommunikation über Social Media Marketing bis hin zum persönlichen Gespräch während einer Veranstaltung. All diese Formen der Kommunikation sollten in einem Unternehmen im Idealfall zu einem einheitlichen Ganzen zusammengeführt werden. In der Regel ist das genau die Aufgabe der Marketing- und Kommunikationsverantwortlichen eines Unternehmens.

Ich hoffe, Sie haben sich gut aufgehoben gefühlt beim Lesen dieses Buches und haben die kurze Reise quer durch die Welt der innovativen Marketingkommunikation als gut investierte Zeit empfunden.

Der ehemalige Vorsitzende der Volkswagen AG Carl Hahn hat vor einiger Zeit gesagt: *„Es führt kein Weg an dem Tatbestand vorbei, dass die Welt klein geworden ist – in Bezug auf die Kommunikation beinahe schon ein Dorf. Nahezu überall kommt man heute in einer Tagesreise hin. Die neuen Techniken haben auch einen neuartigen Demokratisierungsprozess bewirkt."* [94]

Tatsächlich leben wir heutzutage in einem „globalen Dorf", und die Kommunikation 2.0 hat einen entscheidenden Anteil dazu beigetragen: Immer schneller und immer flächendeckender werden Nachrichten übermittelt. Unsere Netzwerke erstrecken sich mehr denn je über den gesamten Globus und zunehmend mehr Menschen werden gehört oder haben plötzlich durch die neuen Medien eine Stimme erhalten.

Grenzüberschreitende Kommunikation im Internet kann sogar auch undemokratische Regime ins Wanken bringen. Menschen unterschiedlichster Nationen wollen sich vernetzen, sie wollen sich austauschen und ihren Teil zu einem größeren Ganzen beitragen.

In meinen Gesprächen mit den unterschiedlichsten Interessensvertretern der Kommunikation, vom Empfangsmitarbeiter bis hin zum Geschäftsführer, ist mir immer wieder eines bewusst geworden: Die aktive Vermarktung eines Produktes oder einer Dienstleistung über innovative Marketingmedien und Kommunikationskanäle muss im Kopf des

Vermarkters anfangen. Sie bedarf einer emotionalen Öffnung gegenüber Kunden, Kollegen und Konkurrenten. Kunden wollen Mitspracherechte, und die noch vor einigen Jahren bestehende asymmetrische Beziehung zwischen Marketing und Kunden wird heute durch eine gleichberechtigte Beziehung auf Augenhöhe ersetzt.

Bei innovativer Marketingkommunikation geht es nicht in erster Linie darum, mit hohem Budget die Werbemaßnahmen der Konkurrenten zu überbieten. Vielmehr wird erwartet, dass das Gegenüber authentisch ist und eine Vertrauensbasis mit gegenseitigem Mehrwert entstehen kann. Und es gewinnt – ganz untypisch im Internet – ein Wert plötzlich extrem an Bedeutung: die Nachhaltigkeit. Dies gilt im besonderen Maße bei Geschäftsbeziehungen zu anderen Unternehmen im B2B-Umfeld.

Der Übergang auf eine nachhaltige Kommunikation, die den Kunden permanent „zu Wort kommen lässt", ist in der Tat ein Paradigmenwechsel. In der innovativen Marketingkommunikation ist der Faktor soziale Netzwerke unerlässlich geworden: Soziale Netze öffnen Türen, generieren Kontakte und erhöhen die Sichtbarkeit eines Unternehmens bei minimalem Budget-Einsatz. Vorteile, denen sich B2B-Unternehmen auf dem Weg zu effizienter Kommunikation nicht verwehren sollten.

Natürlich ist Social-Media-Kommunikation kein Allheilmittel. Diese neue Form der Marketingkommunikation kann ihre volle Wirkung nur dann entfalten, wenn sie genau auf alle weiteren Kommunikationsmaßnahmen abgestimmt wird und integraler Teil eines größeren Marketing- und Kommunikationsmixes ist. Wie so oft im Leben gilt auch hier: Die Mischung macht's. Einseitig auf Social Media zu setzen und die anderen Marketing- und Kommunikationstools zu vernachlässigen, ist nicht ratsam. Das Erfolgsrezept, welches ich Ihnen mit diesem Buch mit auf den Weg geben möchte, lautet: Betreiben Sie ganzheitliche Marketingkommunikation, die alle Bereiche abdeckt, die also der Mitarbeiterkommunikation denselben Stellenwert beimisst wie der Außenkommunikation. Und – das mag etwas lapidar klingen – vergessen Sie vor lauter virtuellem Networking nicht Ihre persönlichen „Offline"-Kontakte.

Ganzheitliche Marketingkommunikation vernetzt auf allen Ebenen mit allen wichtigen Entscheidungsträgern in- und außerhalb Ihres Unternehmens. So bleiben Sie im globalen Kommunikationsdorf stets am Puls der Zeit. Innovation entsteht aus Kommunikation, und Kommunikation gelingt durch optimale Vernetzung.

Dieses Buch über Marketingkommunikation ist unter anderem auf der Basis von Erfahrungen im Fachbereich unseres Unternehmens entstanden. Wir haben ausprobiert, reagiert, unkonventionell kommuniziert und unsere Kollegen „missioniert". All unsere Aktivitäten haben wir dabei auch dokumentiert. Denn immer noch gibt es viele Fragezeichen bezüglich innovativer Marketingkommunikation im B2B-Umfeld und wenig pragmatische Tipps, wie man hier, auch als Fachbereich, etwas schnell und vor allem auch nachhaltig auf die Beine stellen kann. Mein Team an Diplomanden, Studenten und Auszubildenden hatte sehr viel Freude dabei, innovative Marketingkommunikation in die Tat umzusetzen. Ich möchte mich an dieser Stelle ganz herzlich bei Julia Kuntz, Anita Neubauer, Anja Beck, Daniela Noll, Benjamin Britze, Martin Fischbach, Uli Hessdörfer, Fabian Pirs und Mirko Welte bedanken. Sie alle haben maßgeblich zum Gelingen dieses Buches beigetragen und hatten viel Freude dabei, ihr Wissen und ihre Erfahrungen einzubringen und dabei viel Neues dazu zu lernen. Die Kommunikation mit jungen Menschen, die die Trends von morgen schon heute selbstverständlich leben, war sehr inspirierend für mich und hat mich in meiner Maxime bestätigt: Im Austausch mit anderen, eben im „Vernetzen", ergeben sich die besten Ideen und Impulse für Innovationen.

Bedanken möchte ich mich darüber hinaus bei der Münchner Agentur Akima Media, die unsere Abteilung in den letzten Jahren beim Aufbau unserer Social-Media-Plattformen und der Entwicklung kreativen Contents tatkräftig unterstützt hat.

Ich hoffe, ich konnte Ihnen mit diesem Buch „Lust auf mehr" machen: mehr Kommunikation, mehr Ganzheitlichkeit, mehr Vernetzung und vor allem (noch) mehr Mut auf Innovation, auch hinsichtlich des Trendthemas Social Media.

Natürlich freue ich mich über Ihr Feedback, Ihre ganz persönlichen Erfahrungsberichte und Anregungen, was vielleicht noch zusätzlich oder detaillierter in das Buch gehört hätte. Schreiben Sie mir einfach, Sie finden mich selbstverständlich in sämtlichen wesentlichen sozialen Netzwerken.

Ihre *Angélique Werner*

 *zu Kapitel V*

Trends in Social Media
Von Michael Stelzner; www.socialmediaexaminer.com/hot-trends-in-social-media-globalization-and-real-time; Veröffentlicht am 15.07.2011

Artikel „Arbeiten im Jahr 2020"
Von Jochen Mai; http://karrierebibel.de/nie-wieder-konferenzraum-arbeiten-im-jahr-2020/; Veröffentlicht am 16.08.2011

Trends 2011 im B2B Online Marketing
Von 360 Creative - Agentur für B2B Online-Marketing; www.creative360.de/b2btrends2011; Stand: 24.10.2011

Deutscher Preis für Online-Kommunikation
Von Helios Media GmbH; www.onlinekommunikationspreis.de; Stand: 24.10.2011

Kapitel VI

Praxisbeispiele, Templates & Checklisten

Checkliste: Erfolgreiche Mitarbeiterkommunikation

✓ **Stil und Sprache**

Mitarbeiter sind keine Roboter: Einer der häufigsten Fehler ist es, davon auszugehen, dass Sie Ihren Kollegen alles erzählen können. Ihre Kollegen sind Menschen mit unterschiedlichen Sichtweisen und Einstellungen. Sie gilt es zu überzeugen, daher ist es wichtig, im Rahmen der persuasiven Kommunikation auf Einstellungen und etwaige Vorbehalte einzugehen – dies erleichtert es den Mitarbeitern, Positionen und Vorhaben nachzuvollziehen.

✓ **Warnung vor dem „Informations-Tsunami"**

Bei der Auswahl der Inhalte für die Mitarbeiterkommunikation muss man streng selektieren. Wichtig sind vor allem Relevanz für das Unternehmen und individueller Nachrichtenwert für den jeweiligen Mitarbeiter. Manche erhalten über 500 E-Mails pro Tag. Bei acht Netto-Arbeitsstunden sind das 62 Mails pro Stunde. Dass Frau Müller aus der Personalabteilung stolze Großmutter eines fünf Kilogramm schweren Neugeborenen geworden ist, ist eher irrelevant.

Wenn Ihr Unternehmen jedoch zum viertbeliebtesten Arbeitgeber Deutschlands gewählt wurde, sollten Sie dies allerdings breit kommunizieren.

✓ **Sensibilität und Transparenz**

Ihre Kollegen sollten ernst nehmen, was Sie ihnen mitteilen möchten. Ein Kommunikationsverantwortlicher ist kein Politiker: Meinungs- und Argumentationsänderungen ohne triftigen Grund sind ein absolutes „No-go", wirken unglaubwürdig und willkürlich auf die Mitarbeiter. Es gibt diverse Beispiele, in denen Firmen Ihren Mitarbeitern mitteilen, dass keine Arbeitsplätze abgebaut werden, um dann doch ein paar Wochen später mehrere hundert Stellen zu streichen. Eine derartige Intransparenz erzeugt bei den Mitarbeitern Unmut und Motivationsdefizite. Sprechen Sie offen über Änderungen und geben Sie auch Ihren Vorgesetzten sowie allen involvierten Parteien Ihre Kommunikationsrichtlinien und Gesprächsleitfaden zu verschiedenen Themen vor. Damit erreichen Sie am ehesten eine konsistente und geschlossene Argumentationskette – das A und O einer glaubwürdigen Informationsvermittlung.

✓ Die Strategie

Vertrauen ist gut. Kontrolle ist besser: Für viele Themen, die Sie Ihren Mitarbeitern kommunizieren, sind Sie nicht die einzige Informationsquelle: Selbstverständlich bezieht auch das Management zu unternehmensrelevanten Themen direkt Stellung. Sämtliche Formen der Innenkommunikation, zu denen auch die Managementkommunikation gehört, sollten deshalb genau aufeinander abgestimmt sein. Gemeinsame Kommunikations- und Argumentationskonzepte sind probates Mittel für ein glaubwürdiges Auftreten.

✓ Seien Sie ein Highlander

Es kann nur einen geben! Jede Zeitung, jede Sendung, jedes Forum hat einen verantwortlichen Chef-Redakteur. Und das mit gutem Grund: Kommunikationsaktivitäten müssen zentral koordiniert werden, sonst wird das sogenannte „Messaging" schwammig oder verfehlt die Zielgruppe. Daher sollte eine zentrale Stelle im Unternehmen sämtliche Kommunikationsvorgänge steuern und freigeben. So sind alle Informationen auch „aus einem Guss", haben einen ähnlichen Stil und dasselbe Layout.

Muster: E-Mail zur Einbindung der Mitarbeiter in Social-Media-Aktivitäten

Sehr geehrte Frau Müller/Sehr geehrter Herr Meier,

wie Sie bereits gehört haben, ist unsere Firma seit neuestem auch auf diversen Social-Media-Foren (betreffende Plattformen einsetzen) aktiv. Soziale Netzwerke bieten eine hervorragende Chance für uns, die Sichtbarkeit und Aufmerksamkeit für unsere Produkte/Services/Dienstleistungen zu erhöhen, gezieltes Networking mit Kunden und anderen zentralen Interessensvertretern zu betreiben und nicht zuletzt unsere Online-Präsenz entscheidend zu verbessern.

Wir in der Marketing-/Kommunikationsabteilung glauben an den Erfolg und die Effizienz dieses Social-Media-Projekts. Dass soziale Netzwerke in Zukunft der Erfolgsfaktor für gelungenes Marketing sind, ist inzwischen durch Erfolgsbeispiele vieler Vorreiterunternehmen, die den Trend als erstes erkannt und in die Tat umgesetzt haben, erwiesen. Doch Erfolg ist nur dann ein realistisches Ziel, wenn wir alle an einem Strang ziehen. Und dafür brauchen wir Sie – unsere Mitarbeiter. Ihren Glauben an den Erfolg unserer Social-Media-Strategien, Ihr Vertrauen und auch Ihre tatkräftige Unterstützung.

Wenn Sie uns alle ein wenig helfen, indem Sie selbst auf unseren neuen Plattformen aktiv werden, Kontakte knüpfen und gelegentlich Inhalte bereitstellen, steht einem gelungenen Auftakt in die Welt der sozialen Netzwerke nichts mehr im Wege. Soziale Netzwerke funktionieren nur dann, wenn das Adjektiv „sozial" hält, was es verspricht und eine Online-Gemeinschaft entsteht, die vom regem Interessensaustausch und der Beteiligung aller lebt.

Und dafür brauchen wir Sie und Ihr Engagement.

Bis bald auf unseren Plattformen.

Herzliche Grüße,
Ihre Kommunikationsabteilung

Muster: E-Mail zur Versendung des Redaktionsplans

Sehr geehrte Frau Müller/Sehr geehrter Herr Meier,

wie bereits angekündigt, benötigen wir die Hilfe und das Engagement unserer Mitarbeiter, damit unser Social-Media-Auftritt ein voller Erfolg wird.

Anbei schicken wir Ihnen eine Art Redaktionsplan, der koordiniert, wann welche Kollegen welche Aufgaben für unsere Social-Media-Foren übernehmen. Sie werden Ihren Namen in einer der Sparten vorfinden, ebenso wie einen vorgeschlagenen Termin zur Einreichung Ihres individuellen Beitrags. Diesen haben wir sehr langfristig gesetzt, so dass Sie genügend Vorlauf zum Erstellen Ihres Artikels haben. Sollte diese Zeit nicht ausreichen, können wir gerne in persönlicher Absprache einen für Sie passenderen Termin auswählen.

Die Sparte „Themenbeitrag" haben wir erstmal freigelassen. Hier bitten wir Sie, Ihr individuelles Thema, welches Sie für uns inhaltlich aufbereiten möchten, einzutragen und an uns zu schicken. Seien Sie kreativ, was Inhalt und Darstellung betrifft. Ein kurzer Fachartikel ist ebenso geeignet wie ein persönlicher Diskussionsbeitrag. Falls Sie bei der Themenfindung Hilfe benötigen, können Sie sich jederzeit an uns wenden. Wir vereinbaren dann auch gerne einen persönlichen Interviewtermin mit Ihnen.

Wir bedanken uns schon jetzt für Ihre Zusammenarbeit und freuen uns auf Ihren Beitrag.

Herzliche Grüße,
Ihre Kommunikationsabteilung

Muster: Social-Media-Redaktionsplan

Name	Thema/ Art des Beitrags	Datum der Abgabe	Länge	Unterstützung
Dieter Langhorn	„Firmen im Web 2.0", Diskussionsbeitrag	08.10.2011	ca. 40 Zeilen, nach vorgegebenem Template	z. B. – Recherche – begleitendes Interview – Formulierung

Checkliste: Zielgruppenanalyse

✓ Wer ist meine Zielgruppe (Mitarbeiter, Kunden, Interessenten auf Social-Network-Foren)?

✓ Was sind ihre Gemeinsamkeiten (z. B. alle im IT-Umfeld tätig, alle angestellt bei Firma XZ)?

✓ Worin besteht ihr Hauptinteresse (zusammengefasst in einem Satz)?

✓ Ist mein Zielpublikum in Geschlecht, Alter und Beruf eher homogen oder heterogen (sind es z. B. überwiegend IT-affine Männer im Alter zwischen 40 und 50 Jahren)?

✓ Worüber möchte dieses Zielpublikum in erster Linie informiert werden?

✓ Welche Tonalität könnte für das Zielpublikum passend sein (z. B. kreativ und spritzig für Interessenten aus dem Agenturumfeld, seriös und knapp für Empfänger eines technischen Unternehmens)?

✓ Ist das Zielpublikum internetaffin? Lohnen sich also Verlinkungen und andere Tools, die die Interaktivität erhöhen?

✓ Welche Erwartungen hat die Zielgruppe an einen firmeneigenen Newsletter?

Umfrage: Erwartungshaltung an einen Newsletter

✓ Wie oft sollte Ihrer Meinung nach ein Newsletter erscheinen?

✓ Welche Themen sollten unbedingt darin vorkommen, welche auf keinen Fall?

✓ Hätten Sie Interesse daran, Interviews zu lesen?

✓ Wären Sie offen für innovativere Themen, z. B. in Form von „Homestorys" oder Meinungsspiegel?

✓ Sollte der Newsletter mit sozialen Netzwerkforen wie XING oder LinkedIn gekoppelt werden?

✓ Würden Sie selbst an der Gestaltung des Newsletters mitwirken (z. B. als Interviewpartner oder Statement-Geber)?

✓ Können Sie ein Beispiel für einen perfekten Newsletter nennen?

✓ Wenn ja, was macht diesen so gut?

✓ Was unterscheidet einen Newsletter, den man ungelesen löscht, von einem, den man gerne liest?

Tipps & Tricks für einen gelungenen Newsletter

- Nutzen Sie das E-Mail-Format: Es ist zeitsparend, schnell und kostenfreundlich.
- Zielgruppenumfrage: Finden Sie mehr über die Empfänger und deren Vorstellungen von einem gelungenen Newsletter heraus.
- Personalisierung: Sprechen Sie Ihre Zielgruppe persönlich an.
- Individualisierung: Nicht jeder Newsletter muss einem reinen Standardtext folgen. Verleihen Sie eine individuelle Note, zum Beispiel durch saisonalen Bezug oder eine kreative Idee.
- Ab und an einmal: Ein Newsletter erscheint regelmäßig in einem bestimmten Turnus, ihn einfach mal wegzulassen, wenn es an Themen mangelt, irritiert die Mitarbeiter und ist keine Option.
- Immer dieselben „ollen Kamellen": Ihr Newsletter sollte eine gewisse Strukturierung und Kontinuität im Themenaufbau erkennen lassen, aber das bedeutet nicht, dass immer wieder dieselben Inhalte „heruntergebetet" werden.
- Verantwortungsvolles Schreiben: Gerade bei sensiblen Themen sollten Sie sich Ihrer Verantwortung gegenüber den Mitarbeitern bewusst sein. Im Zweifelsfall mit der Firmenleitung abklären, inwieweit kritische Themen wie z. B. bevorstehende Restrukturierungsmaßnahmen behandelt werden.
- Nicht auf taube Ohren schalten: Gibt es Kritik am Newsletter, dann hören Sie sich diese an.

Mustervorlage: Aufbau und Inhalt des Newsletters

Aufbau	Inhalt
Anrede *„Sehr geehrter Herr ..."*, *„Liebe Gruppenmitglieder"* etc. *„Wir hoffen, dass auch Sie schöne Weihnachtsfeiertage verbracht haben und gut ins neue Jahr gerutscht sind"*	Persönlicher Bezug, evtl. saisonal
„In diesem Newsletter stehen die Themen XYZ im Vordergrund" *„Sie erhalten wie immer ein Update zu [...]"* *„Wir zeigen Ihnen die neuesten Trends"*	Kurzer Themenüberblick/ Vorausschau
Variables Thema, z. B. aktuelle News	Themen-Teaser 1
Variables Thema, z. B. Kunden und Projekte	Themen-Teaser 2 (fakultativ)
Variables Thema, z. B. Personelles	Themen-Teaser 3 (fakultativ)
Einbindung der Leser durch Verweis auf Homepage, Lob, Dank oder Interaktion, z. B. *„Gerne verweisen wir auf unser Online-Gewinnspiel"* oder *„Ihre Meinung ist gefragt. Schreiben Sie uns, was Sie bewegt."*	Persönliche Interaktion (fakultativ)
„Bis zum nächsten Newsletter", *„Wir wünschen Ihnen, trotz Dauerregens, einen schönen Sommer und freuen uns auf Ihre Beiträge zum Thema XYZ!"* etc.	Persönliche Verabschiedung

Mögliche Inhalte eines Newsletters

Grundsätzlich können Themen lebendig und prägnant dargestellt werden mit Hilfe von:

- Zitaten
- Bildern und Grafiken
- Anschaulichen Beispielen und Belegen, z. B. Statistiken
- Interviews

Die Interaktion mit den Lesern kann beispielsweise angeregt werden durch:

- Gewinnspiele
- Quizfragen am Ende des Newsletters mit Gewinnankündigung
- Verweis auf Firmen-Homepage oder Social-Media-Foren zur weiteren Interaktion
- Mitgestaltungsmöglichkeit des Newsletters
- Abstimmung über Themen in den nächsten Newsletter-Ausgaben

Muster für Online-Newsletter: Beispiel der Gruppe „XING Application Management Experts"

Liebe Gruppenmitglieder,

nach einer etwas längeren Kommunikationspause, passend zur stillen Zeit im Dezember, melden wir uns wieder mit aktuellen News und Topthemen zurück. Ein kurzer Blick genügt und schon sind Sie wieder up to date.

Wir wünschen Ihnen viel Spaß beim Lesen!

Jetzt kommen Sie zu Wort: Unser „Best-Article-Award"

Bis jetzt wurden unsere Beiträge innerhalb der XING-Gruppe „Application Management Experts" meistens vom Moderatorenteam selbst oder von ausgewählten Experten verfasst, aber das wird sich jetzt ändern: Ab heute lassen wir Sie zu Wort kommen!

Sie können Ihren individuellen Beitrag zum Thema Applikationsmanagement schreiben. Der Post mit den meisten Klicks gewinnt. Und der Verfasser des prämierten Artikels gewinnt einen 50-Euro-Gutschein von amazon.de.

Und so funktioniert's: Stellen Sie einfach Ihren Post bis zum 12.01.2011 in unsere Application Management Experts-Gruppe ein.

Topthema 2010: Industrialisierung im Applikationsmanagement

Immer wieder schien in den vergangenen Themenbeiträgen durch, dass qualitativ hochwertiges und effizientes Applikationsmanagement stark von dem Grad der Industrialisierung abhängt. Mit anderen Worten: Je standardisierter Prozesse ablaufen, umso reibungsloser funktionieren Application Management Services und deren Handhabung. So kann man Industrialisierung im Applikationsmanagement zu Recht als Topthema des vergangenen Jahres bezeichnen.

[....]

Der Schlüssel zum Erfolg besteht also darin, eine hoch industrialisierte standardisierte und automatisierte Produktion mit verbesserter Qualität, Kostenvorteilen und intensiver Kundenbetreuung zu vereinen.

Ankündigung XING-Event

Am 17. Januar 2011 ist es endlich soweit: Unser erster Treff der Experten-Gruppe „Application Management Experts" findet im Haus der Bayrischen Wirtschaft in München statt. Frei nach dem Motto „Change in Sourcing Strategies" haben wir auf dieser Veranstaltung die Möglichkeit, uns zum Thema Applikationsmanagement nun auch persönlich auszutauschen. Natürlich gibt es auch Snacks und Fingerfood.

Wir freuen uns darauf, Sie bald auch persönlich kennenzulernen und wünschen Ihnen allen schöne Weihnachten und ein gutes neues Jahr.

Herzliche Grüße,
Ihre Moderatoren

Der Interviewknigge: Das sollten Sie beachten

⮊ Das Interview entspricht einer sozialen Situation: Höflichkeit, Respekt und angemessenes Verhalten tragen wesentlich zum Erfolg bei.

⮊ „Eisbrecherfrage": zu Beginn nicht gleich mit der Tür ins Haus fallen. Stellen Sie eine unverfängliche Frage zur Auflockerung, die z. B. etwas mit der Arbeit zu tun hat, wie *„Haben Sie schon die neue Gestaltung der Firmen-Homepage bemerkt?"* oder *„Ein schönes Büro haben Sie. Sind Sie erst kürzlich eingezogen?"*

⮊ Neutrales Verhalten während des Interviews, die eigene Meinung ist tabu.

⮊ Keine emotionalen Reaktionen wie lautes Auflachen oder „Augen rollen".

⮊ Fragen nicht gelangweilt und schnell „herunterspulen". Aufmerksamkeit auf den Befragten richten, Ablenkungen vermeiden.

⮊ Dem Befragten nicht ins Wort fallen, sondern ihn immer ausreden lassen.

⮊ Keine Antworten antizipieren. Der Befragte soll eigenständig antworten können, nicht die Worte des Interviewenden in den Mund gelegt bekommen.

⮊ Kleine Denkanstöße sind erlaubt, wenn der Befragte partout zu keiner Antwort kommt. Nachhilfen durch Verweise wie *„Wenn Sie einmal darüber nachdenken "* oder *„Nehmen Sie zum Beispiel ..."* können helfen.

⮊ Technische Ausrüstung vor dem Interview vorbereiten und testen.

⮊ Einverständnis für Tonbandaufnahme und Fotos bereits vor Beginn des Interviews einholen.

⮊ Bei der Verabschiedung dem Befragten das Recht zusichern, das Interview vor dem Erscheinen freizugeben.

Praxistipps für ein gelungenes Interview

Definieren Sie das Ziel der Befragung. Möchten Sie

- … einen Ein- oder Überblick zu einem bestimmten Sachverhalt gewinnen?
- … Expertisen, Erklärungen oder Einschätzungen zu einem bestimmten Sachverhalt einholen?
- … konkrete vordefinierte Daten zu einem bestimmten Sachverhalt überprüfen?
- … einen Kollegen besser kennen lernen?

Wählen Sie Interviewpartner unter folgenden Kriterien aus:

- Einstellungen zum Ziel und Anlass des Interviews sowie zum Interviewer.
- Funktion im Unternehmen.
- Position und Wissensstand in Bezug auf den Interviewinhalt.
- Eigeninteressen an Inhalten und Ergebnissen.
- Konkrete Erwartungen an das Interview.

Methoden

- **Offenes Interview** (wenig standardisiert):
  Die Durchführung erfolgt ohne Fragebogen, der Interviewte bestimmt den Verlauf des Gespräches.

- **Teilstrukturiertes Interview** (teilstandardisiert):
  Ein vorab erstellter Gesprächsleitfaden ist grob in Themenschwerpunkte gegliedert. Die Einhaltung der jeweiligen Strukturen liegt in den Händen des Interviewers.

- **Stark strukturiertes Interview** (voll standardisiert):
  Die Formulierungen sind inhaltlich und in der Reihenfolge strikt vorgegeben. Sie dürfen nicht verändert werden, um eine Vergleichbarkeit der Ergebnisse unterschiedlicher Befragungen zu gewährleisten.

Die Phasen des Interviews

1. **Kontaktphase**

   - Orientierung geben durch eindeutige Übermittlung der Interviewaufgabe

   - Schaffen einer positiven Interviewatmosphäre

2. **Informationsphase**

   - Konzentriertes Zuhören

   - Fokus auf Befragten

   - Sofortige Nachfrage bei sprachlichen oder fachlichen Unklarheiten

   - Keine Ablenkung durch Bekunden eigener Meinung

3. **Ausklangphase**

   - Mündliche kurze Zusammenfassung der Ergebnisse

   - Dank an Interviewpartner für die Zusammenarbeit

Interviewmuster

Muster 1: Von A bis Z

Bitten Sie die zu interviewende Person, das Alphabet mit Wörtern zu füllen, die sie selbst, ihren Job, ihre Erfahrungen, Wünsche usw. beschreiben. Der Fantasie sind dabei keine Grenzen gesetzt!

> A   wie **Amsterdam**. *Nach dem Abi war ich mit ein paar Freunden dort und arbeitete den Sommer über als Touristenführer.*
>
> B   wie **blond**. *Ich habe langes, blondes Haar.*
>
> C   wie **Chance**. *Der neue Job ist für mich eine super Chance, mich selbst zu verwirklichen und neue Themen kennenzulernen.*
>
> D   wie **Doris**. *Das ist meine Frau. Wir lernten uns im Supermarkt kennen, sind heute verheiratet und haben zwei Kinder.*
>
> E   *[…]*

Muster 2: Auf dem heißem Stuhl

Stellen Sie Fragen, die im Geschäftsleben eher unüblich sind. Ein Interview, das auch in den privaten Bereich geht, wird immer gern gelesen, wenn es Führungskräfte persönlich darstellt. Die Fragen könnten beispielsweise wie folgt aussehen:

- *Was bedeutet Ihre aktuelle Position, was beinhaltet sie?*
- *Was sind die Hauptgründe für Sie, in unserer Firma zu arbeiten?*
- *Erlaubt Ihnen Ihre Position, das zu erreichen, was Sie wollen?*
- *Was würden Sie tun, wenn Sie nicht in dieser Branche arbeiten würden?*
- *Was würden Sie ändern, wenn Sie zum Beispiel Bundeskanzler in Deutschland wären?*
- *Stellen Sie sich vor, Sie gewinnen eine Million Euro. Was würden Sie damit tun?*
- *Wie verbringen Sie Ihr Wochenende und was sind Ihre Hobbys?*
- *Was ist Ihre Lieblingsmusik?*
- *In welchem Land würden Sie gerne leben und warum?*
- *Was ist Ihre einheimische Lieblingsspeise?*
- *Was ist Ihre ungewöhnlichste Eigenschaft, die Ihren Kollegen verborgen geblieben sein dürfte (die sie aber überraschen würde, wenn sie es wüssten)?*

Muster 3: Halbstandardisiertes/teilstrukturiertes Interview

Die Interviewfragen und deren feste Reihenfolge sind in diesem Fall nicht vorgegeben. Es gibt nur einen groben Leitfaden, an dem sich der Interviewende orientiert.

Ein entscheidender Vorteil bei dieser Form des Interviews ist, dass eine freie Gesprächsentwicklung mit spontanen Impulsen möglich wird. Allerdings fällt hier auch das Lenken des Gespräches schwerer, und die Antworten können komplex und ausufernd werden.

Thema 1: Tätigkeit

- Aktuelle Position
- Herausforderungen
- Zufriedenheit mit der Aufgabe
- Projekte
- Teamarbeit

Thema 2: Unternehmen

- Stärken der Firma
- Verbesserungspotential innerhalb der Firma
- Wettbewerbsvorteil
- Firmenimage
- Änderungsvorschläge

Thema 3: Person

- Stärken
- Schwächen
- Zukunftswunsch

Beispiele für gelungene Blogs

Daimler-Blog

Dieses Blog wird durchgehend von Mitarbeitern persönlich und aus der Ich-Perspektive geschrieben. Die Themen kommen aus dem Unternehmensalltag und aus verschiedenen Kategorien.

Auszug:[95]

Wenn der Paketdienst leise vorfährt

Kein Lärm der Straße stört die Ruhe an diesem sonnigen Nachmittag. Nur das Rascheln der Zeitung zur Tasse Kaffee ist zu hören. Erst das Klingeln an der Haustür lässt mich hochfahren. Ein Lieferant des DPD überreicht mir ein lang ersehntes Päckchen. Verwundert frage ich mich, ob der DPD mittlerweile mit dem Fahrrad ausliefert, da ich keinerlei Motorengeräusch wahrgenommen habe. Die Antwort ist einfach. Der DPD fährt elektromotorisch angetriebene Transporter von Mercedes-Benz.

Frosta Blog

Dieses Blog von Mitarbeitern zu aktuellen Themen aus dem Food-Sektor und aus dem Unternehmen wird oft auch mit Bildern und Videos ergänzt.

Auszug:[96]

Food Scouts Karibik: Reisebericht Teil 2

Unglaublich, wie schnell die Zeit auf unserer Foodscout-Reise vergeht. Wir haben ganz schön viel erlebt und vor allem probiert.

Am Mittwoch ging die Reise für unsere Foodscouts weiter und zwar auf die einzige bewirtschaftete Kakaoplantage von Port of Spain: „Carmel Estate". Hier kultiviert Wayne mit seiner Familie mitten im Regenwald nicht nur Kakao, sondern auch Kürbis, Brotfrüchte, Mangos, Avocados und vieles mehr. Bei einem Rundgang über die Plantage können unsere Foodscouts nicht nur alles bewundern, sondern auch probieren. „Chadon Bene", eine Art von Koriander, wächst hier mitten auf dem Weg, auch Nelkenblätter, Orangen und Zitronen können die beiden direkt essen. Highlights sind natürlich die Kakaobohnen, die mit einer schleimigen Frucht ummantelt sind und leicht süßlich schmecken und die deswegen auch gerne von den heimischen Papageien verspeist werden (zum Unmut von Wayne). Die

Plantage dürfen wir natürlich nicht ohne ein ausgiebiges Essen verlassen. Es gibt Kürbissuppe (zu unserem Erstaunen ist Kürbis ein beliebtes „Trini"-Gemüse), Mahi Mahi Fisch in einer Kokos-Koriander-Sauce und als I-Tüpfelchen gibt es selbstgemachten Kakaotee mit Zimt. [...]

Google Adsense Blog

Ein Mitarbeiter-Blog zu aktuellen Google-Themen und Adsense-Funktionalitäten, etwas nüchterner gestaltet, aber mit interessanten Einblicken und Unterstützung für die Anwender.

Auszug: [97]

Allgemeine Kategorieblockierung jetzt auch für Deutsch möglich

Seit Einführung der allgemeinen Kategorieblockierung für englische Webseiten vor ein paar Monaten haben wir daran gearbeitet, diese Funktion auch für weitere Sprachen zu ermöglichen. Wir freuen uns daher, euch mitzuteilen, dass die allgemeine Kategorieblockierung jetzt auch für Deutsch und Französisch möglich ist.

Die allgemeine Kategorieblockierung ist Teil der neuen AdSense-Oberfläche und erlaubt eine zusätzliche Steuerung der auf eurer Webseite geschalteten Anzeigen. So könnt ihr den Erhalt von Anzeigen aus 150 bestimmten Kategorien unterbinden, darunter Finanzen, Reise, Pflegeprodukte, Verbrauchsgüter und Automobil. [...]

Wir hoffen, mit dieser Funktion den Wunsch vieler Publisher zu erfüllen, die auf ihrer Webseite geschalteten Anzeigen schnell und einfach steuern zu können. Auf eure Anregungen und euer Feedback zu dieser Funktion freuen wir uns.

T-Systems Cloud Blog

Experten-Blog mit branchenspezifischen Fachbeiträgen, die einerseits informativ sind und zum anderen zur aktiven Diskussion anregen. Ein gutes Beispiel für ein reines B2B-Blog, da die Autoren hier Persönlichkeit zeigen und einen lockeren Schreibstil führen, zeigt der folgende Auszug.

Auszug: [98]

Die Nagelprobe

Ich habe eine Idee für einen Clouddienst: Ich drucke und vertreibe schicke Kleber, die jeder, der sich berufen fühlt, auf seine physischen und nicht physischen Produkte und Dienste kleben kann. (Ok, ich gebe zu, dass ich mir zum Teilprozess „An virtuelle Dienste ankleben" noch ein paar Gedan-

ken machen muss.) Aufdruck: „Delivered from the Cloud" oder wahlweise „Made in the Cloud" oder ganz kurz: „cloud-grade".

Das wird bestimmt ein Schlager! Und damit bediene ich natürlich einen aktuellen Trend, alles mit dem Cloudlabel zu schmücken. Das ist zum einen nicht nur völlig harmlos, weil man mit ein bisschen Fantasie sowieso quasi jeden Dienst als Clouddienst kennzeichnen kann. Zum anderen,weil man die Marketingflagge ohnehin schwingen muss, denn als Ewiggestriger und „Non-Innovativer" will sich keiner outen. Eine der schlimmsten Beleidigungen in der Zukunftsbranche IT.

Der Spaß hört dann auf, wenn die potentiellen Kunden die Botschaften glauben! Ich sehe quasi Ihr Stirnrunzeln, denn das ist doch schließlich das Ziel des Flaggeschwenkens. Aber das Ziel der Wünsche kann es doch nicht sein, sich ein Cloudmäntelchen umzuhängen. Sondern vielmehr einen Clouddienst verkaufen zu können. Oder noch exakter: ihn auch liefern zu können. [...]

Grundlagen

Der gelungene Start in die XING-Welt

1. Legen Sie sich ein eigenes Profil auf XING an und halten Sie es immer auf dem aktuellsten Stand, denn das Profil ist Ihr persönliches Schaufenster. Ergänzen Sie dies mit einem Portraitfoto, so kann sich Ihr Gesprächspartner ein Bild von Ihnen machen. Da es sich hier um ein Businessportal handelt, sollte das Foto Sie möglichst in einem geschäftlichen Outfit zeigen.

2. Gestalten Sie Ihre „Über mich"-Seite ansprechend. Machen Sie weitere Angaben zu Ihrer Person, Ihrem Unternehmen oder Ihrem Angebot. Setzen Sie externe Links zu Ihrem Unternehmen. Mit HTML-Codes können Sie den Text mit Farben und Schriftgrößen grafisch optimieren oder weitere Fotos einbinden.

3. Schließen Sie eine Premium-Mitgliedschaft auf XING ab. So haben Sie die Möglichkeit, die XING-Powersuche zu nutzen. Sie sehen außerdem, wer Ihr Profil besucht hat und können unbegrenzt Nachrichten einstellen. Dies ist besonders bei der Moderation einer Gruppe sehr von Vorteil.

4. Finden Sie einen aussagekräftigen Namen für Ihre XING-Gruppe. Nehmen Sie sich hierfür viel Zeit, denn der Name einer Gruppe ist auch entscheidend für Ihren Erfolg und sollte aussagefähig, interessant und unverwechselbar sein. Mitglieder treten der Gruppe dann bei, wenn Sie sich auf die Schnelle damit identifizieren können. Stellen Sie auch ein kurzes Skript auf, worüber in den Gruppenforen kommuniziert werden soll – ein Produkt, ein Service, ein spezielles Thema.

5. Auch das Design Ihrer Gruppe zählt. Holen Sie sich ein paar Gestaltungsideen auch bei anderen Gruppen. Wichtig ist der Wiedererkennungswert: Die Tonart und das Design sollten auf alle anderen Marketingkommunikationsmedien abgestimmt sein, das heißt: schlagkräftige Aussagen, dieselben Bilder, Farben und Logo.

Foren einer XING-Fachgruppe

Für das Anlegen einer XING-Fachgruppe empfehle ich grundsätzlich die angeführten Themenblöcke, die natürlich auch beliebig erweiterbar sind.

Forenbezeichnung	Inhalt des Forums	Beitrag des Gruppenmoderators
Vorstellungsrunde	Gruppenmitglieder können sich und ihre Erwartungen vorstellen	Dank an Mitglied für Gruppenbeitritt
News	Aktuelle Ereignisse und Themen	Darstellung der eigenen Situation/Entwicklung
Diskussionsrunde	Diskussion zwischen den Mitgliedern	Auf Fragen ausführlich reagieren, Diskussionen anregen
Grundlagen des Themas XYZ	z. B. Beiträge aus Fachzeit-schriften	Veröffentlichung von Artikeln und Reaktion auf Kommentare
Feedback	Meinungsveröffentlichung zu bestimmten Themen durch die Mitglieder	Reaktion auf die Meinungen durch neue Diskussion, Einstellen weiterer Fragen und Antworten
Veranstaltungen	Informationen zu Veranstal-tungen	Ankündigung und Bericht-erstattung von Veranstaltun-gen, Danksagung
Job Market	Stellenangebote, Stellen-gesuche	Interaktion mit potentiellen Bewerbern und Interessenten

XING-Gruppenmitglieder gewinnen

Um eine XING-Gruppe erfolgreich zu initiieren, sollten Sie sich als Moderator erst einmal bekannt machen und einladen, einladen, einladen Eine Einladung, um Mitglieder für den Beitritt in die XING-Gruppe zu gewinnen, kann dabei wie folgt aussehen:

Bestandteil	Beispiel
Begrüßung	Guten Tag Frau Meyer / Herr Müller,
Aufmerksamkeit für Profil	Ich bin aufgrund Ihres Interesses für das Thema XYZ auf Ihr Profil aufmerksam geworden.
Grund für Kontakt-aufnahme	Daher würde ich mich gerne mit Ihnen auch innerhalb meiner Gruppe „Gruppenname" austauschen.
Was bietet meine Gruppe?	Wir möchten mit Ihnen unsere Erfahrungen und viele Informationen rund um das Thema XYZ austauschen.
Welcher Mehrwert entsteht bei Beitritt?	Bleiben Sie mit uns zu den Themen XYZ jederzeit auf dem neuesten Stand.
Persönliche Ansprache zum Schluss	Ich würde mich freuen, Sie persönlich in meiner Gruppe begrüßen zu können.
Abschied	Bis bald und beste Grüße, Ihr(e) Gruppenmoderator(in)

Mustertext: Anschreiben zum Beitritt in die XING-Gruppe

Hallo Frau/Herr …,

ich möchte Sie gerne in unsere XING-Gruppe „Gruppenname" einladen. Dort treffen sich Einsteiger, erfahrene Anwender, Spezialisten, Vertriebsleiter, Marketing-Verantwortliche und alle, die mehr erfahren wollen zu [...].

Sie erwartet in unserer Gruppe ein Erfahrungsaustausch zu den Themen [...], Informationen aus der Praxis und viele weitere Tipps und Tricks.

Ich würde mich sehr freuen, Sie in unserer Gruppe begrüßen zu können.

Ihr/e Gruppenmoderator/in

Bestätigung des Gruppenbeitritts auf XING

Sehr geehrte(r) Frau Müller/Herr Meyer,

vielen Dank, dass Sie unserer Gruppe „Gruppenname" beigetreten sind. Wir heißen Sie herzlich willkommen. Sie werden ab jetzt regelmäßig über neueste Themen, Trends und Fakten informiert und können jederzeit an den regen Diskussionen unserer Mitglieder teilnehmen sowie selbst Beiträge einstellen.

Wir freuen uns, bald von Ihnen zu hören.

Herzliche Grüße,
Ihr Moderatorenteam

Checkliste: XING-Moderatorenbeiträge

✓ **Vorbereitung**

- Persönlichen, thematischen Schwerpunkt festlegen.
- Trends verfolgen durch z. B. Suche in Fachzeitungen oder Internet.
- Wahl eines aktuellen Beitrags, der zusätzlich auch Anreiz für Diskussionen bietet.

✓ **Umsetzung**

- Wichtigste Thesen des Artikels herausstellen und in eigenen Worten zusammenfassen.
- Frage am Ende des Textes, z. B. *„Welche Meinung haben Sie dazu? Diskutieren Sie mit!"* oder *„Haben Sie schon Erfahrungen mit XYZ gemacht?"*
- Einfügen des Links zum kompletten Artikel.
- Hochladen des Textes im geeigneten Themenforum innerhalb der XING-Gruppe.

✓ **Nachbereitung**

- Regelmäßige Kontrolle der Foren und Artikelbeiträge.
- Zeitnahe Reaktion auf Antworten oder Fragen der Mitglieder.

Mustertexte für Anschreiben zum Beitritt in die LinkedIn-Gruppe

Beispiel 1

Ms/Mr (Name des Moderators/der Moderatorin, wenn Sie nicht selbst einladen) invites you to join „name of group" (Gruppe) on LinkedIn.

I would like to invite you to join our group on LinkedIn. Discuss with us all topics and trends of [...] and more. Are you interested to share innovations, vital news and opinions with other experts? Just join and contribute!

To enlarge our network, please feel free to invite your own contacts to this group.

I would be pleased to welcome you soon.

With best regards,
„Name"

Beispiel 2

Topic [...] (Thema) – do you care?

If yes join our group „Name" on LinkedIn: Link zur Gruppe
Our group is an expert forum discussing all aspects concerning [...] and related topics such as [...].

What are your benefits when joining our group?

You will not only be able to share interesting information about this specific topic, but also have access to diverse job opportunities from and for all group members.

Join us and become part of our group. We look forward to welcoming you.

With best regards,
„Name"

Mustertext zur Vernetzung auf LinkedIn

Dear Ms/Mr „Name",

I'd like to add you to my professional network on LinkedIn. I think we could share information and support each other in building up useful connections.

Looking forward to hearing from you.

Best regards,
„Name"

Bestätigung des Gruppenbeitritts auf LinkedIn

Dear Ms/Mr „Name",

Thank you for joining our group ABC. We are very happy to welcome you. From now on, you will get the latest updates concerning all topics of our group. Please feel free to take part in our lively discussions, we appreciate any comment.

See you soon in our LinkedIn group,
Your group moderator

Tipps und Tricks

- **Wissen, worüber man spricht:** Machen Sie sich vor der Präsentation in einem zusammenfassenden Satz klar, was Sie aussagen wollen. Nur wenn Sie Ihren Inhalt transparent darstellen, können Sie auf Ihr Publikum und auf Rückfragen eingehen.

- **Wer hört zu?** Verinnerlichen Sie sich genau Ihre Zielgruppe und deren Interessen, nur so erreichen Sie aktive Teilnahme, sowie mehr Interaktivität.

- **Die Abwechslung macht's:** Präsentieren Sie Ihren Inhalt nicht nur in Satzform auf Folien, verwenden Sie Bilder, Diagramme, Tabellen. Das wertet visuell auf und ist zudem sehr einprägsam.

- **Storytelling:** Setzen Sie Bilder ein, die das Publikum visuell motivieren, und mit welchen Sie eine Geschichte erzählen.

- **Keep it simple:** Achten Sie auf verständliche und kurze Aussagen.

- **Auf den Punkt genau:** Packen Sie nicht Ihr geballtes Wissen in eine Präsentation, Sie bringen die Zuschauer in deren Aufnahmefähigkeit an ihre Grenzen. Formulieren Sie Ihre Hauptaussagen klar und präzise, um größtmögliche Wirkung zu erzielen.

- **Und Sie reden und reden ...** An und für sich nicht schlecht, aber binden Sie Ihr Publikum ein, um Langeweile und Monotonie zu vermeiden. Gerade Online-Präsentationen bieten einige Möglichkeiten zur Interaktivität: Nutzen Sie diese.

Die häufigsten Fehler bei Präsentationen

- Reines Ablesen der Folien
- Unzureichende, schlechte Einleitung „ohne Pepp"
- Zu leise Stimme beziehungsweise zu viele „Ähms"
- Zeitüberschreitung
- Eine logische Linie, der „rote Faden", ist nicht vorhanden
- Überladene Folien
- Design wirkt unprofessionell oder nicht ansprechend
- Technische Schwierigkeiten während der Präsentation
- Kein direkter Kontakt zu den Zuhörern
- Fehlende Kenntnis des Publikums

Checkliste: Veranstaltungsplanung

Die folgende Checkliste kann Ihnen als Anhaltspunkt dienen. Natürlich hängen die Tätigkeiten auch immer von der Größe, dem Rahmen und dem Ort der Veranstaltung ab und müssen entsprechend individuell angepasst werden.

Checkliste zur Veranstaltungsplanung

To-do-Liste	Verantwortlicher	Datum	erledigt
Rahmenbedingungen festlegen			
Zielpublikum definieren und Teilnehmerzahl abschätzen			
Datum der Veranstaltung festlegen			
Veranstaltungsort und Ambiente auswählen			
Räumlichkeiten abfragen			
Grobplanung			
Eventthema festlegen			
Potentiellen Teilnehmerkreis eingrenzen			
Referenten auswählen			
Ablauf planen für Fach- und Rahmenprogramm			
und so weiter ...			
Detailplanung			
Einladungsform festlegen			
Vorankündigungen versenden			
Seeding auf diversen Plattformen (soziale Netzwerke, Medien, Plakate, Webseite)			
Einladungen verschicken			
Anfragen zum Event bearbeiten und bestätigen			
Teilnehmerliste erstellen			

Programm erstellen mit chronologi-
schem Ablauf und Rahmenprogramm

Technik vor Ort organisieren

Namensschilder und Tischkarten
vorbereiten

Gastgebergeschenke organisieren

Präsentationen und Referenten-
Beiträge vorbereiten

Technik bereitstellen

und so weiter ...

Durchführung

Begrüßung

Akkreditierung/Übergabe der
Namensschilder

Vorstellung und ungezwungene
Gespräche

Moderation

Technik

Dokumentation, Fotos und
Videoaufnahmen

Übergabe von Gastgeschenken

Verabschiedung

und so weiter ...

Nachbereitung

Dankschreiben an alle Teilnehmer

Erfolgskontrolle, z. B. durch
Feedbackbögen, persönliche
Gespräche

Nachberichterstattung der
Veranstaltung

Rechnungen abwickeln

und so weiter ...

Zeitliche Rahmenplanung für Veranstaltungen

Legen Sie gleich zu Beginn einen festen Termin für Ihre Veranstaltung fest. Dieser sollte mindestens zwölf Wochen in der Zukunft liegen und eine Begrenzung der Gästezahl beinhalten. Davon ausgehend bietet sich folgende zeitliche Aufgabenplanung an:

➲ **Zwölf Wochen vor der Veranstaltung**

- Suche nach einem geeigneten Veranstaltungsort
  - Verfügbarkeit prüfen, Angebot einholen, Lokation fest buchen
  - Technik klären: Präsentationsrechner, Projektor, Leinwand, Anschlüsse, Mikrofone, Musikanlage etc.
  - Beschallung und Ton prüfen
  - Musikalische Untermalung planen
  - Rednerpult mit Mikrofon und Presenter organisieren
- Suche nach passenden Referenten
  Prüfen Sie die Verfügbarkeit, lassen Sie sich ein Angebot schicken und buchen Sie zuletzt den gewünschten Referenten. Planen Sie eine Vertretung, falls ein Referent ausfällt.
- Musische Untermalung während der Veranstaltung zusammenstellen. Dabei gilt es zu beachten, dass bei Musik, die im Hintergrund läuft, entsprechend Gebühren an die GEMA bezahlt werden müssen.
- Moderator für den Ablauf des Events festlegen und auch hierfür eine Backup-Lösung vorsehen.

➲ **Zehn Wochen vor der Veranstaltung**

- Versand einer „Save-the-Date-E-Mail". Dies lässt sich zum Beispiel auf XING sehr gut über den Gruppen-Newsletter realisieren.
- Event auf Amiando.com anlegen
- Event auf XING anlegen und mit Amiando verbinden
- Weitere Gäste per E-Mail einladen
- Poster und Prospekte gestalten und drucken

➲ **Neun Wochen vor der Veranstaltung**

- Organisation der Bewirtung
  - Getränke

- Speisen
- Tische und Bestuhlung
- Servicepersonal
- Tischdecken, Dekorationen etc.

⮑ Drei Wochen vor der Veranstaltung

- Ablaufplan zusammenstellen und diesen auch mit Referenten und Moderator besprechen
- Präsentationen der Referenten anfordern und auf entsprechendem Datenträger speichern

⮑ Eine Woche vor der Veranstaltung

- Nochmalige Besichtigung des Veranstaltungsortes
- Ersatzrechner vor Ort konfigurieren
- Nochmalige Durchsprache des Programms mit dem Veranstalter
- Mit dem Catering Service den genauen Ablauf festlegen

⮑ Einen Tag vor der Veranstaltung

- Letzte Prüfung: Was soll zur Veranstaltung mitgenommen werden?
  - Namensschilder der Teilnehmer (Name/Firma)
  - Feedbackbögen
  - Kugelschreiber
  - Veranstaltungsposter
  - Evtl. Videokamera
  - Fotoapparat
  - Evtl. Werbebanner und/oder Poster
  - CDs, iPod oder andere Medien für musikalische Untermalung

⮑ Am Tag der Veranstaltung

- Techniktest vor Ort (mindestens vier Stunden vor Beginn)
- Finale Eventkontrolle vor Ort
- Prüfung der technischen Geräte wie Videoprojektor, Präsentationsrechner, Presenter, Musiksound. Ist das Catering über den zeitlichen Ablauf informiert? Wo befindet sich die Garderobe? Usw.

Checkliste: Veranstaltungsnachbereitung

Nach der Veranstaltung ist vor der Veranstaltung

⮑ **Dank an die Helfer:** Danken Sie allen Beteiligten mit einem kleinen Geschenk, zum Beispiel einem Gutschein für einen Restaurantbesuch. Kleine Geschenke erhalten die Freundschaft und beflügeln die nächste Veranstaltungsplanung.

⮑ **Scheuen Sie sich nicht,** auch konstruktives, negatives Feedback zur Veranstaltung zu bewerten.

⮑ **Haben Sie Fotos von Ihrer Veranstaltung?** Dann laden Sie diese auf ein Portal hoch, auf das die Mitarbeiter oder Ihre Gruppenmitglieder zugreifen können, oder basteln Sie Collagen für die Wände. Sie werden staunen, wie gut die Schnappschüsse bei den Kollegen ankommen.

⮑ **Begleichen Sie Rechnungen zeitnah.** Kleinere Dienstleister können nicht unbegrenzt auf die Rechnungserbringung warten.

⮑ **Im Rückblick: Haben Sie Ihre Ziele erreicht?** Was war inhaltlich gut, was ist noch verbesserungsfähig?

⮑ **Nachbesprechung mit dem Organisationsteam:** Was hat gut geklappt, welche Punkte kann man verbessern? Wem fehlten welche Informationen und warum?

⮑ **Budgetkontrolle:** Wurde das Budget überschritten? Wenn ja, warum?

⮑ **Abgleichung der Einladungsliste mit der Gästeliste:** Wie viel Prozent der Eingeladenen haben zugesagt, wie viele haben abgesagt? Welche Gründe gab es für die Absagen? Lag es z. B. am Termin, am Veranstaltungsort, am Motto oder an der Jahreszeit?

⮑ **Zufriedenheit der Teilnehmer:** Gibt es Feedbackbögen? Was fällt bei der Auswertung auf?

Muster: Event auf XING einstellen

ABC (Name Ihrer Veranstaltung)

(Achtung: Beim Einstellen eines Events auf XING dessen Namen nicht in Anführungszeichen setzen. Xing erstellt diese automatisch.)

Am (Datum) ist es endlich soweit!

Unter dem Motto „Thema" wollen wir uns gerne persönlich in XYZ (Ort) treffen.

Zum einen gibt es spannende Vorträge, die sich mit den Themen [...] befassen, zum anderen wollen wir uns mit Ihnen austauschen. Vor allem aber würden wir Sie sehr gerne persönlich kennenlernen. Aufgrund des rasanten Wachstums unserer (Name der Gruppe) wird es höchste Zeit, die Gesichter kennenzulernen, die hinter den Mitgliedern unserer Gruppe stehen.

Natürlich können auch Sie während unserer Veranstaltung referieren. Schicken Sie uns doch einfach Ihre Themenvorschläge.

Wir haben derzeit noch keine Vorstellung, wie viele Teilnehmer unser erstes „Get Together" besuchen werden. Daher bitten wir Sie schon heute um Ihre kurze Rückantwort, ob Sie dabei sein werden und vielleicht sogar noch jemanden mitbringen möchten. Sollten Sie nicht an der Veranstaltung teilnehmen können, würden wir uns über die Angabe eines Grundes für Ihre Absage freuen.

Wir freuen uns auf Ihre Teilnahme und das erste persönliche Treffen mit Ihnen. Sie machen unsere XING-Gruppe zu dem, was sie heute ist: ein lebendiges Forum für den Austausch unter Profis.

Links:

„Ja, ich nehme teil"

„Nein, ich nehme nicht teil"

✓ **Immer up-to-date**

Im Internet ist es wichtig, permanent auf dem aktuellsten Stand zu sein. Welche Webseiten werden viel genutzt und welche neuen Funktionen können Sie für sich einsetzen? Vor noch nicht einmal vier Jahren waren Facebook, Twitter und LinkedIn sowie GoogleMaps relativ unbekannt. Andere Plattformen haben längst ausgedient. Foursquare oder Groupon sind heute in aller Munde. Die Geschwindigkeit der Produktentwicklungen wird nicht nachlassen. Neue Themen drehen sich vor allem um das mobile Internet, wie beispielsweise Augmented Reality sowie Apps mit Cloud-Diensten für Unternehmen. Bleiben Sie daher ständig auf dem Laufenden im Internet.

✓ **Verantwortungsbewusster Umgang mit Daten**

Das Internet verleitet durch Foren, soziale Medien, Twitter und Co. dazu, viele Daten von sich oder über das Unternehmen preiszugeben. Es ist teilweise schwer bis unmöglich, Eingaben aus dem Web zu löschen. Zwar kann man zum Beispiel bei Fotos bereits teilweise ein Ablaufdatum setzen, so dass diese nach abgelaufener Zeit automatisch gelöscht werden. Jedoch gibt es keinen Schutz gegen Kopieren der Fotos und somit ein Umgehen des Löschdatums. Auch Apps auf Facebook oder auf dem iPhone oder iPad können Daten von Ihnen speichern.

✓ **Keine vertraulichen Eingaben ohne Verschlüsselung**

Viele Internetseiten kommunizieren mit Ihrem Browser über das HTTP-Protokoll (Hypertext Transfer Protocol). Beim Eintragen von vertraulichen Daten wie Kontoinformationen oder Login-Daten sollten Sie beachten, dass Ihr Browser über das sichere Https-Protokoll (Hypertext Transfer Protocol Secure) kommuniziert. Hier werden Ihre Daten verschlüsselt vom Browser zum Server übertragen. Wenn die Https-Seite nicht automatisch in der Adresszeile angezeigt wird, dann prüfen Sie, ob sie irgendwo ein Häkchen setzen können, um dies einzustellen, oder versuchen Sie in der Adresszeile „https" statt

„http" einzugeben. Ist keine Einstellung auf „https" möglich, sollten Sie diese Seite nicht verwenden.

✓ Ad-Blocker gegen unerwünschte Werbung

Werbung kann ziemlich lästig sein. Pop-up-Blocker gehören daher schon zum Standardrepertoire eines jeden Browsers. Dieser verhindert meistens das Aufblenden von Werbefenstern. Es gibt jedoch Programme, die jegliche Werbung aus Ihrem Browser ausblenden, diese heißen Ad-Blocker und lassen Banner von Google-Anzeigen verschwinden. Natürlich finanziert Werbung einen Großteil der Inter-netseiten, daher ist es Ihnen überlassen, ob Sie solch ein Add-On verwenden oder nicht. Ich habe bisher positive Erfahrungen mit Adblock Plus für Firefox gemacht. Falls Sie Werbung auf bestimmten Seiten sehen wollen, können Sie dies auch im Einzelfall zulassen.

✓ Richtlinien für die Internetnutzung

Das Web ist zu einem der wichtigsten Medien der heutigen Zeit geworden. Ein Verbot der Internetnutzung wirkt sich daher negativ auf die Mitarbeitermotivation aus. Wichtiger ist es, klare Regeln zur Anwendung aufzustellen und diese zu kommunizieren. Der Austausch in Social-Media-Netzwerken ist mittlerweile in den meisten Unternehmen gewünscht, bedarf aber eines klaren Regelwerkes. Bestimmte Seiten wie illegale Portale, Pornografie und generell alles, was nicht Ihrem Firmenziel entspricht, können auch gesperrt werden, um unter anderem ein Strafverfahren gegen Ihr Unternehmen aufgrund illegaler Downloads zu vermeiden.

✓ Vernetzung mit Ihren internetfähigen Geräten

Heutzutage gehen immer mehr Menschen nicht nur mit Ihrem Computer, sondern auch mit Ihrem Smartphone oder Tablet-PC online. Mit Hilfe von Synchronisierungs- oder Cloud-Diensten kann man auf allen Geräten mit denselben Dateien arbeiten. Ein Beispiel ist Dropbox, eine Plattform, die Ihre Geräte-Dateien miteinander synchronisiert. Damit können Sie ein Dokument Ihres Heim-PCs auch auf Ihrem Tablet unterwegs bearbeiten. Die neueste Version des Google-Betriebssystems bzw. der Software-Plattform Android bietet aufgrund der Identifizierung durch ein Google-Konto ähnliche Möglichkeiten der Dokumentenbearbeitung.

✓ Falsche Tatsachen im Netz

Einige Webnutzer stellen sich im Internet, vor allem auf privaten Netzwerken, anders dar, als Sie wirklich sind. Beachten Sie unbedingt, dass ein stimmiges und authentisches Bild im Internet erforderlich ist. Ihre Interessen, Erfahrungen, Berufsbezeichnungen und Qualifikationen sollten immer der Wahrheit entsprechen.

✓ Umgang mit der eigenen Mailadresse

Gewinnspiele und andere Aktionen, die Ihre E-Mail-Adresse erbeten, sind meist nur auf den ersten Blick kostenlos. Im Kern geht es bei solchen Aktionen darum, die Mail-Adressen für Werbe-Newsletter oder Spam-Mails zu sammeln. Ein eigens für solche Zwecke eingerichteter privater E-Mail-Account kann hier Abhilfe schaffen, indem Sie nur diese Adresse für solche Aktionen hergeben.

✓ Nutzung urheberrechtlich geschützter Daten

Beachten Sie, dass Urheberrechts- und Copyrightverletzungen kein Kavaliersdelikt sind. Daher gilt für Sie immer: Keine Texte, Bilder oder Fotos abdrucken, ohne diese mit Quellenangaben zu versehen. Bei Zweifel bitten Sie um die Nutzungserlaubnis.

Muster für Social Media Guidelines eines Unternehmens

1. Die Social-Media-Richtlinien unseres Unternehmens sind verbindlich zu wahren.
2. Schützen Sie die Reputation unseres Unternehmens.
3. Verwenden Sie das Firmenlogo gemäß der bestehenden Richtlinien und beachten Sie unsere Kommunikationsregeln und -strategie.
4. Schreiben Sie aus Ihrer eigenen Perspektive und kennzeichnen Sie Beiträge als Ihre eigenen.
5. Seien Sie transparent und geben Sie alle Quellen korrekt an.
6. Jeder macht Fehler: Stehen Sie in diesem Fall offen dazu, entschuldigen Sie sich bei Bedarf und korrigieren Sie die Fehler, wenn nötig. Versuchen Sie nicht, sich „herauszureden", sondern kommunizieren Sie ehrlich und direkt.
7. Setzen Sie auf gute, nachhaltige Beziehungen und regelmäßigen Kontakt mit Ihrem Zielpublikum.
8. Übernehmen Sie aktiv Verantwortung für Ihre Beiträge.
9. Führen Sie einen professionellen und positiven Kommunikationsstil. Jeder negative Kommentar kann auf das Unternehmen zurückfallen.
10. Vermeiden Sie Beiträge ohne Relevanz oder von schlechter Qualität.
11. Veröffentlichen Sie keine Zitate, Bilder, Fotos ohne Absprache mit dem Urheber.
12. Social Media darf nicht zum Spam ausarten, sondern muss als effektives Kommunikationstool genutzt werden.
13. Veröffentlichen Sie keine Unwahrheiten oder Spekulationen.
14. Lassen Sie sich bei Diskussionen nicht zu einem unfreundlichen Ton oder Beleidigungen provozieren. Verhalten Sie sich immer respektvoll.
15. Veröffentlichen Sie keine Interna oder vertraulichen Informationen.
16. Nehmen Sie Abstand von Beiträgen, die als aufdringliche Werbung interpretiert werden können.
17. Seien Sie offen für Social Media, just do it ;-).

Glossar

Ad-Blocker

Eine Anwendung, die es ermöglicht, Internetwerbung und andere Anzeigen auf Webseiten zu verbergen.

Account

Ein Account („Konto") ist gleichbedeutend mit einer Zugangsberechtigung in das Firmennetzwerk oder in ein soziales Netzwerk. Der Zugang erfolgt durch die Eingabe einer registrierten E-Mail-Adresse bzw. eines Benutzernamens und des zugehörigen Passwortes.

Alert

Ein Alert ähnelt in seiner Funktionsweise einem Newsletter. Der Nutzer kann sich von einem Alert-Dienst (siehe auch „Google Alerts") regelmäßig per E-Mail benachrichtigen lassen, wenn Neuigkeiten zu einem von ihm definierten Thema im Internet erscheinen. Im Gegensatz zum Newsletter kann der Nutzer die Themen seiner Alerts in der Regel selbst auswählen.

Amiando

Über diesen Service kann man Veranstaltungen kostenlos registrieren und ebenso kostenlos für diese Veranstaltung Tickets vergeben. Dazu wird die Veranstaltung bei Amiando (www.amiando.com) eingestellt, die Teilnehmer können sich dort registrieren, sind somit automatisch bei der Veranstaltung angemeldet und erhalten ihr Ticket online.

Android

Auf Linux basierendes Betriebssystem für Smartphones.[99] Vor allem Google setzt dieses System in seinen Hardware-Geräten ein.

Application Management

Entwicklung und Betreuung einer Anwendungssoftware durch einen externen Dienstleister. Die Betreuung findet im Regelfall über den gesamten Lebenszyklus durch den gleichen Dienstleister statt. Applikationsmanagement wird auch dem Outsourcing zugeordnet.

Apps

Webanwendungen, die z. B. auf einem Smartphone installiert werden können, wenn im Betriebssystem ein Onlineshop integriert ist, aus dem die Apps wiederum gezogen werden können.

Augmented Reality

(Erweiterte Realität)

Augmented Reality wird ermöglicht durch eine computergestützte Wahrnehmung der Gegenwart, bei der sich reale und virtuelle Welten vermischen. Navigationssysteme für Autos waren eigentlich der erste Schritt hin zu dieser Technik. Augmented Reality wird in Zukunft v. a. bei Smartphones eine bedeutende Rolle spielen. Stellen Sie sich folgendes Beispiel vor: Sie stehen auf einem Berggipfel in den Alpen und filmen mit Ihrem Smartphone die Berglandschaft. Auf Ihrem Smartphone haben Sie ein Programm installiert, das Ihnen während der Aufnahme die Namen der jeweiligen Berge anzeigt, die Sie gerade filmen. Das ist Augmented Reality.

Auto Responder

E-Mail, die automatisch auf eine eingehende Meldung versendet wird. Genutzt werden entsprechende Funktionen beispielsweise bei Bestellbestätigungen oder bei Abwesenheitsmeldungen.

B2B (Business to Business)

Geschäftsbeziehungen zwischen zwei oder mehreren Unternehmen.

B2C (Business to Consumer)

Beziehung (hinsichtlich Kommunikation und Handel) zwischen Unternehmen und Privatpersonen/Konsumenten.

Backup

Kopieren von Daten zur Absicherung bei einem möglichen Datenverlust. Sinngemäß übersetzt man diesen Begriff (Sicherung, Ersatz) mit „Datensicherung".

Bannerwerbung, Bannerkampagne

Werbung im Internet, die mit Hilfe von Bannern, zum Beispiel Pop-ups oder Skyscrapern (siehe Definition) durchgeführt wird. Startet man eine Kampagne mit Hilfe von z. B. Pop-ups oder Skyscrapern, bezeichnet man diese als Bannerkampagne.

Benchmarking, Benchmark

Beim Benchmarking werden zum Beispiel konstant die eigenen Produkte mit denen der Konkurrenz verglichen. Ziel ist es, sowohl aus den Fehlern als auch von den Stärken des Mitbewerbs zu lernen und dadurch wettbewerbsfähig zu bleiben. Die einzelnen Vergleichswerte dieses Prozesses werden als „Benchmark" bezeichnet.

Best-Practice

Der angloamerikanische Begriff „Best-Practice" steht für eine bewährte Lösung und Methode in der Betriebswirtschaft. Teilen Teilnehmer eines sozialen Netzwerkes diese erfolgreichen Praxisbeispiele anderen mit, spricht man vom Best-Practice Sharing.

Bing

Eine Internet-Suchmaschine von Microsoft, die vergleichbar mit Google ist.

Bio

In diesem Fall handelt es sich um eine kurze Beschreibung der Person zum Twitterprofil in bis zu 160 Zeichen.

Bit.ly

Siehe „Linkverkürzer"

Blog

Blog ist die offizielle Abkürzung für „Web Log". Hierbei handelt es sich im übertragenen Sinn um ein virtuelles Tagebuch, das der Betreiber (und oftmals auch die Besucher) des Blogs regelmäßig mit neuen Inhalten aktualisiert (Inhalte/Threads bloggen). Im Gegensatz zu einer klassischen Webseite, z. B. eines Unternehmens, kann auf einem Blog intensive Interaktion entstehen durch laufend neue Beiträge, Diskussionen und Kommentare. Wenn ein User Beiträge in ein Blog postet, bezeichnet man dies als „Blogging".

Blogosphäre

Gesamtheit aller Communitys. Dies entspricht dem Eindruck, dass durch die Online-Vernetzung vieler Blogs ein soziales Netzwerk entsteht.

Blog-Parade, Blog-Karneval

Sonderform des Bloggens. Hier gibt ein Startblogger (Veranstalter) ein Thema vor und fordert die Besucher seines Blogs dazu auf, auf ihren eigenen Blogs ebenfalls Beiträge zu diesem Thema zu veröffentlichen. Diese werden dann anschließend auf dem initiierenden Blog zusammengetragen und gesammelt. Der beste Beitrag wird schließlich ausgezeichnet.

Buying Center

Gruppe, die am Kaufentscheidungsprozess in einem Unternehmen beteiligt ist. Sie besteht in der Regel aus Benutzern, Entscheidungsträgern, Einkäufern, Einflussnehmern und Gatekeepern.

Chat

Unter einem Chat (Geplauder) versteht man in Kontext mit dem Internet Plattformen, auf denen sich zwei oder mehrere Teilnehmer in Echtzeit durch schriftliche Nachrichten austauschen (chatten). Als Chatrooms werden oft interessensspezifische Gruppen bezeichnet, in welchen sich die Teilnehmer gezielt über die jeweiligen Themengebiete austauschen.

Circles

Funktion (Kreise), die Google+ anbietet, um alle Online-Freunde in Kreise einzuteilen, z. B. Freunde, Familie, Bekannte, Arbeit. Dadurch ist es dem Nutzer möglich, bestimmte Inhalte nur für einen bestimmten Circle/Kreis freizugeben und für andere zu verbergen.

Cloud Computing

Beim Cloud Computing werden Datenservices (z. B. Datenspeicherung oder -sicherung) oder auch Softwareanwendungen von einem externen Cloud-

Service-Anbieter über das Internet zur Verfügung gestellt. Dadurch befinden sich die vom Nutzer verwendeten Daten bzw. Softwareanwendungen nicht mehr auf dessen PC, sondern auf dem Webserver des jeweiligen Cloud-Service-Anbieters. Der Nutzer arbeitet somit über das Internet mit den eigenen Daten bzw. eigenen Softwareanwendungen. Durch den zentralisierten Speicherort der Daten und der Software können mehrere Anwender gleichzeitig auf denselben Datenbestand zugreifen. Besonders vorteilhaft sind Cloud-Lösungen für Teams, die am gleichen Projekt arbeiten und deren Mitglieder geografisch voneinander getrennt sind.

Cloud-Tools

Systeme, mit denen Cloud Computing betrieben wird. Beispiele hierfür sind Dropbox, Mydrive oder auch die Cloud Services von Amazon.

CMS (Content Management-System)

Ein CMS dient im Zusammenhang mit der Pflege von Internetseiten der Verwaltung und Administration von Webseiten-Inhalten. Die Einrichtung eines CMS ist normalerweise mit einem hohen Aufwand (und somit hohen Kosten) bei der Programmierung der Webseite verbunden. Dieser Mehraufwand lohnt sich jedoch, wenn die Inhalte der Internetseite häufig geändert werden. Ohne CMS muss für jede Änderung ein Programmierer beauftragt werden, was wiederum mit hohen Folgekosten verbunden ist.

Code of Conduct

Siehe auch Corporate Behaviour

Communitys

In diesem Glossar definiere ich den Begriff Community, also Gemeinschaft, im Kontext mit dem Internet. Der Begriff umfasst eine Gruppe von Internetnutzern mit meist gleichen Interessen, die sich in Foren, Weblogs oder sozialen Netzwerken über bestimmte Themen austauschen. Manchmal werden auch Social-Media-Plattformen, wie z. B. Facebook, als Community bezeichnet.

Competence Center

(Kompetenzbeirat)

In einem Unternehmen versteht man darunter die Abteilung, welche beauftragt ist, die optimale Nutzung und Entwicklung der Kompetenzen der Unternehmensmitarbeiter sicherzustellen.

Competence Site

Diese Plattform führt zu bestimmten Themenbereichen wie Management, IT, Technik, Marketing etc. relevante Netzwerke zusammen. Dadurch wird den Nutzern ermöglicht, schnell Lösungen zu finden oder für eigene Konzepte zu werben.

Complain Storm

Ansturm von Beschwerden über etliche Kanäle, in denen z. B. unzufriedene Kunden oder Lieferanten ihrem Unmut freien Lauf lassen.

Conference Call

Telefon-Konferenz mit selbstständiger Einwahl

Connection

(Beziehung oder Verbindung)

Connection bedeutet hier, über soziale Netzwerke mit einem anderen Nutzer verbunden zu sein.

Content

(Inhalt)

Unter Content versteht man im Internetjargon Inhalte jeglicher Art im Web.

Content Sharing Sites

Überbegriff für sämtliche Webseiten, auf denen Nachrichten oder andere Inhalte geteilt werden können. Hierzu zählen beispielsweise SlideShare, YouTube, Facebook oder auch Foren und Blogs.

Contract Compliance

(Vertragserfüllung)

Im Rahmen einer Contract Compliance (Vertragserfüllung) werden i. d. R. Richtlinien oder Vorgehensweisen festgelegt, nach denen Verträge erfüllt oder Projekte bearbeitet werden.

Corporate Behaviour

Sammlung von Richtlinien, die die grundsätzlichen Verhaltensweisen von Mitarbeitern innerhalb eines Unternehmens definieren. Auch bekannt als „Code of Conduct".

Corporate Blog

Blog eines Unternehmens, das von Mitarbeitern geführt wird. Corporate Blogs sind dazu da, dass die Marketing- und Kommunikationsziele des Unternehmens erreicht werden. Genutzt werden diese z. B. für interne Kommunikation, Marktkommunikation oder für Public Relations.

Corporate Design

Das Corporate Design (CD) bestimmt das optische Erscheinungsbild eines Unternehmens in der Öffentlichkeit und innerhalb des Unternehmens. Es zieht sich wie ein roter Faden durch den gesamten optischen Auftritt (Logo, Farben oder Architektur) eines Unternehmens – vom Briefpapier bis zum Werbeplakat. Dadurch wird u. a. ein hoher Wiedererkennungswert erreicht.

Corporate Responsibility

Für diesen Begriff gibt es zahlreiche Definitionen. Grundsätzlich beschäftigt man sich bei Corporate Responsibility mit (größtenteils sozialen) Werten, für die ein Unternehmen in der Öffentlichkeit steht, z. B. Umweltschutz, Mitarbeiterzufriedenheit etc. Da es bei diesen Themen auch darum geht, Botschaften nach außen zu verbreiten, ist Corporate Responsibility nicht selten Bestandteil des Aufgabengebiets von Public Relations (vgl. „Public Relations").

Crowdsourcing

Auslagerung von Unternehmensaufgaben an eine Vielzahl von Arbeitskräften, die sich im Internet „aufhalten". Diese können sowohl an Entwicklungsprojekten beteiligt sein als auch Probleme und Aufgaben im Unternehmensumfeld lösen. Crowdsourcing ist eine moderne und günstige Form der Arbeitsteilung im Web 2.0, die nebenbei noch die Motivation und Identifikation mit einer Marke verstärkt. Ein schönes Beispiel für Crowdsourcing ist die Kampagne von McDonalds. Die Fastfoodkette rief ihre Kunden im Rahmen eines Wettbewerbs dazu auf, sich auf ihrer Homepage aus verschiedenen Zutaten ihren „Lieblingsburger" zusammenzustellen. Aus den zahlreichen Burgern wurden die fünf besten ausgewählt und schließlich in die Speisekarte aufgenommen.[100] Für McDonalds bedeutete diese Aktion neben einem enorm positiven Werbeeffekt eine kostengünstige Produkt-Neuentwicklung.

CSS (Cascading Style Sheets)

Durch CSS wird das Design einer Webseite definiert. Zusammen mit dem HTML-Code, durch den (grob gesagt) Inhalte und Formatierungen bzgl. der Texte festgelegt werden, bildet der CSS einen wichtigen Bestandteil bei der Erstellung von Internetseiten.

Customer Relationship (CR)

(Kundenbeziehung)
Art und Weise, mit der ein Unternehmen mit seinen Kunden kommuniziert und interagiert. Mit Hilfe des CR werden Kundenbeziehungen aufgebaut und gepflegt mit dem Ziel, die Kunden langfristig an das eigene Unternehmen zu binden.

Demand Generation

(Nachfrageentwicklung)
Demand Generation ist das Ziel vieler Marketing-Strategien, um Markenbewusstsein und Interesse für das eigene Produkt bzw. die Dienstleistung zu steigern.

Digital Native

Person, die mit technischen Produkten wie Computer, Mobiltelefon oder Internet aufgewachsen ist. Das Gegenteil ist der Digital Immigrant, der diese Entwicklungen erst im Erwachsenenalter kennen gelernt hat.

Do-Follow-Links

Diese Links werden von Suchmaschinen zur Berechnung der Gesamtanzahl der Links auf eine Webseite herangezogen. Je mehr Follow-Links auf eine Webseite verweisen, desto positiver wirkt sich dies auf die Platzierung bei den allgemeinen Suchmaschinen aus.

Domain

(Domänname)

Im alltäglichen Sprachgebrauch versteht man unter einer Domain den Namen einer Webseite, technisch ist es der Name eines Servers. Es wird zwischen Top-Level-, Second-Level- und Third-Level-Domains unterschieden. Gebräuchliche Top-Level-Domains sind z. B. .de, .com oder .net.

Download

Dieser Begriff beschreibt den Vorgang des Herunterladens von Daten aus dem Internet auf den eigenen Rechner.

Dropbox

Webdienst, der es Nutzern ermöglicht, Dateien online zu sichern und diese für verschiedene registrierte Nutzer zur Verfügung zu stellen.

Early Adopters

Anwender, die auf neue Produktvariationen oder Technologien bereits in einem sehr frühen Stadium aufmerksam werden und diese noch vor dem Massenmarkt nutzen.

E-Learning

Autodidaktisches Lernen mit Kursen oder Schulungen, die per Internet oder Intranet am Rechner durchgeführt werden.

Emoticons

Zeichenfolge, die in Form eines Smileys einen bestimmten Gefühls- und Stimmungszustand darstellt, zum Beispiel :-)

Employee Recruiting

Siehe „Recruiting"

Fake-Accounts

Konten oder Accounts, die in sozialen Netzwerken mit falschen persönlichen Angaben erstellt werden, um die eigene Identität nicht preiszugeben. Meist werden solche Profile kreiert, um Inhalte zu posten, mit denen man nicht in Verbindung gebracht werden will. Oft wird dadurch Schleichwerbung oder negative Stimmungsmache gegen Unternehmen, Personen oder Institutionen betrieben.

Fanpage

Webseite, auf der zu bestimmten Themen, Hobbys oder Personen Informationen zur Verfügung gestellt werden, welche neue Interessenten locken oder „Fans" informieren sollen.

FBML (Facebook Markup Language)

Auszeichnungssprache, die HTML (siehe „HTML") sehr ähnlich ist und speziell für Facebook konzipiert wurde. Mit FBML lassen sich Auftritte auf Facebook individuell gestalten.

Feed

Siehe „RSS-Feed"

Feedburner

Management-Tool, das im Jahr 2004 entwickelt wurde und für Blogger zusätzliche Werkzeuge anbietet, wie beispielsweise das Umwandeln eines RSS-Feeds in einen Podcast.

Follower

Interessenten, welche ausgewählte Aktivitäten anderer User auf sozialen Netzwerken regelmäßig verfolgen.

Follow Friday

Dieser Ausdruck bezeichnet auf der Plattform Twitter die Möglichkeit, freitags eine Liste der Twitter-User zu posten, denen man aktuell am liebsten folgt.

Follow-the-sun-Prinzip

Ziel dieses Prinzips ist es, dem Kunden 24 Stunden am Tag optimalen Service zu bieten. Dies kann zum Beispiel durch global vernetzte Call Center in verschiedenen Zeitzonen erreicht werden.

Friendsfeed

Tool von Twitter, das es Nutzern ermöglicht, Kommentare ihrer Freunde zu Inhalten, die sie gemeinsam teilen, in Echtzeit mit zu verfolgen.

GEMA

GEMA steht für „Gesellschaft für musikalische Aufführungs- und mechanische Vervielfältigungsrechte". Sie liegt im Dienst der Musikschaffenden und verwaltet als staatlich anerkannte Treuhänderin die Rechte von über 64.000 Mitgliedern und über einer Million ausländischen Berechtigten. Dabei sorgt die GEMA dafür, dass das geistige Eigentum von Musikern geschützt wird und die Musiker für die Nutzung ihrer Werke angemessen entlohnt werden.[101]

Gimmick

(Gag, Trick, Schnickschnack)
Eine ausgefallene Idee, ein Werbegag oder eine lustige Zugabe.

Global Village

Durch virtuelle soziale Netzwerke wächst die internationale Gemeinschaft immer enger zusammen. Räumliche Differenzen werden irrelevant, da man direkt über soziale Medien kommuniziert, so als säße man an einem Tisch. So entsteht das „Global Village", das globale Dorf.

Google Adwords

Eine Form der Internetwerbung, die nur auf Seiten geschaltet werden kann, welche wiederum zum Google-Netzwerk gehören. Für diese Werbeanzeigen muss bezahlt werden, jedoch heben sie sich aufgrund der farblichen Hinterlegung oder dadurch, dass sie im Feld „Anzeigen" gelistet werden, von anderen Suchergebnissen hervor.

Google Alerts

Dieser Service wird oft im Zusammenhang mit dem Google Reader verwendet. Der Nutzer erhält per E-Mail eine Benachrichtigung, wenn im Internet Nachrichtenbeiträge erscheinen, die zu entsprechend vom Nutzer definierten Themen passen.[102]

Google Analytics

Ein Analyse-Tool, mit dem man die Anzahl der Homepagezugriffe und die Werbewirkung bestimmen kann. Diese Auswertungen unterstützen Unternehmen, ihre Marketingstrategie zielgerechter zu gestalten und ihre Webseiten zu optimieren.

Google Reader

Dieses Angebot von Google ermöglicht seinen Nutzern, das Internet nach RSS-Feeds oder Nachrichten zu durchsuchen, die bestimmte Stichwörter enthalten. Zur besseren Übersichtlichkeit kann man für verschiedene Themenbereiche eigene Gruppen einrichten, in denen RSS-Feeds und Nachrichten zu einzelnen (vom Nutzer bestimmten) Themenbereichen angezeigt werden.

Hashtags

Textanhänge, die bei Twitter verwendet werden, um Stichwörter direkt in die Nachricht einzufügen. Die Form eines Hashtags ist „# <Stichwort>".

Headline

Schlagzeile, Überschrift

Hosting

Bereitstellung von Speicherplatz durch einen externen Anbieter. Falls sich der Speicherplatz für Domains auf einem Webserver befindet, spricht man von „Webhosting".

HTML (Hypertext Markup Language)

HTML ist die nach ISO-Norm festgelegte Programmiersprache zum Erstellen von Dokumenten einer Webseite. Durch HTML-Codes werden die Bestandteile der Webseiten-Dokumente strukturiert, z. B. in Überschriften, kursive Wörter etc. Möchte man beispielsweise eine Textpassage in Fettdruck formatieren, schreibt man in HTML: Textpassage

HTTP (Hypertext Transfer Protocol)

Allgemeines Protokoll, welches sämtliche Nachrichten und Anfragen beinhaltet, die während der Datenübertragungsprozesse zwischen dem Browser eines Internetnutzers und einem Webserver (siehe „Webserver") ausgetauscht werden.

HTTPS (Hypertext Transfer Protocol Secure)

Verschlüsseltes HTTP. Es kommt hautsächlich zum Einsatz, wenn im Internet zum Beispiel Transaktionen mit Passworteingabe durchgeführt werden.

Implementierung

Umsetzung und Festlegung von Abläufen und Strukturen in einem System. Übertragen auf das Marketing bedeutet dies die Festsetzung eines Produktes oder einer Dienstleistung auf dem Markt.

Insights

Der Begriff (auch „Insider-Informationen") hat durch dubiose Aktienge-schäfte einen etwas negativen Anstrich bekommen. Im Kontext des Buches sind jedoch bis dato unbekannte Informationen gemeint, die durch ihre Ver-öffentlichung als interessante Neuigkeit gelten. Für den Veröffentlicher kann dies einen sehr positiven Effekt auf Image und Reputation haben.

Interface

In einfacher Erklärung ist eine Daten-Schnittstelle bzw. „Daten-Übergangs-stelle" gemeint, an der Daten z. B. zwischen Hardware- und Softwarekompo-nenten oder auch zwischen Mensch und Computer ausgetauscht werden.

Involvement

Inneres Engagement beziehungsweise die Ich-Beteiligung, mit der sich eine Person einem Sachverhalt oder Objekt zuwendet. Produkte und Kaufentschei-dungen werden nach dem Involvement des Käufers unterschieden. Neben den Arten des Involvements, die im Buch besprochen werden (situativ-pro-duktbezogen sowie botschafts- und selbstbezogen), gibt es noch eine weitere Möglichkeit, den Begriff zu unterteilen:

Low-Involvement-Produkt: Produkt, das vom Konsumenten nicht als wichtig empfunden wird (weil es z. B. nicht mit Selbstvertrauen und Selbsteinschät-zung verbunden ist), mit dem er sich wenig auseinandersetzt (weil z. B. die verfügbaren Alternativen als austauschbar angesehen werden) und das daher mit minimalem Aufwand erworben wird (z. B. Zündhölzer).

High-Involvement-Produkt: Produkt, das entweder teuer ist, für lange Zeit angeschafft wird oder mit dem sich der Konsument stark identifiziert (z. B. Eigenheim).[103]

Kaizen

Japanische Lebensphilosophie, die danach strebt, sich ständig zu verbessern. Dieses Konzept versucht man sich auch in der Wirtschaft zu Nutze zu machen.

Key Influencer

Menschen oder Gruppen, die einen starken Einfluss auf das Verhalten von bestehenden oder potentiellen Entscheidern haben. Dies gilt u. a. in Bezug auf das Einkaufsverhalten, Markenimage oder die öffentliche Wahrnehmung.

Key Influencer zeichnen sich häufig dadurch aus, dass sie ihre Erfahrungen mit Produkten, Services oder Unternehmen an die breite Öffentlichkeit tragen und dadurch eine meinungsbildende Wirkung entwickeln können. Für ein Unternehmen kann es von großer Bedeutung sein, ein positives Image bei diesen Personen oder Gruppen zu erzeugen.

Keywords

(Schlüsselwörter) Darunter versteht man bzgl. der Suchmaschinenoptimierung einer Webseite (vgl. „SEO") Begriff, nach denen mittels Internetsuchmaschinen zu einem bestimmten Thema gesucht wird.

Lancieren

Geschicktes Verbreiten von Informationen in der Öffentlichkeit.

Lead-Generierung

Ein Lead ist eine Person, die sich für ein Produkt beziehungsweise eine Dienstleistung interessiert und aus eigenem Antrieb Kontakt mit dem Unternehmen aufnimmt. Lead-Generierung ist somit die Neukundengewinnung.

Lean Production

Damit bezeichnet man ein Produktionssystem, dessen Ziel es ist, sich sowohl von Schwankungen seitens der Lieferanten und der Kunden, aber auch von internen Schwankungen zu lösen, um insgesamt eine schlankere Produktion zu ermöglichen.

Leverage-Prinzip

Dieses Prinzip basiert auf einem finanzwirtschaftlichen Effekt. Dieser beschreibt, dass bei minimaler Änderung eines Einflussfaktors ein viel größerer Nutzen für den Investor entsteht. In der Finanzwirtschaft geht es darum, durch den Einsatz von wenigen eigenen Mitteln und zusätzlichem Fremdkapital eine hohe Eigenkapitalrendite zu erreichen.

Liken

Bezeichnung für das Klicken auf den „Like"-Button bzw. „Gefällt mir"-Button bei Facebook. Dadurch zeigt man, dass der Beitrag, das Bild oder das Video gefällt.

LinkedIn

Internationale Online-Plattform, die vor allem zum Aufbau und zur Pflege von beruflichen Kontakten dient und auch den Austausch zu fachspezifischen Themen unterstützt.

Linkverkürzer

Oberbegriff für alle Programme, welche eine lange URL in einen kurzen Link umwandeln.

Messaging

Gesamtheit der Nachrichten, die an eine bestimmte Zielgruppe gesendet werden.

Microblogging

Veröffentlichen von Kurznachrichten via SMS, E-Mail oder im Web. Diese erscheinen in Form von Statusmeldungen und werden chronologisch auf dem Profil des Anwenders angeordnet. Der bekannteste Anbieter von Microblogging-Diensten ist Twitter.

Mobile Computing

Im Allgemeinen wird unter diesem Begriff das Arbeiten mit einem mobilen Kommunikationsgerät oder Computer verstanden. Der Benutzer kann dadurch unabhängig von seinem Standort alle klassischen Arbeiten am PC ausführen. Normalerweise geschieht dies mit Notebooks, Tablet PCs oder Smartphones. Eine zuverlässige Internetverbindung ist dafür meist unerlässlich.

Monitoring

Beobachtung und Evaluation der Wirksamkeit genutzter kommunikativer Maßnahmen mittels technischer Hilfsmittel.

Mundpropaganda

Mündliche Verbreitung von Informationen und Empfehlungen über ein Produkt, Unternehmen oder eine Dienstleistung. Die englische Bezeichnung dafür ist das „Word of Mouth".

Networking

Im Internetjargon versteht man darunter den Aufbau und die Pflege eines geschäftlichen oder privaten Beziehungsnetzwerkes. Dies findet i. d. R. über soziale Medien statt.

No-Follow-Links

Ein sogenanntes „No-Follow-Attribut" kann einem Link hinzugefügt werden. Dadurch wird dieser „unsichtbar" für Suchmaschinen und hat keinen Einfluss mehr auf die Platzierung, z. B. bei Google.

Open Source

Öffentlich zugänglicher Quelltext für diverse Software-Lizenzen.

Outsourcing

Übertragung von Unternehmensstrukturen und -aufgaben an externe Anbieter.

Outtasking

Im Gegensatz zum Outsourcing werden hier nur selektive Aufgaben an Drittunternehmen ausgelagert. Das auslagernde Unternehmen behält meistens die Personalverantwortung sowie die Verwaltung des Anlagevermögens.

Phishing

Versuch, durch gefälschte Internetadressen oder E-Mails an die Daten von Internet-Usern heranzukommen, um diese dann zu schädigen, z. B. durch Kontoplünderung.

Policy

In der Betriebswirtschaft versteht man Policy oft als Überbegriff für Verhaltensrichtlinien jeglicher Art. Diese können beispielsweise sowohl Grundsätze in der unternehmensinternen Kommunikation als auch hinsichtlich des Umgangs mit Kunden beinhalten. Siehe auch „Social Media Policy".

Pop-up

(Plötzliches Auftauchen)

Ein Pop-up erscheint in der Regel als neues Fenster im Internet und zeigt meist Werbung an.

Pop-up-Blocker

Browserbasierendes Tool, das Pop-ups blockiert, so dass diese nicht mehr auf dem Bildschirm des Internetnutzers erscheinen.

Post, Posten

Abgeleitet vom englischen (to) post. Der Begriff beschreibt das Einstellen eines Beitrages (Bild, Textnachricht) auf virtuellen Plattformen. Ein solcher Beitrag heißt folgerichtig Post.

Presenter

Fernbedienung zur Steuerung eines Präsentationsrechners während eines Vortrages.

Public Relations

In vielen Unternehmen werden Public Relations (PR) als ein Teilbereich des Marketings gesehen. PR umfasst alle Aktivitäten, in deren Rahmen Botschaften im Interesse des Unternehmens an die Öffentlichkeit kommuniziert werden. Als Synonyme für PR werden auch die Begriffe Öffentlichkeitsarbeit oder öffentliche Beziehungspflege verwendet.

QR Codes (Quick Response Code)

Zweidimensionale Strichcodes, die mit Hilfe eines optischen Lesegeräts weiterverarbeitet werden können, ähnlich wie z. B. bei Strichcode-Lesern an der Supermarktkasse. Mittlerweile gibt es auch Apps für Smartphones, die QR-Codes lesen können und direkt auf eine mobile Webseite oder andere Informationsquellen weiterleiten.

Recruiting

Aufgabenbereich im Personalwesen, der sich damit beschäftigt, neue Arbeitnehmer zu finden, welche dem Anforderungsprofil des Unternehmens entsprechen.

ReTweet

Bezeichnung für das unkommentierte Wiederholen einer Kurznachricht, die zuvor durch eine Drittperson veröffentlicht wurde.

RSS-Feed (Really Simple Syndication)

Diese Tools funktionieren ähnlich einem Nachrichtenticker. Der Anwender kann sich seinen RSS-Feed zum Beispiel als quadratisches Kästchen rechts unten auf seinem Bildschirm anzeigen lassen. In diesem Bereich erscheinen laufend Neuigkeiten (i. d. R. bestehend aus einer Überschrift und einem Einleitungssatz), die direkt mit der kompletten Meldung verlinkt sind.

Screening

(Durchsiebung)

Ein Testverfahren, das den Anwender unterstützt, bestimmte Eigenschaften einer Produktgruppe zu identifizieren. Es spielt oft eine wichtige Rolle bei der Entscheidungsfindung. Praktische Methoden sind zum Beispiel Nutzwertanalysen oder Profilverfahren.

Seeding

(Säen)

Gezieltes Verbreiten und Veröffentlichen von Nachrichten in relevanten Netzwerken.

Setting

(Schauplatz)

Damit wird die Umgebung bzw. die Situation bezeichnet, in der man sich aufhält.

SEO (Social Engine Optimization)

(Suchmaschinenoptimierung)

Alle Maßnahmen, die zu einer möglichst guten Platzierung in der Auflistung der Ergebnisse von Suchanfragen bei Suchmaschinen (z. B. Google oder Bing) führen.

SEO-Tools

Diese virtuellen Werkzeuge unterstützen den Betreiber eine Webseite bei der Suchmaschinenoptimierung (vgl. „SEO").

SharePoint

Mithilfe dieses Microsoft-Programms kann man z. B. eine Webseite einrichten, auf welcher Dokumente, Tabellen usw. gesammelt und für alle Mitarbeiter zugänglich gemacht werden. Dadurch entsteht ein zentralisiertes Verwaltungssystem, bei dem alle Mitarbeiter immer auf dem neuesten Stand bleiben.

Shares

(Anteile)

Kennzahl, welche aussagt, wie oft ein Artikel auf verschiedenen sozialen Netzwerken geteilt wurde.

Signup

(Registrieren, anmelden)

Anmeldung, z. B. in einem sozialen Netzwerk. Oder Anlegen eines Accounts.

Skyscraper

Auffälliges Online-Werbeformat, das normalerweise vertikal am linken oder rechten Rand einer Webseite positioniert wird. Durch die markante Positionierung erreicht man zusammen mit einer ansprechenden Gestaltung meist große Aufmerksamkeit.

Slogan, Werbeslogan

Parole oder Motto, mit dem ein Unternehmen für seinen Namen oder ein bestimmtes Produkt wirbt, z. B. „BMW – Freude am Fahren".

Social Bookmarking Sites

Auf Social Bookmarking Sites können Nutzer ein öffentliches „Linkverzeichnis" erstellen. Wenn der Anwender eine Social Bookmark anlegt, versieht er diese darüber hinaus mit Stichwörtern oder kleinen Hinweisen. Bookmarks können wiederum von anderen Nutzern abgefragt oder auch kommentiert werden. Anbieter solcher Dienste sind zum Beispiel Mr. Wong, Digg.com, del.icio.us (oft mit direkter Verlinkung als kleine Icons auf Webseiten oder unter Beiträgen positioniert). Die Eintragung einer URL kann z. B. durch Kommentare positive Werbeeffekte für die jeweilige Webseite haben. Darüber hinaus erhält man einen externen Link auf die eigene Homepage, was sich positiv auf SEO auswirkt.

Social Media Policy

Verbindliche Richtlinien für Mitarbeiter eines Unternehmens bzgl. ihres Auftrittes und ihres Verhaltens im Internet im Rahmen der beruflichen Tätigkeiten.

Social Web

Das Social Web ist ein Teilbereich des sogenannten Web 2.0. Der Schwerpunkt des Social Web liegt darin, dass Internetnutzer bestehende Medien des Internets zur Unterstützung sozialer Strukturen und zur Interaktion mit anderen Internetnutzern verwenden. Beispiele sind neben Blogs oder Diskussionsforen auch Netzwerke wie Facebook, Google+ oder LinkedIn.[104]

Soziale Medialisierung

Stetig fortschreitende Integration und Etablierung von Social Media in den Alltag unserer Gesellschaft. Soziale Individuen werden immer mehr von Social Media eingenommen. Dadurch werden diese Medien sozusagen sozialisiert.

Spam

Überfluten mit unerwünschten Nachrichten, Mails etc.

Sparks

Feed bei Google +, das Nutzern Artikel, Fotos oder Videos zu Themen anzeigt, die sie aufgrund ihres Profils interessieren könnten. Diese Inhalte können wiederum gepostet und mit Freunden geteilt werden.

Stakeholder

(Anspruchsgruppen)

Diese Gruppen haben direkt oder indirekt mit dem Unternehmen zu tun und deshalb ein besonderes Interesse an dessen Erfolg. Zu den Stakeholdern werden „innere Anspruchsgruppen" wie Eigentümer, Management und Mitarbeiter gezählt sowie „externe Anspruchsgruppen" wie Fremdkapitalgeber, Lieferanten oder Kunden.[105]

Storage Virtualization

(Speichervirtualisierung)

Die Speichervirtualisierung verfolgt das Ziel, Speicherkapazitäten auf Rechnern, auf die i. d. R. mehrere Anwender zugreifen, möglichst effizient zu nutzen. Basis hierfür ist das Prinzip der Virtualisierung. Zur Storage Virtualization benötigt man Hardware- und Softwaretechniken, die es den Anwendern ermöglichen, nach diesem Prinzip Speicherkapazitäten zusammenzufassen oder aufzuteilen.[106]

Subscription

(Abonnement)

Internet-Nutzer registrieren sich z. B. für einen Newsletter oder einen RSS-Feed.

Tablet PC

Im allgemeinen Sprachgebrauch einfach „Tablet" genannt. Es handelt sich hier um sehr kleine, flache und leichte, tragbare Computer, die optisch an Schreibtafeln erinnern. Tablets nutzen Batteriebetrieb und verfügen über einen Zugang zum mobilen Internet. Die Bedienung erfolgt i. d. R. über einen Touchscreen. Ein sehr bekanntes Beispiel ist das Apple iPad.

Tag Cloud

Form der Visualisierung von Informationen. Hierbei werden Schlagwörter innerhalb einer Ansammlung von flächig angeordneten Wörtern (Anmutung einer Wolke) größer geschrieben oder auf andere Weise hervorgehoben.

Town Hall Meeting

Im Kontext der Beispiele in diesem Buch handelt es sich um die gezielte Mitarbeiterinformation zu Themen wie Strategie und Innovationen durch das Management an einzelnen Firmenstandorten. Das Ganze wird untermalt von einem unterhaltsamen Rahmenprogramm.

Thread

Der Teilnehmer eines Forums oder einer Gruppe erstellt im Internet einen themenrelevanten Beitrag, auf welchen andere Teilnehmer antworten können. Das Ziel eines Threads ist üblicherweise die Interaktion mit anderen Diskussionsteilnehmern.

Trackback

Funktion, die im Zusammenhang mit der Pflege eines Blogs verwendet wird um zu ermitteln, welche Nutzer welche Beiträge wohin verlinken. Dadurch kann der Missbrauch eines Blogs durch Spamming verhindert werden.

Tracking Tool

Mithilfe von Tracking Tools kann der Webseiten-Inhaber das Verhalten von Besuchern seiner Internetseite nachverfolgen (Tracking). Das Tool dokumentiert, welche Seite der Besucher unmittelbar zuvor besucht hat, welche Unterseiten er in welcher Reihenfolge angeklickt und wie lange er sich darauf aufgehalten hat. Der Betreiber der Internetseite kann dadurch ermitteln, durch welchen Link der Besucher auf der eigenen Homepage gelandet ist, welche Inhalte besonders interessant oder eher uninteressant für ihn waren etc. Diese Informationen spielen eine wichtige Rolle bei der Erfolgskontrolle im Online-Marketing. Darüber hinaus weiß der Betreiber der Webseite, welche Unterseiten er inhaltlich überarbeiten oder besser (gezielter) verlinken sollte. Beispiele für Tracking Tools sind etracker, mpathy oder clicktale.

Traffic

(Verkehr)

Darunter versteht man die Anzahl von Besuchern und die damit verbundenen Klicks auf eine Webseite. Der Traffic kann auch anhand der transferierten Datenmengen (Uploads und Downloads) gemessen werden.

Twittern

Vom englischen (to) tweet (zwitschern) abgeleitet: kurze Nachrichten auf dem sozialen Netzwerkforum Twitter veröffentlichen.

Twitter Wall

Chatroom, der parallel zu einer Online-Veranstaltung, z. B. einem Webinar läuft. Über diese Plattform können sich die Teilnehmer Kurznachrichten schicken und sich zum Thema austauschen.

Upload

Beschreibt den Vorgang, Daten vom eigenen Rechner ins Internet „hochzuladen".

Verstichwortung

Inhaltliche Kategorisierung eines Dokumentes durch die Zuordnung bestimmter Schlagwörter.

View

In diesem Fall beschreibt der Begriff den Vorgang, eine Webseite oder ein Angebot im Internet aufzurufen und anzusehen.

Viral Video Seeding

Virales Marketing durch die Veröffentlichung von Videos (meist mit hohem Unterhaltungswert). Die beste Plattform für solche Maßnahmen ist YouTube. Erfolgreiche Anwendungsbeispiele sind „Old Spice" oder der „Tipp-Ex-Bär".

Viralität

Das Potential, durch Verbreiten von Inhalten einen viralen Marketingeffekt auszulösen.

Web 2.0

Nach Godau/Ripanti steht das Web 2.0 „für eine dezentrale und an den Interessen der Nutzer orientierte Nutzung des Internets".[98] Durch die technischen Möglichkeiten wie das mobile Internet für Smartphones und Notebooks wird dieser Trend immer weiter verstärkt.[107]

WebCasts

Dieser Begriff kommt aus dem Englischen und setzt sich aus den Wörtern „web" (von World Wide Web) und „BroadCast" (Sendung, Ausstrahlung) zusammen. Es ist ähnlich wie eine Fernsehsendung, wurde aber für das Internet konzipiert. Teilweise laufen WebCasts als Liveübertragung im Internet (Livestream). Die meisten Anbieter bieten den Zuschauern die Möglichkeit, sich die Aufzeichnungen einzelner Sendungen auf ihren Webseiten anzusehen oder diese als Datei auf den eigenen Rechner herunterzuladen. Besuchen Sie einfach einmal die Homepage Ihres Lieblingssenders – mittlerweile bieten fast alle Funk- und Fernsehsender auf ihren Homepages WebCasts zum Download an. Früher waren WebCasts nur über das Internet gestreamte Übertragungen, mittlerweile hat der Zuschauer aber auch oft die Möglichkeit, Fragen zu stellen. Der Unterschied zu einer Videokonferenz ist, dass sie noch immer als eine „Einer-zu-Mehreren"-Übertragung gedacht ist. Oft geht es darin um wissenschaftlichen Inhalt. So werden z. B. Kurse und Vorlesungen an einigen Universitäten durch WebCasts verbreitet. Großereignisse wie z. B. das Live-8-Konzert oder die Hochzeit von Prinz William mit Kate Middleton werden auch immer mehr auf diese Weise übertragen.

Weblinks

Dies sind Sonderformen von Links, die auf externe Webseiten verweisen und weiterführende Informationen beinhalten.

Weblog

Siehe „Blog"

Webserver

Mit dem Internet verbundener Rechner, auf dem z. B. Webseiten hinterlegt sind. Wenn ein Internet User eine Homepage aufruft, wird er automatisch mit dem Webserver verbunden, auf welchem sich diese Seite befindet.

Webspace

Speicherplatz, der von Internetdienstanbietern angeboten wird. Diese ermöglichen Kunden, ihre Dokumente und Datensätze auf Webservern zu speichern und zu veröffentlichen. Vorteil von Webspace sind die Mengen an Speicherplatz sowie die Möglichkeit, zusätzliche Sonderfunktionen zu nutzen, wie z. B. Datensicherungsservice.

Whitepapers

Allgemeine Studien und gut recherchierte Artikel, z. B. über das Vorgehen hinsichtlich eines bestimmten Sachverhalts.

Wiki

Die Grundlage für ein Wiki ist eine webbasierte Software, die es jedem Besucher der entsprechenden Webseite ermöglicht, Inhalte zu ändern. Die Bedienung ist üblicherweise relativ einfach und erfordert meist keine Programmierkenntnisse. Das weltweit bekannteste Beispiel hierfür ist Wikipedia.

WikiLeaks

Webseite, die geheime und meist sehr sensible Themen im Internet veröffentlicht. Hauptsächlich werden Artikel und Dokumente von Staatsregierungen, wichtigen Organisationen, aber auch aus dem religiösen Bereich publiziert.

Word of Mouth

(Mundpropaganda)

Spielt vor allem im Social-Media-Umfeld eine bedeutende Rolle, da sich hier bestehende und/oder potentielle Kunden durch direkte Kommunikation und Empfehlungen eine Meinung zu einem Unternehmen oder zu Produkten bilden.

Zipcast (-Meeting)

Ein von SlideShare eingeführtes Tool. Hiermit ist es allen Nutzern möglich, Präsentationen, welche auf SlideShare hochgeladen wurden, per Videochat, Conference Call oder Chat gemeinsam anzusehen und darüber zu diskutieren.

Quellenverzeichnis

[1] „Es gibt keinen Grund, warum irgendjemand in der Zukunft einen Computer bei sich zu Hause haben sollte."
http://forum.golem.de/read.php?29159,1538738, Stand: 24.10.2011

[2] Vgl. Motivationstipps und Motivationssprüche, auf www.365motivation.de/
motivationsspruch/um-effektiv-zu-kommunizieren-muessen-wir-einsehen-
dass-wir-bei-der-wahrnehmung-der-welt-alle-unterschiedlich-sind-und-
dieses-wissen-als-orientierungshilfe-bei-der-kommunikation-mit-anderen-
nutzen; Stand: 24.10.2011

[3] Lachermeier: „Webnutzung deutscher B2B-Entscheider"; S. 12

[4] Lachermeier: „Webnutzung deutscher B2B-Entscheider"; S. 32

[5] Heller: „Bedürfnisorientierung als Erfolgsfaktor im B2B-Online-Marketing"; S. 6

[6] Heller: „Bedürfnisorientierung als Erfolgsfaktor im B2B-Online-Marketing"; S. 9

[7] Heller: „Bedürfnisorientierung als Erfolgsfaktor im B2B-Online-Marketing"; S. 9

[8] Richard David Precht, www.randomhouse.de/book/edition.jsp?edi=223057;
Stand: 24.10.2011

[9] „Newsletter erstellen – alles was Sie dazu wissen müssen",
www.emailtooltester.com/newsletter-erstellen; Stand: 24.10.2011

[10] D. Dimitrijevic: „Crowdsourcing am Beispiel der Humangrid GmbH", 2011;
S. 6

[11] Groeger: „Soziale Epidemien"; Fördergesellschaft Produkt-Marketing e.V.,
2008; S. 176

[12] „Fiesta Movement – The Agents" auf http://chapter1.fiestamovement.com/
agents/, Stand: 24.10.2011

[13] Vgl „Fiesta Movement – Everywhere" auf
www.fiestamovement2.com/everywhere/movement; Stand: 24.10.2011

[14] „Royal Wedding viral ad as 'William and Kate Middleton' party hard" auf
www.YouTube.com/watch?v=I4mf5yqn1aw; Stand: 24.10.2011

[15] „The Staggering Size of the Internet" auf http://mashable.com/2011/01/25/
internet-size-infographic; Stand: 24.10.2011

[16] „Zitate – Literaturzitate – Allgemein" auf www.zitate-online.de/literaturzitate/
allgemein/2362/der-mensch-hat-dreierlei-wege-klug-zu-handeln.html; Stand:
24.10.2011

[17] Immediate Future Ltd.: „Brands in Social Media 2008"; 2008; S. 2,

[18] www.sfe.de; Stand: 24.10.2011

[19] „Relevantesten Social Media Dienste", http://marketingsocialmedia.de/
relevantesten-Social-Media-dienste-fuer-b2b; veröffentlicht am 23.05.2011

[20] „Top 10 der Social Media Dienste für Employee Recruitment in Deutschland"
auf www.sfe.de/top-10-Social-Media-dienste-employee-recruitment; Stand:
24.10.2011

21 „User Generated Content" auf http://szenesprachenwiki.de/definition/ugc; Stand: 24.10.2011

22 „Blog" auf http://de.wikipedia.org/wiki/Blog; Stand: 24.10.2011

23 „Was sind eigentlich Corporate Blogs?" auf www.foerderland.de/2118.0.html; Stand: 24.10.2011

24 F. Hinkeldey: „Schriftsteller – So funktioniert ein gutes Corporate Blog" auf http://karrierebibel.de/schriftsteller-so-funktioniert-ein-gutes-corporate-blog; Stand: 24.10.2011 und
T. Blask: „Diplomarbeit als kostenloses eBook bei corporate-blogging.net" auf www.corporate-blogging.net/2008/07/16/diplomarbeit-kostenlos-als-ebook; Stand: 24.10.2011 und „Corporate Blog" auf http://de.wikipedia.org/wiki/Corporate_Blog; Stand: 24.10.2011

25 F. Hinkeldey: „Schriftsteller – So funktioniert ein gutes Corporate Blog" auf http://karrierebibel.de/schriftsteller-so-funktioniert-ein-gutes-corporate-blog/ und „Corporate Blog" auf http://de.wikipedia.org/wiki/Corporate_Blog; Stand: 24.10.2011

26 A. Zerfass: „Corporate Blogs: Einsatzmöglichkeiten und Herausforderungen", www.zerfass.de/CorporateBlogs-AZ-270105.pdf; S.5, Stand: 24.10.2011

27 „The Ford Story" auf www.thefordstory.com/ford-on-blogs/fiesta-movement; Stand: 24.10.2011

28 „Zahlen und Fakten" auf http://corporate.XING.com/deutsch/investor-relations/basisinformationen/zahlen-und-fakten; Stand: 24.10.2011

29 www.XING.com/app/network; Stand: 24.10.2011

30 www.XING.com/app/network?op=group_request;topic=; Stand: 24.10.2011

31 www.XING.com/net/pride1101x/applicationmngt/newsletter-archivierung-493018/gruppen-newsletter-spezialausgabe-zum-XING-application-management-experts-event-alles-von-unserem-1-treffen-34875017/ Stand: 24.10.2011

32 www.XING.com/net/pride1101x/applicationmngt/news-483797/best-article-award-jetzt-kommen-sie-zu-wort-34170419/34170419/#34170419; Stand: 24.10.2011

33 www.LinkedIn.com/home; Stand: 24.10.2011

34 www.LinkedIn.com/createGroup?trk=hb_side_crgrp&displayCreate=; Stand 24.10.2011

35 www.LinkedIn.com/answers?trk=hb_tab_ayn; Stand: 24.10.2011

36 www.LinkedIn.com/groups?home=&gid=2865118&trk=anet_ug_hm& goback=.gna_2865118.gmp_2865118.gde_2865118_member_66781769; Stand: 24.10.2011

37 „LinkedIn Maps: Das persönliche Karrierenetzwerk als interaktive Karte" auf http://onsoftware.softonic.de/LinkedIn-maps-das-personliche-karrierenetzwerk-als-interaktive-karte; Stand: 24.10.2011

38 http://onsoftware.softonic.de/LinkedIn-maps-das-personliche-karrierenetzwerk-als-interaktive-karte; Stand: 24.10.2011

39 PONS (Baranek) „Twitter – Das Leben in 140 Zeichen"; PONS 2010; S. 25

[40] „Warum sich Firmen mit Social Media schwer tun" auf www.computerwoche.de/software/crm/2351036/index3.html; veröffentlicht am 17.08.2011

[41] Quelle: Twitter

[42] Quelle: Twitter

[43] Weinberg: „Social Media Marketing: Strategien für Facebook, Twitter und Co.", O'Reilly; 2. Auflage, 2011, S. 146

[44] Quelle: Twittercounter

[45] Quelle: Twittercounter

[46] Quelle: Twitter

[47] „At five years two billion views per day and counting" auf http://YouTube-global.blogspot.com/2010/05/at-five-years-two-billion-views-per-day.html; Stand: 24.10.2011

[48] Connect2Com auf www.YouTube.com/connect2com; Stand: 24.10.2011

[49] „SlideShare is the world's largest community for sharing presentations" auf www.slideshare.net; Stand 24.10.2011

[50] J. Hart: „Top 100 Tools for Learning 2010 List" auf www.c4lpt.co.uk/recommended/top100-2010.html; Slide 7; Stand: 24.10.2011

[51] „Application Management" auf SlideShare, www.slideshare.net/ApplicationManagement; Stand: 24.10.2011

[52] „Statistik" auf www.facebook.com/press/info.php?statistics, aufgerufen am 11.11.2011

[53] Übersicht unter www.SlideShare.net/business/premium/plans?cmp_src=main_nav#examples; Stand: 24.10.2011

[54] „25 Jahre PowerPoint" auf http://karrierebibel.de/punkt-fuer-punkt-regeln-fuer-powerpoint/ und www.presentationload.de/powerpoint-blog/25-jahre-powerpoint; Stand: 24.10.2011

[55] www.SlideShare.net/most-favorited/all-time; Stand: 24.10.2011

[56] „The 10/20/30-Rule of PowerPoint" auf http://blog.guykawasaki.com/2005/12/the_102030_rule.html#axzz1UdMobMxG; veröffentlicht am 30.05.2005

[57] http://prezi.com/about; Stand: 24.10.2011

[58] „Learn Prezi" auf http://prezi.com/learn; Stand: 24.10.2011

[59] PONS (Baranek) „Twitter – Das Leben in 140 Zeichen"; PONS 2010; Seite 25

[60] „BMW Karriere" auf www.Facebook.com/bmwkarriere; Stand: 24.10.2011

[61] „Nestlé" auf www.Facebook.com/Nestle?ref=ts; Stand: 24.10.2011

[62] A. Sawall: „Google+ mit 20 Millionen Besuchern nach drei Wochen" auf http://golem.de/1107/85175.html; Stand: 24.10.2011

[63] PricewaterhouseCoopers AG: „Chatten, Posten, Twittern – Kundenbindung im Zeitalter von Social Media", S. 4

[64] Vgl. PricewaterhouseCoopers AG, „Chatten, Posten, Twittern – Kundenbindung im Zeitalter von Social Media", S. 4

[65] Vgl. http://official-events.xing.com/de/events; Stand: 24.10.20111

[66] Quelle: https://www.XING.com/events/new; Stand: 24.10.2011

[67] Quelle: https://www.XING.com/events/basic_events/new; Stand: 24.10.2011

[68] www.xing.com; Stand: 24.10.2011

[69] „Teamfähigkeit, Teamleading" auf www.soft-skills.com/sozialkompetenz/teamfaehigkeit/teamwork.php; Stand 20.08.2011

[70] A. Schoenleben: „Vorteile und Kosten von Social Media" auf http://blog.agentur.net/2011/08/Social-Media; Stand: 24.10.2011

[71] www.focus.com/fyi/real-cost-Social-Media/; Stand: 24.10.2011

[72] Lee Iacocca auf www.zitate.de/kategorie/Motivation/; Stand: 24.10.2011

[73] Mießler: „Leistungsmotivation und Zeitperspektive"; Oldenbourg R. Verlag GmbH, 1982; S. 16.

[74] Bandura: „Lernen am Modell"; Klett-Cotta, 1994

[75] www.zitate-online.de/sprichwoerter/belehrende/17014/sag-nicht-alles-was-du-weisst-aber-wisse.html; Stand: 24.10.2011

[76] „sevenload schließt Partnerschaft mit TubeMogul für Viral-Video-Seeding" auf http://pr.inside-sevenload.com/?cat=3646&paged=8; Stand: 24.10.2011

[77] https://adwords.google.com/select/KeywordToolExternal; Stand: 24.10.2011

[78] G. Shuey: „Website Loading Time Now A Ranking Factor In Google" auf www.seo.com/blog/website-loading-time-ranking-factor-google; veröffentlicht am 12.04.2010

[79] www.search.yahoo.com/info/submit.html; Stand: 24.10.2011

[80] www.google.de/intl/de/addurl.html; Stand: 24.10.2011

[81] www.fireball.de/Dienste/TrafficSpiel.asp; Stand: 24.10.2011

[82] https://listing.allesklar.de/listingshop/index.php?mid=2; Stand: 24.10.2011

[83] www.lycos.de/suche/seite_anmelden.html; Stand: 24.10.2011

[84] „Aktuelle amerikanische CMO-Studie prognostiziert Vervierfachung der Social Web Marketing-Budgets innerhalb fünf Jahren von Sebastian Paulke auf http://wortundwelt.wordpress.com/tag/marketing-service-provider; veröffentlicht am 03.09.2011

[85] C. Li und J. Bernoff: „Facebook YouTube XING & Co. – Gewinnen mit Social Technologies", Carl Hanser Verlag GmbH & CO. KG, 2009; S. 11

[86] Radian6: „River of News"

[87] Radian6: „Dashboard"

[88] Studie im Internet: www.e-business.iao.fraunhofer.de/publikationen/marketing/beschreibungen/orm.jsp; Stand: 24.10.2011

[89] Sascha Lobo: „Die Verschmelzung der Welten" auf www.spiegel.de/netzwelt/web/0,1518,776839,00.html; Stand: 24.10.2011

[90] Sascha Lobo: „Die Verschmelzung der Welten" auf www.spiegel.de/netzwelt/web/0,1518,776839,00.html; Stand: 24.10.2011

[91] BITKOM: „Social Media Guidelines – Tipps für Unternehmen" auf www.bitkom.org/files/documents/BITKOM-SocialMediaGuidelines.pdf, S. 4; Stand: 24.10.2011

[92] „AGB" unter Punkt 4 „Pflichten des Nutzers" auf www.XING.com/app/user?op=tandc; Stand: 24.10.2011

[93] A. O'Brien: "Should Your B2B Company Draft a Social Media Policy?" http://socialmediab2b.com/2010/08/b2b-Social-Media-policy-2; Stand: 24.10.2011

[94] www.zitate.de/kategorie/Kommunikation; Stand: 24.10.2011

[95] M. Schlüter: „Wenn der Paketdienst zweimal klingelt" auf http://blog.daimler.de/2011/07/15/wenn-der-paketdienst-leise-vorfaehrt/ #more-13383; Stand: 24.10.2011

[96] S. Bocian: „Food Scouts Karibik: Reisebericht Teil 2" auf www.frostablog.de/reisetagebuch/food-scouts-karibik-2; Stand: 24.10.2011

[97] „Allgemeine Kategorieblockierung jetzt auch für Deutsch möglich" auf http://adsense-de.blogspot.com/2011/06/allgemeine-kategorieblockierung-jetzt.html, Stand: 24.10.2011

[98] Dr. M. Reti: „Die Nagelprobe" auf http://blogs.t-systems.de/cloud/2011/07/26/die-nagelprobe/; Stand: 24.10.2011

[99] „Android" auf http://wirtschaftslexikon.gabler.de/Archiv/1057742/ android-v1.html; Stand: 24.10.2011

[100] „Fünf Burger beim „Mein Burger" Finale", www.mcdonalds.de/metanavigation/presse/pressecenter/suchergebnisse/ detailansichtpm.cfm?pressId=99; Stand: 24.10.2011

[101] „10 Fragen – 10 Antworten", www.gema.de/die-gema/10-fragen-10-antworten.html; Stand: 24.10.2011

[102] www.google.de/alerts; Stand: 24.10.2011

[103] „Involvement" auf www.wiwi-treff.de/home/mlexikon.php?mpage=beg/ involvement.htm, Stand: 24.10.2011

[104] Ebersbach, Glaser und Heigl: „Social Web"; UTB, 2010; S. 29

[105] Thommen, Achleitner in „Allgemeine Betriebswirtschaftslehre"; Gabler Verlag, 2009; S. 50 ff.

[106] „Speichervirtualisierung", www.itwissen.info/definition/lexikon/ Speichervirtualisierung-storage-virtualization.html; Stand: 24.10.2011

[107] Heintschel von Weinegg: „Web 2.0 – Der Wandel des World Wide Webs"; Grin Verlag, 2010; S. 4

Weiterführende Literatur

About.com: www.about.com, Stand: 24.10.2011

Accenture GmbH: www.accenture.com/de-de, Stand: 24.10.2011

AGENTUR.NET Internet Full Service GmbH: www.agentur.net, Stand: 24.10.2011

Allesklar.com AG: www.allesklar.com, Stand: 24.10.2011

Alterian B.V. Niederlassung Deutschland: www.alterian.de, Stand: 24.10.2011

amiando GmbH: www.amiando.com, Stand: 24.10.2011

Attensity Europe GmbH: www.attensity.com/de, Stand: 24.10.2011

Attentio SA; http://attentio.com/de, Stand: 24.10.2011

AutoScout24 GmbH: www.autoscout24.de, Stand: 24.10.2011

AXA Konzern AG: www.axa.de, Stand: 24.10.2011

B. I. G. Screen; www.intelligence-group.com/Social Media-monitoring,
Stand: 24.10.2011

Bandura, A.: Lernen am Modell; Klett Verlag, 1976

Baranek, Dirk; Grau, Björn; Krüger, André; Pickhardt, Tina; Reindke, Susanne;
Seemann, Michael; Trapp, Markus: Das Leben in 140 Zeichen – Wahre und
kuriose Tweets aus dem Web; PONS GmbH, 2010

BITKOM – Bundesverband Informationswirtschaft, Telekommunikation und
neue Medien e.V.: www.bitkom.org, Stand:24.10.2011

Blogger.de: www.blogger.de, Stand: 24.10.2011

Brandwatch GmbH: http://de.brandwatch.com, Stand: 24.10.2011

Brosius, Hans-Bernd; Koschel, Friederike; Haas, Alexander: Methoden der
empirischen Kommunikationsforschung; VS Verlag für Sozialwissenschaften,
2008

CampaignMonitor: www.campaignmonitor.com, Stand: 24.10.2011

Centre for Learning & Performance Technologies: www.c4lpt.co.uk,
Stand: 24.10.2011

Codingpeople GmbH: www.codingpeople.com/, Stand: 24.10.2011

Cogia GmbH: www.cogia.de, Stand: 24.10.2011

complexium GmbH: www.complexium.de, Stand: 24.10.2011

Computerwoche: www.computerwoche.de, IDG BUSINESS MEDIA GMBH
München, Stand: 24.10.2011

Corporate Blogging Weblog: www.corporate-blogging.net, Stand: 24.10.2011

Die Karrierebibel: http://karrierebibel.de, Stand: 24.10.2011

Dimitrijevic, Daniel: Crowdsourcing am Beispiel der Humangrid GmbH;
GRIN Verlag, 2011

Dressler, Matthias: Zentrale Marketing-Aspekte im Public Health-Care. Word of
mouth (WoM) als Kommunikationsinstrument und die Akzptanz der erweiterten
Tarifwahl; Gabler GVW Fachverlage GmbH, 2008

Duden – Neues Wörterbuch der Szenesprachen: http://szenesprachenwiki.de:
Stand: 24.10.2011

Ebersbach, Anja; Glaser, Markus; Heigl, Richard: Social Web, UVK Verlagsgesell-
schaft mbH, 2008

eCairn Inc.: http://ecairn.com/, Stand: 24.10.2011

evolve24, a Maritz Research Company: www.evolve24.com/, Stand: 24.10.2011

ExpressionEngine: www.expressionengine.com, Stand: 24.10.2011

Facebook: www.Facebook.com, Stand: 24.10.2011

FIREBALL – Deutschlands Suchdienst: www.fireball.de, Stand: 24.10.2011

FOCUS Online – ein Angebot der TOMORROW FOCUS Media GmbH:
www.focus.de, Stand: 24.10.2011

Ford Motor Company: www.thefordstory.com/, Stand: 24.10.2011

Förderland – Wissen für Gründer und Unternehmer: www.foerderland.de,
Stand: 24.10.2011

GABLER Wirtschaftslexikon – Das Wissen der Experten; http://wirtschafts
lexikon.gabler.de, Stand: 24.10.2011

Gesellschaft für Wirtschaftsinformation: www.qm-aktuell.com/

Google Germany GmbH: www.google.de, Stand: 24.10.2011

Groeger, L.: Soziale Epidemien – Das Phänomen Exponentieller Produktverbrei-
tung. Bezugsrahmen und resultierende Handlungsempfehlung; Fördergesellschaft Produkt-Marketing e. V., 2010

Guy Kawasaki: How to Change the World – A practical blog for impractical
people, http://blog.guykawasaki.com, 24.10.2011

gutefrage.net GmbH: www.gutefrage.net, Stand: 24.10.2011

Heller, Ralf: Bedürfnisorientierung als Erfolgsfaktor im B2B-Online-Marketing;
Virtual Identity AG, 2010

Heintschel von Heinegg, Lina: Web 2.0 – Der Wandel des World Wide Webs;
GRIN Verlag, 2009

Hootsuite: http://hootsuite.com/, Stand: 24.10.2011

hr-interactive, Ralf Babington Schneider: www.hr-interactive.de;
Stand: 24.10.2011

IBM: www-01.ibm.com, Stand: 24.10.2011

Icerocket: www.icerocket.com/, Stand: 24.10.2011

iCrossing GmbH: www.icrossing.de, 24.10.2011

Immediate Future Ltd: Brands in Social Media 2008, www.immediatefuture.co.
uk/resources/the-top-brands-in-Social Media-report-2008 2008,
Stand: 24.10.2011

Infospeed GmbH: www.infospeed.de, Stand: 24.10.2011

Ingenhoff, Diana: Kommunikationsmanagement im Cyberspace: Der Einsatz von
Corporate Blogs und Blog-Monitoring in der Unternehmenskommunikation;
2008; In Thimm, Caja und Wehmeier, Stefan: Organisationskommunikation
online. Grundlagen, Praxis, Empirie (S. 213-146). Frankfurt/Main: Peter Lang.

Inxmail GmbH; www.inxmail.de, Stand: 24.10.2011

IT Wissen – Das große Online-Lexikon für Informationstechnologie;
www.itwissen.info, Stand. 24.10.2011

Jive Software; www.jivesoftware.com, Stand: 24.10.2011

Kasper, Harriet; Dausinger, Moritz; Kett, Holger; Renner, Thomas: „Marktstudie
– Social Media Monitoring Tools", Fraunhofer IAO, 2010

Lachermeier, Dr. Stefan: Webnutzung deutscher B2B-Entscheider; Virtual
Identity AG, 2009

Li, Charlene; Bernoff, Josh: Facebook YouTube XING & Co – Gewinnen mit
Social Technologies; Carl Hanser Verlag München, 2009

Li, Charlene; Bernoff, Josh: groundswell – winning in a world transformed by
social technologies, Forrester Research Inc, 2008

LinkedIn Corporation; www.LinkedIn.com, Stand: 24.10.2011

Lutz, Andreas: Praxisbuch Networking, LINDE VERLAG WIEN GmbH,
2. Auflage, 2009

Lutz, Andreas; Rumohr, Joachim: XING optimal nutzen, LINDE VERLAG WIEN GmbH, 2. Auflage, 2010

Lycos Inc.: www.lycos.de, Stand: 24.10.2011

Marketing Social Media; Sebastian Weiss: http://marketingsocialmedia.de, Stand: 24.10.2011

Mashable Inc.: http://mashable.com, Stand: 24.10.2011

McDonalds Deutschland Inc.: www.mcdonalds.de, Stand: 24.10.2011

Meltwater buzz: http://buzz.meltwater.com/, Stand: 24.10.2011

Michelis, Daniel; Schildhauer, Thomas: Social Media Handbuch – Theorien, Methoden, Modelle; Nomos Verlagsgesellschaft/Edition Reinhard Fischer, 2010

Microsoft Corp.: http://office.microsoft.com, Stand: 24.10.2011

Mießler, M., Leistungsmotivation und Zeitperspektive. München; Oldenburg Verlag, 1979

Motivationstips und Motivationssprüche: www.365motivation.de, Stand: 24.10.2011

Netbreeze GmbH: www.netbreeze.ch/de, Stand: 24.10.2011

NM Incite – a Nielsen/McKinsey Company: www.nielsen.com, Stand: 24.10.2011

openPR UG & Co KG: www.openpr.de, Stand: 24.10.2011

PresentationLoad – Der PowerPoint-Blog: www.presentationload.de, Stand: 24.10.2011

Prezi Inc.: http://prezi.com/, Stand: 10.08.2011

PricewaterhouseCoopers AG: „Chatten, Posten, Twittern – Kundenbindung im Zeitalter von Social Media", Juli 2011

PricewaterhouseCoopers AG: www.pwc.de, Stand: 24.10.2011

Radian6, A Division of Salesforce.com, Canada Corporation: www.radian6.com

Rapid-I GmbH: http://rapid-i.com, Stand: 24.10.2011

Seesmic: http://seesmic.com/, Stand: 24.10.2011

Serendipity: www.s9y.org/, Stand: 24.10.2011

SF eBusiness GmbH: www.sfe.de/, Stand: 09.08.2011

SlideShare – present yourself: www.SlideShare.net, Stand: 05.08.2011

Social Media B2B – Exploring the impact of Social Media on B2B Companies: http://socialmediab2b.com, Stand: 05.08.2011

SocialMention: http://socialmention.com/, Stand: 11.08.2011

Templates Box: www.templatesbox.com/; Stand: 08.08.2011

The Walt Disney Company (Germany) GmbH: www.disney.com, Stand: 11.08.2011

Thommen, Jean-Paul; Achleitner, Ann-Kristin: Allgemeine Betriebswirtschaftslehre, GWV Fachverlage GmbH, 5. Auflage, 2006

TweetDeck: www.tweetdeck.com/desktop/, Stand: 11.08.2011

Twitter Counter: www.twittercounter.com, Stand: 05.08.2011

Twitter: www.twitter.com, Stand: 11.08.2011

Universität Leipzig, Institut für Kommunikations- und Medienwissenschaft, Abteilung Kommunikationsmanagement und Public Relations: www.cmgt. uni-leipzig.de und www.zerfass.de, Stand: 05.08.2011

Virtual Identity AG: www.virtual-identity.com/de, Stand: 09.08.2011

Visible Technologies : www.visibletechnologies.com/, Stand: 11.08.2011

Weinberg, Tamar: Social Media Marketing – Strategien für Twitter, Facebook & Co., O'Reilly Verlag GmbH & Co. KG, 2010

Werner, Angelique: www.angelique-werner.de Stand: 11.08.2011

Wikipedia : http://de.wikipedia.org, Stand: 05.08.2011

WiWi-TReFF – Die Online-Zeitung für Wirtschaftswissenschaften: www.wiwi-treff.de, Stand: 15.07.2011

Wordpress: www.wordpress.org, Stand: 11.08.2011

XING AG: www.XING.com, Stand: 11.08.2011

Yahoo! Deutschland GmbH: http://de.yahoo.com/, Stand: 11.08.2011

YouTube: www.YouTube.de, Stand: 10.08.2011

YouTube: www.YouTube.com, Stand: 11.08.2011

Zitate online: www.zitate-online.de, Stand: 05.08.2011

Stichwortverzeichnis

Dirk Börnecke

Die Gehälterlüge

Verdienen die Anderen wirklich mehr als ich?

2011, 212 Seiten, kartoniert
ISBN 978-3-89578-343-2, € 19,90

In diesem Buch wirft Dirk Börnecke einen kritischen Blick auf das Prinzip der leistungsorientierten Entlohnung. Er zieht Vergleiche, weist auf Unterschiede und grobe Ungerechtigkeiten hin und fragt, ob sich Verantwortung oder Qualifikationen tatsächlich vergleichen lassen. Und er bringt noch weitere Aspekte ins Spiel, wie etwa die Qualität und Sicherheit des Arbeitsplatzes oder die Möglichkeit zur Selbstentfaltung.

Mit diesem Buch wird das Tabuthema Gehalt transparent, die persönliche Bewertung von Löhnen und Einkommen wird drastisch relativiert. Wer an der Wirklichkeit interessiert ist, kommt an diesem Buch nicht vorbei!

Antonio Schnieder, Tom Sommerlatte (Hrsg.)

Die Zukunft der deutschen Wirtschaft

Visionen für 2030

2010, 332 Seiten, gebunden
ISBN 978-3-89578-350-0, € 24,90

Mit diesem Buch verlassen Herausgeber und Autoren für ein breites Themenfeld die ausgetretenen Pfade der Trend- und Szenarienentwicklung und treten ein in eine neue, visionäre Welt.

Das Buch ist einmalig; es richtet sich an alle von uns, die sich für die Zukunft interessieren. Bekannte Wissenschaftler, Manager, Journalisten und Politiker präsentieren ihre persönlichen Zukunftsvisionen für fast alle Bereiche unserer Wirtschaft. Losgelöst von aktuellen wirtschaftlichen und politischen Entwicklungen liefern sie eine Fülle von Ideen, wie die Zukunft aussehen wird und was wir dazu beitragen können, sie in eine gute Richtung zu steuern.

Nicolai Andler

Tools für Projektmanagement, Workshops und Consulting

Kompendium der wichtigsten Techniken und Methoden

4. Auflage, 2012, 400 Seiten,
136 Abbildungen, 55 Tabellen, gebunden
ISBN 978-3-89578-398-2, € 39,90

Dieses Standardwerk richtet sich an Projektmanager und -mitarbeiter, an Berater, an Trainer und an Führungskräfte aus allen Bereichen sowie an Studenten, die gerne mehr Instrumente beherrschen möchten als die BCG-Matrix, Mindmapping oder Brainstorming. Es bietet ihnen eine umfassende Sammlung der wichtigsten Tools und zeigt ihnen, wann man welches Tool einsetzt und wie man es anwendet.

Stefanie Widmann, Martin Seibt

Kooperation

Wegweiser für Führungspersonen, Trainer und Berater

2011, 221 Seiten, 42 Abbildungen, gebunden
ISBN 978-3-89578-353-1, € 34,90

Dieses Buch ist wertvoll für alle, die Kooperationen erwägen, neu eingehen, pflegen oder Kooperationsprozesse anstoßen oder begleiten. Das Buch bietet eine Fülle von Anregungen aus der Praxis, auf deren Grundlage die Leser eigene Kooperationsformen entwickeln können, von der direkten persönlichen bis zur virtuellen und interkulturellen Kooperation, von der Idee und dem Start der Kooperation über ihre verantwortungsvolle Nutzung bis zu ihrer Auflösung.

www.publicis-books.de

Jochen May
Schwarmintelligenz im Unternehmen

**Wie sich vernetzte Intelligenz
für Innovation und permanente
Erneuerung nutzen lässt**

2011, 257 Seiten, 62 Abbildungen, gebunden
ISBN 978-3-89578-391-3, € 34,90

Schwarmintelligenz beruht auf geschickter Vernetzung unterschiedlicher Kompetenzen der Schwarmmitglieder. Dieses Buch stellt – zum Teil erstmalig und exklusiv – die für den betrieblichen Einsatz von Schwarmintelligenz erforderlichen Führungsinstrumente vor. Es untersucht Vorteile und Wirkungsweise von Schwarmintelligenz und weist einen leicht gangbaren, praxisorientierten Weg, Schwarmintelligenz erfolgreich in Unternehmen einzubinden. Die Techniken und Methoden sind umfassend beschrieben und erlauben es, kontinuierliche Innovation durch Schwarmintelligenz im Arbeitsalltag sofort und unkompliziert umzusetzen.

Günter Hofbauer, Claudia Hellwig
Professionelles Vertriebsmanagement

**Der prozessorientierte Ansatz
aus Anbieter- und Beschaffersicht**

2., aktualisierte und erweiterte Auflage, 2009,
516 Seiten, 154 Abb., 118 Tab., gebunden
ISBN 978-3-89578-328-9, € 59,90

Dieses Buch stellt den Vertriebsprozess erstmals aus Anbieter- und Kundensicht dar und ermöglicht es so, die Prozesse optimal aufeinander abzustimmen. Es liefert wichtige Ansatzpunkte für ein profitables Customer Relationship Management und zeigt, wie Beziehungen zwischen den beiden Marktpartnern identifiziert, aufgebaut und für beide Seiten dauerhaft profitabel aufrechterhalten werden können. Die konsequente Prozessorientierung ermöglicht zudem höhere Effektivität und Effizienz in der Vertriebsarbeit. Für die 2. Auflage wurde das Buch wesentlich erweitert, abgerundet wird es durch ein ausführliches Kapitel zu Verhandlungsmanagement.

Günter Hofbauer, Anita Sangl

Professionelles Produktmanagement

Der prozessorientierte Ansatz, Rahmenbedingungen und Strategien

2., aktualisierte und erweiterte Auflage, 2011,
578 Seiten, 281 Abbildungen, gebunden
ISBN 978-3-89578-376-0, € 59,90

Klar strukturiert und leicht lesbar stellt dieses Buch systematisch und umfassend die relevanten Erfolgsfaktoren des Produktmanagements dar. Im ersten Teil erläutert es die Rahmenbedingungen des Produktmanagements, im zweiten Teil beschreibt es in einem umsetzungsnahen Referenzmodell den Kernprozess des Produktmanagements in 11 Phasen. Das Buch richtet sich an Betriebswirte, Ingenieure und Wirtschaftsingenieure in Vertrieb und Marketing, Produktentwicklung, Beschaffung und Fertigung, an Praktiker, Berufseinsteiger und Studierende.

Günter Hofbauer, Daniela Rau

Professionelles Kundendienstmanagement

Strategie, Prozess, Komponenten

2011, 240 Seiten, 68 Abbildungen,
63 Tabellen, gebunden
ISBN 978-3-89578-373-9, € 49,90

Dieses Buch stellt ein Modell für effizientes Kundendienstmanagement vor, das alle kaufmännischen und technischen Kundendienstleistungen erfasst und mehr abdeckt als das klassische After-Sales-Management. Es bietet eine kompakte Einführung in die Thematik, präsentiert einen Managementansatz, der prozessorientiert und logisch aufgebaut ist, und gibt Hinweise, an welchen Stellen des Kundendienstmanagements Optimierungspotenzial besteht. Schwerpunkte der Darstellung sind Handover-Management, Ersatzteilmanagement, Zufriedenheits- bzw. Beschwerdemanagement und Recovery-Management. Auch strategische Fragen, Situationsanalyse, Organisation, Kundenkontakt, Wissensmanagement, Controlling und die kaufmännische Nachbetreuung werden behandelt.

Peter Kinne
Die Kunst, bevorzugt zu werden

Das Erfolgskonzept Wertebalance

2011, 207 Seiten, 41 Abbildungen,
24 Tabellen, gebunden
ISBN 978-3-89578-395-1, € 34,90

Peter Kinne beschreibt einen neuen Weg, Organisationen im Wettbewerb zukunftsfähig zu machen. Die dargestellte Methodik bezieht das Präferenzverhalten von Kunden und Mitarbeitern ein und bietet damit klare Vorteile gegenüber der Balanced Scorecard und anderen Managementmethoden. Sie basiert auf einer messbaren Balance der – ökonomisch relevanten – Werte an den kritischen Schnittstellen zwischen der Organisation und ihren Key-Stakeholdern. Ein Orientierungsmodell ermöglicht, die Wettbewerbsposition zu optimieren, kritische Veränderungsprozesse zu beschleunigen und die Nachhaltigkeit zu verbessern. Die beschriebene Methodik ist branchenunabhängig, leicht verständlich und relativ einfach implementierbar.

Christian Zich
Intelligente Werbung, Exzellentes Marketing

Ein praktischer Leitfaden zu Kundenpsychologie und Neuromarketing, Prozessen und Partnermanagement

2012, 340 Seiten, 52 Abbildungen,
32 Tabellen, 10 Templates, gebunden
ISBN 978-3-89578-377-7, ca. € 39,90

Dieses Buch richtet sich an diejenigen, die es besser machen wollen. An Marketingverantwortliche und Agenturen. Das vorgestellte Referenzmodell hilft, die Marketingprozesse zu optimieren, ein Reifegradmodell dient der Überprüfung, wie gut die Organisation wirklich ist. Dazu stellt Christian Zich vier Bausteine für effiziente und erfolgreiche Marketingkommunikation vor: Wie muss ich meine Werbung gestalten? Mit welchen Prozessschritten komme ich schnell und wirksam zu einem sehr guten Ergebnis? Anhand welcher Kriterien finde ich die beste Agentur? Wie kann ich diese Erkenntnisse in die Praxis umsetzen? Untermauert wird dies alles durch gute und schlechte Beispiele; Checklisten und Templates erleichtern die Anwendung.

www.publicis-books.de